本书获宜春学院“十三五”一流优势学科“中国语言文学”出版基金、
宜春学院博士科研启动基金资助

王阳明思想与诗歌研究

◎侯丹 著

中国社会科学出版社

图书在版编目(CIP)数据

王阳明思想与诗歌研究/侯丹著. —北京：中国社会科学出版社，2023.6

ISBN 978-7-5227-1678-7

Ⅰ.①王… Ⅱ.①侯… Ⅲ.①王守仁(1472-1528)—哲学思想—研究②王守仁(1472-1528)—诗歌研究 Ⅳ.①B248.25②I207.22

中国国家版本馆CIP数据核字(2023)第052152号

出 版 人 赵剑英
责任编辑 陈肖静
责任校对 郝阳洋
责任印制 戴 宽

出 版 中国社会科学出版社
社 址 北京鼓楼西大街甲158号
邮 编 100720
网 址 http://www.csspw.cn
发 行 部 010-84083685
门 市 部 010-84029450
经 销 新华书店及其他书店

印 刷 北京明恒达印务有限公司
装 订 廊坊市广阳区广增装订厂
版 次 2023年6月第1版
印 次 2023年6月第1次印刷

开 本 710×1000 1/16
印 张 22.5
插 页 2
字 数 305千字
定 价 118.00元

凡购买中国社会科学出版社图书，如有质量问题请与本社营销中心联系调换
电话：010-84083683

目　录

序

李小荣

王阳明（1472—1529，浙江余姚人），名守仁，字伯安，号阳明子、阳明山人等，谥号文成。他是明代著名的哲学家、政治家、军事家、教育家，被王士禛评价为“明第一流人物，立德、立功、立言皆踞绝顶”，① 儒家所谓“三不朽”在他身上得到完美体现。但其文名，常被巨大的思想成就所遮蔽。其实，阳明与当时士大夫一样都有习辞章的经历：

> 某蚤岁业举，溺志辞章之习。既乃稍知从事正学，而苦于众说之纷挠疲尔，茫无可入，因求诸老释，欣然有会于心，以为圣人之学在此矣。然于孔子之教间相出入，而措之日用，往往阙漏无归，依违往返，且信且疑。其后谪官龙场，居夷处困，动心忍性之余，恍若有悟体验，探求再更寒暑，证诸六经、四子，沛然若决江河而放之海也。然后叹圣人之道，坦如大路，而世之儒者妄开窦迳，蹈荆棘，堕坑堑，究其为说反出二氏之下，宜乎？世

① 王士禛撰，靳斯仁点校：《池北偶谈》卷九“王文成”条，中华书局1982年版，第201页。

之高明之士厌此而趋彼也，此岂二氏之罪哉！①

从“溺志辞章”到“稍知从事正学”，虽是阳明为学之一巨变，但纵观其一生为学、为文之历程，阳明认为诗文、圣学二者并不矛盾，甚至诗文是他传达深邃哲思的最佳途径之一。

对王阳明文学创作实绩，中晚明以降大加赞誉者不少：茅坤《唐宋八大家文钞·论例》即说“八大家而下，予于本朝，独爱王文成公论学诸书，及记学、尊经阁等文，程、朱所欲为而不能者”；② 王世贞《艺苑卮言》卷四又称“文章之最达者，则无过宋文宪濂，杨文贞士奇，李文正东阳，王文成守仁……王资本超逸，虽不能湛思，而缘笔起趣，殊自斐然”；③ 钱谦益《列朝诗集小传》“丙集”卷四“王新建守仁”条指出“先生在郎署，与李空同诸人游，刻意为词章。居夷以后，讲道有得，遂不复措意工拙，然其俊爽之气往往涌出于行墨之间。荆川之门人，专取其晚年诗以为极则，则可哂也”；④ 四库馆臣则认为“守仁勋业气节，卓然见诸施行，而为文博大昌达，诗亦秀逸有致，不独事功可称，其文章自足传世也”。⑤ 纵然诸家视点不一，对阳明诗文成就评价，总体说来都不低。不过，古人论断多是印象式的，缺少系统的文本细读。

较早全面检讨王阳明文学尤其诗歌创作的，是我国台湾地区的一些学位论文，如廖凤琳《王阳明诗与其思想》（硕士学位论文，文化大学，1976 年）、崔完植《王阳明诗研究》（博士学位论文，台湾师范大学，1984 年）等。20 世纪 90 年代后相关成果渐多，林丽娟《吾心

---

① 王守仁撰：《阳明先生则言》卷上，明嘉靖十六年刻本，第 46 页 a—b 栏。

② 高海夫主编：《唐宋八大家文钞校注集评》，三秦出版社 1998 年版，第 8 页。

③ 王世贞著，罗仲鼎校注：《艺苑卮言》，齐鲁书社 1992 年版，第 234 页。

④ 钱谦益：《列朝诗集小传》，上海古籍出版社 1983 年版，第 268—269 页。

⑤ 永瑢等撰：《四库全书总目》卷一七一“集部·别集类二十四”，中华书局 1965 年版，第 1498 页下栏。

自由光明月——王阳明诗探究》（复文图书出版社 1998 年版）、华建新《王阳明诗歌研究》（安徽人民出版社 2008 年版）、左东岭《良知说与王阳明的诗学观念》（《文学遗产》2010 年第 4 期）和《龙场悟道与王阳明诗歌体貌的转变》（《文学评论》2013 年第 2 期）、马晓虹《阳明心学与明中后期文学批评》（博士学位论文，东北师范大学，2013 年）、谢旭《王学与中晚明文学理论的关系研究——以七子派和公安派为个案》（博士学位论文，陕西师范大学，2013 年）、武道房《心学本体论与王阳明的文学思想》（《文学评论》2021 年第 4 期）等，都是很有贡献的论著。

可以说，上述成果极大地推动了阳明文学的研究进程，唯独对阳明文学与佛教、禅学关系的探讨，却少有人问津。即便偶有学者对阳明诗学与佛禅互动、阳明诗歌之禅宗审美境界进行宏观审视，但由于缺乏系统的文献爬梳，故相关结论可商榷处甚多，留待开拓的空间较大。可喜的是，侯丹女史 2015 年于福建师范大学提交的博士学位论文《阳明诗歌与佛禅》较好地弥补了这一缺憾。现经过六年多的增删修订，终于交付出版。作为导师，感到由衷喜悦，谨表诚挚祝贺！因为它见证了一枚“青椒”的学术成长。

侯丹博士此书，在较全面掌握国内外已有研究成果及细读《王阳明全集》和关联性史料的基础上，对阳明思想、诗学、诗歌与佛教禅学的互动关系进行了较全面而准确的描述。其突出优点有二：一是另辟蹊径，外证、内证结合较好，既对王阳明习染佛禅之路的社会思想背景及其个体心性说的完美历程做了翔实的描述，又对王阳明著述中的佛经引用情况进行了细致的梳理，抓住阳明心学核心要素对佛教禅学的吸收这一关键点展开讨论，能举重若轻，删繁就简，较深刻地揭示了阳明心学与佛禅间密切而又复杂的关系。二是能结合阳明贬谪龙场、平定宸濠叛乱、晚年居越三个不同的人生阶段，对王氏诗歌创作的动态性变化特点予以条分缕析，分别表现了以禅入诗、儒禅交融、讲学诗与佛禅结合的特点。其对王阳明诗歌宗教美学境界的表述，论断清晰，观点鲜明且富于启发性，为后续者的延伸性研究奠定了扎实的理论基础。

侯丹 2003 年西南大学本科毕业后在中学任教多年，2008 年就读于贵州师范大学文学院，师从著名学者易闻晓教授攻读硕士学位，在明清文学领域打下了较好的基础。其有志于学术，2012 年考入福建师范大学中国古典文献学专业，攻读佛教文献与文学方向的博士学位。虽然专业领域跨度较大，但她凭着认真与韧劲，克服了众多常人难以想象的困难，顺利完成学业。在学期间，就发表多篇与学位论文有关的文章，并获得台湾“财团法人圣严教育基金会”2014 年度“汉传佛教博士论文计划奖学金”，这表明，其选题得到了匿名专家的高度认可。当然，这都是她个人努力的结果。因为，我本人对阳明思想、阳明诗学与禅学关联素无涉猎，只是从科研可持续发展的角度来建议她做这个选题。她完成得相当出色，答辩时也得到与会专家较高的评价。

当然，即便从文学、佛学互动视角观察王阳明的创作，也还有不少继续拓展的空间。比如：阳明之作既然含有浓厚的禅学因子，那么，它们在中晚明禅宗文学史上有无回响？法聚玉芝“观阳明《传习录》，谓与禅理不殊，乃以偈趋扣，明以偈答之”[①] 这一僧俗互动的生动事例，就颇值得深究；而《紫柏尊者全集》卷二十一《观戏》又云：

> “处处相逢是戏场，何须傀儡夜登堂。繁华过眼三更促，名利牵人一线长。稚子自应争诧说，矮人亦复浪悲伤。本来面目何曾识，且向尊前学楚狂”，此阳明《傀儡》诗也。紫栢先生曰：阳明之看戏，戏亦道师。众人之欢乐，何异傀儡？故周穆王之怒

---

① 钱谦益撰集，许逸民、林淑敏点校：《列朝诗集》第十一册，中华书局 2007 年版，第 6309 页。

> 偃师，偃师析其傀儡，穆王始悟非真人也。今天下无论古今，或衣冠相揖，男女杂坐，谈笑超然。若以顷刻散心，回观我此身，果籍何物而成耶？设必由五行而有，五行生克无常，能有我者尚无常，况所有者乎？如是观身，身不异戏，则偃师所作，宁非广长舌相哉？①

此又提示我们，王阳明诗学蕴含的“剧论”思想得到了教内禅宗大师的认同，故真可才引其诗为证。② 是诗被戒山法师改成七绝“处处相逢是戏场，何须傀儡夜登堂。本来面目谁能识，且向尊前学楚狂”以自题后，又被黎遂球《戒和尚诗序》所认同，③ 可见王诗流播过程中的变异现象，和引用者、改编者特定的历史情境息息相关。诸如此类的问题，都可供侯丹博士今后进一步思考。

侯丹博士一毕业就到江西宜春学院工作，冥冥之中也有特定的缘分。作为明代江右王学的传播之地，江西绝不让于浙江，而且，宜春在中国禅宗史上占有突出地位。我衷心希望她能秉持初心，继续耕耘，在学术道路上越走越远，取得更丰硕的研究业绩。

是为序。

2022 年 4 月 17 日识于福州仓山梦枕堂

---

① 《大藏新纂卍续藏经》第 73 册，河北省佛教协会 2006 年影印本，第 327 页上栏。又，真可引阳明诗，题目及正文文字与传世本稍异，后者题目作《观傀儡次韵》，第七句作“本来面目还谁识”（参见王守仁撰，吴光、钱明、董平、姚延福编校《王阳明全集》卷十九《外集一》，上海古籍出版社 1992 年版，第 711 页）。又，该诗作于正德二年（1507）王氏谪居贵阳龙场驿时。

② 有关王阳明戏剧观之分析，参见徐宏图《王阳明与戏剧》，《戏曲研究》第 62 辑，中国戏剧出版社 2003 年版，第 82—94 页。

③ 黎遂球撰：《莲须阁集》卷 18，《四库禁毁书丛刊》编纂委员会编《四库禁毁书丛刊》第 183 册，北京出版社 1997 年版，第 249 页上—下栏。又，序中明确说四句“此王文成诗，师举以自题者也，可以知师矣。既为作《老子笑序》，因复题此以行师诗”。

绪　论

王阳明（1472—1529），名守仁，字伯安，号阳明子、阳明山人，谥文成，浙江余姚人。明代著名的哲学家、政治家、教育家、文学家。清儒王士禛言："王文成公为明第一派人物，立德、立功、立言皆居绝顶。"① 儒家所谓完整人格的"三不朽"，在王阳明身上得到完整体现。

作为明代杰出的儒学大师，王阳明一生的经历可谓波澜起伏，精彩迭出。学界对阳明的研究，多集中在他的心学思想及与释、道二家关系的论述上。至于他的诗文创作，研究相对薄弱。近年来，虽然也出现一些研究阳明诗文的论著及硕士论文，但它们主要是联系阳明生平经历，对其诗歌进行思想内容、艺术特点等方面的归类，凸显其美学价值；或从儒学层面挖掘他诗文的意义，展示其作为理学大家的价值；或从心学的角度，对其诗文进行分析，强调他心学思想的重要性；间或涉及阳明对释、道二教的看法，但多为宏观概述，深入度欠缺。

对于王阳明及其思想，历史上有"阳明学""心学""良知学""王学"等称谓，与南宋朱熹所开创的"朱子学"并列为宋明儒家思想的两大阵营。其心学思想是明代初中期学术流变的产物，不仅对当时，还对海外，尤其是日本，产生了巨大而深刻的影响。近现代对王阳明

① （清）王士禛：《池北偶谈》，中华书局 1982 年版，第 122 页。

心学的研究名家辈出，如魏源、康有为、谭嗣同、梁启超、章太炎等服膺王学，现代学者梁漱溟、熊十力、唐君毅、牟宗三等则属于新心学一派。国内较早的代表作有谢无量《阳明学派》[①]，贾丰臻的《阳明学》[②]，钱穆的《王守仁》[③]，宋佩韦的《王阳明与理学》[④]，嵇文甫的《左派王学》[⑤] 等。而战后引起日本学界重视的，有岛田虔次《中国近代思维的挫折》[⑥] 一书，此书欲证实阳明学和其左派思想展开论争中，曾产生了和西洋近世相同的自我觉醒。岛田的观点，当时曾引起日本哲学界激烈的反驳。下面，我们就学界对王阳明的文学和禅学之交涉问题的研究作一回顾。

（一）阳明与禅之研究

1. 明代佛教研究

禅学研究向来是佛教研究的热点，但与唐宋禅宗研究相比，明清禅宗则鲜见有分量的研究。国内最早涉足这一领域的，当数陈垣。他于 1940 年 3 月写成《明季滇黔佛教考》，考揭明末清初身居云贵两省的士人怀念故国和逃禅不仕的事迹，把治史与抗日结合。1941 年 1 月写成《清初僧诤记》，以清初东南一带佛教法门之争为切入点，讲述了民族斗争在宗教内部的反映。陈垣从宗教史研究的角度阐释了诸多政治史、文化史的问题，开一代学术风气。

此后，关注明代佛教并取得突出成绩的是台湾的圣严法师，他于 1975 年出版了以日文写成的博士论文《明末中国佛教的研究》[⑦]，对明末澫益智旭的行谊及思想的形成做了详细考析。1987 年，圣严法师把

---

① 谢无量：《阳明学派》，中华书局 1930 年版。

② 贾丰臻：《阳明学》，商务印书馆 1930 年版。

③ 钱穆：《王守仁》，商务印书馆 1930 年版。

④ 宋佩韦：《王阳明与理学》，商务印书馆 1931 年版。

⑤ 嵇文甫：《左派王学》，商务印书馆 1944 年版。

⑥ ［日］岛田虔次：《中国近代思维的挫折》，（东京）筑摩书房 1949 年版。

⑦ 后由关世谦译，台湾学生书局 1988 年版。

《明末的禅宗人物及其特色》等四篇文章汇集起来，以《明末佛教研究》为名出版，对明末的居士佛教、禅、净、唯识做了全面性的研究。圣严法师对明代佛教的关注，带动了台湾学界对此领域的一系列关注。近年来，从更为广阔的社会文化的视角出发，对明代佛教做系统研究的，在台湾地区也涌现出许多专著。比如陈玉女《明代的佛教与社会》[①]，把研究立足于广博的文献史料上，遍及妇女、医疗、经济、教育、风俗等方面，可谓“芥子纳须弥”，从社会学的角度对明代佛教做了新的考论。再如翻译过荒木见悟著作的江灿腾先生，他的《晚明佛教改革史》[②] 则试图以晚明高僧憨山德清改革丛林的个案来研究明清禅宗社会文化史，对明清禅林的现状做了动态描述。

日本对明代佛教的研究起于20世纪70年代，其中颇具代表性的有长谷部幽蹊，他的《明清佛教史研究序说》[③] 是一部明清佛教通史性质的书，而《明清佛教教团史研究》[④] 则侧重于教团组织形式的研究，论述了禅律两宗的关系及明清佛教的宗派性等问题。此外，涉足于此领域的，还有以研究宋明儒学出名的学者楠本正继（1896—1963）的弟子荒木见悟教授，1963年，他以博士论文修改而成的《佛教与儒教：中国思想形成之根本》[⑤] 由京都平乐寺书店出版，此书由《序论：本来性与现实性》、第一章《华严经的哲学》、第二章《圆觉经的哲学》、第三章《朱子的哲学》、第四章《王阳明的哲学》和《结语》构成。全书的基调建立在“本来性”与“现实性”的构架上，而内在的脉络则为“华严・禅—朱子学—阳明学”。

---

① 陈玉女：《明代的佛教与社会》，北京大学出版社2011年版。

② 江灿腾：《晚明佛教改革史》，广西师范大学出版社2006年版。

③ ［日］长谷部幽蹊：《明清佛教史研究序说》，新文丰出版社1979年版。

④ ［日］长谷部幽蹊：《明清佛教教团史研究》，同朋社1993年版。

⑤ ［日］荒木见悟：《佛教与儒教：中国思想形成之根本》，研文出版社1993年版，此本有两个中文译本：一为杜勤，舒志田等译，中州古籍出版社2005年版；二为廖肇亨译，联经出版公司2008年版。

此后，荒木继续以儒佛之间影响互动的视角，对明代思想做了系统而深入的研究。比如，《明代思想研究——明代的儒教与佛教的交流》[①]《明末宗教思想研究——管东溟的生涯及其思想》[②]《忧国烈火禅：禅僧觉浪道盛之苦斗》[③]《近世中国佛教的曙光：云栖袾宏之研究》[④]《明末清初的思想与佛教》[⑤]。至于对晚明僧人的研究，除了云栖袾宏、觉浪道盛外，荒木还有对玉芝法聚、憨山德清、无念深有、蕅益智旭的论述。

国内学者对明代佛教的研究，不论是在1929年蒋维乔以日本学者境野哲《支那佛教史纲》为依据编著而成的《中国佛教史》[⑥]里，还是在1940年黄忏华的第一部系统的汉传佛教通史《中国佛教史》[⑦]中，抑或是在2006年杜继文的《佛教史》[⑧]中都只有篇幅极为简短的概述。1982年，郭朋的断代佛教史《明清佛教》[⑨]出版，主要对明代帝王和佛教的关系、禅宗的两大派系（临济和曹洞）及四大高僧——袾宏、真可、德清、智旭等做了论述。2009年，任宜敏的《中国佛教史：明代》[⑩]全面梳理了临济、曹洞二宗的法脉传承和四大高僧的行迹，较为详细地展示了天台、贤首各宗在明代的兴衰过程。此外，作者还对藏传佛教，宋濂、袁宏道等辅教居士的护教活动，明代与日本、西域等的佛教交往做了介绍。

---

① ［日］荒木见悟：《明代思想研究——明代的儒教与佛教的交流》，创文出版社1972年版。

② ［日］荒木见悟：《明末宗教思想研究——管东溟的生涯及其思想》，创文出版社1979年版。

③ ［日］荒木见悟：《忧国烈火禅：禅僧觉浪道盛之苦斗》，研文出版社2000年版。

④ ［日］荒木见悟：《近世中国佛教的曙光：云栖袾宏之研究》，周贤博译，慧明文化事业有限公司2001年版。

⑤ ［日］荒木见悟：《明末清初的思想与佛教》，廖肇亨译，联经出版事业公司2006年版。

⑥ 蒋维乔：《中国佛教史》，上海古籍出版社2004年版。

⑦ 黄忏华：《中国佛教史》，上海书店1989年版。

⑧ 杜继文：《佛教史》，江苏人民出版社2006年版。

⑨ 郭朋：《明清佛教》，福建人民出版社1982年版。

⑩ 任宜敏：《中国佛教史：明代》，人民出版社2009年版。

2. 阳明与禅之研究

有关王阳明与禅宗佛教的关系，最早论述始于20世纪初，以日本学者关注较多，成果也相对丰富。1908年，日本禅宗研究学者忽滑谷快天（1867—1934）率先出版了《达磨与王阳明》[①]一书。1934年，在其所著《中国禅学思想史》[②]里，他阐述了宋明理学家与禅僧的交往，在第18章至第20章，对王阳明及其学派与禅化之风也有所涉及。1958年，研究儒佛关系史的久须本文雄（1908—1995）出版了《王阳明的禅思想研究》[③]，列举了王阳明与禅宗寺院接触的大量材料，并引证王阳明的言论与禅宗的《坛经》及其他禅师语录作了比较。1969年，三崎良周发表《关于王阳明的致良知说》[④]一文，以唐末华严学僧澄观、宗密等人之教禅一致论下的“华严禅”思想中的“妙知说”与宋代天台“山外派”的“灵知说”来配解王阳明《传习录》中的“良知说”。此外，中国佛教史研究者竺沙雅章于1956年发表《王龙溪与佛教》[⑤]一文，以王畿为个案，对阳明弟子与佛教的关系作了论述。

从明代学者到清代馆臣，无不对王阳明、王畿、李贽、罗汝芳的“狂禅思想”进行辨析，阳明及其后学与佛禅的关系，荒木见悟认为是阳明学与“看话禅”的关系。荒木特别重视阳明学和佛教的关联，于20世纪70年代出版了《佛教与阳明学》[⑥]，此书认为明代佛教衰退之见是肤浅的，王阳明的“无善无恶，为善去恶”是理学和心学的结合，此新心学正是促进明末佛教复兴的主因。在此基础上，

① ［日］忽滑谷快天：《达磨与王阳明》，国书刊行会1987年版。

② ［日］忽滑谷快天撰，朱谦之译：《中国禅学思想史》，上海古籍出版社2002年版。

③ ［日］久须本文雄：《王阳明的禅思想研究》，日进堂书店1958年版。

④ ［日］三崎良周：《关于王阳明的致良知说》，《东洋文化论集》，早稻田大学出版部1969年版。

⑤ ［日］竺沙雅章：《王龙溪与佛教》，《印度学佛教学研究》1956年第5卷。

⑥ ［日］荒木见悟：《佛教与阳明学》，第三文明社1979年版。

荒木论述了明末四高僧、觉浪道盛及李贽的思想和活动，还对顿悟渐修说、《楞严经》流行的意义进行了阐述。荒木教授的相关著作还有如下几种：《阳明学的开展与佛教》[①]《阳明学的位相》[②]《中国心学的鼓动与佛教》[③]。他在儒佛调和论的基础上，主要采用个案研究，对阳明学派人物的生平、思想等进行了剖析。此外，荒木还有论文涉及阳明及后学与禅之关系，如《禅僧玉芝法聚与阳明学派》[④]《阳明学与禅学》[⑤] 等。此外，荒木还关注《楞严经》《圆觉经》等经籍对明代佛教的影响。

1985 年，佐藤龙太郎发表《关于阳明学中的狂禅》[⑥]，对王阳明、王龙溪和李贽“狂的观念”进行了辨析。1990 年，大西晴隆发表《王阳明与禅》[⑦] 一文，从宗门公案入手，审视了阳明与禅佛教间的关系。2002 年，佐藤龙太郎发表《阳明学派之禅思想及其评价》[⑧]，此文虽以阳明学派为名，其实只讨论了阳明和王畿的禅学立场。

台湾学者方面，20 世纪 60 年代，陈荣捷《王阳明与禅》[⑨] 一文发表，他从阳明同代人陈建（1497—1567）、阳明死后百年之张烈（1622—1685）及研究中国佛教之学者常盘大定、久须本文雄对阳明近禅的评价谈起，从正反两方面辨析了阳明与禅的关系，认为阳明对禅宗之攻击比宋儒更切中要害。1973 年，台北无隐精舍复印陈先生中文论文 9 篇，采其中一文之命题为书名《王阳明与禅》。此后，陈先生又增加 6 篇近作，于 1984 年由学生书局以同名出版。柳存仁《王阳

---

① ［日］荒木见悟：《阳明学的开展与佛教》，研文出版社 1984 年版。

② ［日］荒木见悟：《阳明学的位相》，研文出版社 1992 年版。

③ ［日］荒木见悟：《中国心学的鼓动与佛教》，中国书店 1995 年版。

④ ［日］荒木见悟：《禅僧玉芝法聚与阳明学派》，《九州中国学会报》1964 年第 10 卷。

⑤ ［日］荒木见悟：《阳明学与禅学》，《斯文》1968 年第 20 号。

⑥ ［日］佐藤龙太郎：《关于阳明学中的狂禅》，《爱知学院大学禅文化研究所纪要》1988 年第 15 号。

⑦ ［日］大西晴隆：《王阳明与禅》，日本《阳明学》1990 年第 2 号。

⑧ ［日］佐藤龙太郎：《阳明学派之禅思想及其评价》，《日本中国学会报》2002 年第 54 集。

⑨ 陈荣捷：《王阳明与禅》，《人生》1964 年第 11 期。

明与佛道二教》[1] 一文发表，对阳明思想与佛、道二教的关系进行了分析。1995年，林惠胜的《王阳明与禅佛教之关系研究》（指导教师：戴琏璋）[2] 写成，先描述了阳明的成学、立教过程，再从"本体论""终极关怀""功夫论""论述方式"这四方面比较了阳明学与禅佛教之关系，最后论述了阳明对禅佛教之态度及后人对阳明近禅之看法。

大陆学者则有柯兆利《论王阳明的禅学思想》[3] 一文，与陈荣捷先生看法迥异，柯先生赞同陈建阳明好禅的说法。从阳明辟禅说起，以《宗镜录》《六祖坛经》《五灯会元》等禅宗典籍为据，对阳明的禅学修养、阳明哲学思想所打下的禅佛印记一一进行了对比性的阐述。近年来，陈永革先生的《阳明学派与晚明佛教》[4] 一书则考察辨析了阳明士子的丛林交游，从史学、哲学的层面，探讨了阳明学派及其思想与晚明佛教之间的互动关系。

（二）阳明文学研究

1. 阳明与明代文学研究

近年来，有不少学者论及心学与明代各体文学如诗、文、小说、戏曲、小品文等的关系，相关论文、专著也不少。就专著而言，如马积高《宋明理学与文学》[5]，韩经太《理学文化与文学思潮》[6]，潘运告《冲决名教的羁络——阳明心学与明清文艺思潮》[7]，许总《理学文艺史纲》[8]，周群《儒释道与晚明文学思潮》[9]，宋克夫、韩晓《心学

---

① 柳存仁：《王阳明与佛道二教》，《清华大学学报》1981年第1期。

② 林惠胜：《王阳明与禅佛教之关系研究》，博士学位论文，台湾师范大学，1995年。

③ 柯兆利：《论王阳明的禅学思想》，《中国哲学》第8辑，生活·读书·新知三联书店1982年版。

④ 陈永革：《阳明学派与晚明佛教》，中国人民大学出版社2009年版。

⑤ 马积高：《宋明理学与文学》，湖南师范大学出版社1989年版。

⑥ 韩经太：《理学文化与文学思潮》，中华书局1997年版。

⑦ 潘运告：《冲决名教的羁络——阳明心学与明清文艺思潮》，湖南教育出版社1999年版。

⑧ 许总主编：《理学文艺史纲》，江苏教育出版社2001年版。

⑨ 周群：《儒释道与晚明文学思潮》，上海书店出版社2000年版。

与文学论稿：明代嘉靖万历时期文学概观》[①]，左东岭《明代心学与诗学》[②]、《李贽与晚明文学思想》[③]、《王学与中晚明士人心态》[④] 等，主要从宏观上探讨心学对明代文学总体之影响。就近年来涌现出的博士论文而言，有薛青涛的《明词与阳明心学》[⑤]，重点分析了在阳明心学兴起后，词人写作观念的变化，具体以艳情词、闲情词为描述重点，对阳明心学影响明词的方式及相应的发展阶段做了独特的解读。就单篇论文而言，数量不少，在此不再赘述。

2. 阳明诗文研究

相比之下，王阳明的文学研究则明显不足，虽有文学史或论文有所探讨且不乏真知灼见，但文字篇幅不多，数量也相对较少。比如，胡适在《王阳明之白话诗》[⑥] 中摘录了王阳明《蔽月山》《山中示诸生》等七首白话诗，认为足以和明代诗坛的复古派抗衡并影响了公安派。郑振铎《插图本中国文学史》里提到王阳明的散曲《归隐》，认为写得愤懑大胆，对当政的权贵进行了指控，近于“不平常的赤裸裸的谩骂”[⑦]，极具现实意义。此外，郑振铎还认为，“《阳明集》固不独以文著。他也尝和李空同诸人游，却不曾受到他们的污染。他的散文是那末工炼整饬，盖不求工而自工的”[⑧]，高度评价了阳明的散文。谢无量盛称王阳明“文章雅健有光采，上承宋濂方孝孺之绪，而开王慎中、归有光之先声。其诗格尤典正不矜奇巧”[⑨]。曾毅在《中国文学史》[⑩] 里也

① 宋克夫、韩晓：《心学与文学论稿：明代嘉靖万历时期文学概观》，中国社会科学出版社2002年版。

② 左东岭：《明代心学与诗学》，学苑出版社2002年版。

③ 左东岭：《李贽与晚明文学思想》，天津人民出版社1997年版。

④ 左东岭：《王学与中晚明士人心态》，人民文学出版社2000年版。

⑤ 薛青涛：《明词与阳明心学》，博士学位论文，中国社会科学院研究生院，2011年。

⑥ 胡适：《王阳明之白话诗》，《胡适留学日记》，商务印书馆1937年版。

⑦ 郑振铎：《插图本中国文学史》，人民文学出版社1957年版，第804页。

⑧ 郑振铎：《插图本中国文学史》，人民文学出版社1957年版，第826页。

⑨ 谢无量：《中国大文学史》，中华书局1932年版，第48页。

⑩ 曾毅：《中国文学史》，泰东图书局1923年版。

称赞了王阳明的诗文，认为他的诗志和音雅，不逞奇巧，冲融恬淡。

1972 年，日本菅原兵治率先写成《王阳明的诗》①。接下来，1978 年，台湾地区的廖凤琳对王阳明的诗歌做了探究，写成硕士论文《王阳明诗与其思想》（指导教师：林耀会）②。20 世纪 80 年代以来，国内率先对王阳明文学创作进行研究的，是喻博文《简论王阳明的诗作》③ 一文，作者对王阳明的诗歌内容做了分类，概括了王诗的语言、风格等特点，客观地评价了王诗的优劣处，至今仍有启发意义。相关论文，还有台湾地区林丽娟的《"吾心自有光明月"：王阳明晚年诗研究》④、周寅宾《王守仁诗歌得失谈》⑤、刘再华《王阳明文学论略》⑥、左东岭《论王阳明的审美情趣与文学思想》⑦ 等。就专著而言，台湾地区有林丽娟的《吾心自有光明月：王阳明诗探究》⑧，廖凤琳的《王阳明诗与其思想》⑨。此外，大陆学者有华建新《王阳明诗歌研究》⑩、《王阳明散文研究》⑪。国内就硕士论文而言，近年来有李月杰《王阳明诗歌研究》⑫，梁琳《王守仁诗文研究》⑬、武剑《王阳明诗歌论》⑭、朱海峰《王阳明诗歌研究》⑮、滕羽鑫《王阳明诗歌的意境新说》⑯ 等。

---

① ［日］菅原兵治：《王阳明的诗》，黎明书房 1972 年版。

② 廖凤琳：《王阳明诗与其思想》，硕士学位论文，中国文化学院中文研究所，1978 年。

③ 喻博文：《简论王阳明的诗作》，《甘肃师范大学学报》1981 年第 4 期。

④ 林丽娟：《"吾心自有光明月"：王阳明晚年诗研究》，《孔孟学刊》1985 年第 9 期。

⑤ 周寅宾：《王守仁诗歌得失谈》，《光明日报》1986 年 9 月 23 日。

⑥ 刘再华：《王阳明文学论略》，《求索》1997 年第 6 期。

⑦ 左东岭：《论王阳明的审美情趣与文学思想》，《明代心学与诗学》，学苑出版社 2002 年版，第 43—54 页。

⑧ 林丽娟：《吾心自有光明月：王阳明诗探究》，复文图书出版社 1998 年版。

⑨ 廖凤琳：《王阳明诗与其思想》，花木兰文化出版社 2010 年版。

⑩ 华建新：《王阳明诗歌研究》，安徽人民出版社 2008 年版。

⑪ 华建新：《王阳明散文研究》，安徽师范大学出版社 2012 年版。

⑫ 李月杰：《王阳明诗歌研究》，硕士学位论文，厦门大学，2008 年。

⑬ 梁琳：《王守仁诗文研究》，硕士学位论文，西北师范大学，2009 年。

⑭ 武剑：《王阳明诗歌论》，硕士学位论文，苏州大学，2010 年。

⑮ 朱海峰：《王阳明诗歌研究》，硕士学位论文，湖南大学，2010 年。

⑯ 滕羽鑫：《王阳明诗歌的意境新说》，硕士学位论文，云南大学，2010 年。

把阳明的诗歌创作和心学相联系，作一整体观照的，就单篇论文而言，有孙良同《王阳明的文学实践及其与心学的关系》[①]，探讨了阳明文学实践、文学思想、文学理论与其心学的关系。梅新林、申明秀《论王阳明诗歌的心学意蕴》[②] 追溯了阳明心学与儒道释的渊源，并对他的诗歌与道教道家、佛教及心学的关系做了相应的分析，试图从心学的角度来解读其诗歌。敖运梅《王阳明心学思想的诗化》[③] 则以尽“心”求“意”、借“知”体“物”两个维度来诠释阳明诗歌创作与其心学思想的关联。华建新《王阳明心学诗论新探》[④] 从先秦儒家诗论说起，分诗本体论、诗性情论和诗功能论三个维度论述了阳明的心学诗论。左东岭《良知说与王阳明的诗学观念》[⑤] 认为王阳明的性灵诗学观念带有浓厚的心学色彩。

上述诸论著，兼联系阳明的生平传略、心学思想对其诗歌内容进行归类，并总结其艺术特色，或有谈及阳明之学与佛道二氏之关系的，篇幅较短，不够全面和深入。

（三）阳明诗与禅之研究

从大范围来看，关于明清诗歌与禅学关系之研究，近年来，台湾学者廖肇亨在这一领域做了开拓性的工作。他的《中边·诗禅·梦戏：明末清初佛教文化论述的呈现与开展》[⑥] 论文集包括了《明末清初丛林论诗风尚探析》《严羽与明清诗学论争：以“法/悟”关系为中心》《慧洪觉范在明代：宋代禅学在晚明的书写、衍异与反响》《药地

① 孙良同：《王阳明的文学实践及其与心学的关系》，《河北科技大学学报》（社会科学版）2008 年第 3 期。

② 梅新林、申明秀：《论王阳明诗歌的心学意蕴》，《南京师范大学文学院学报》2010 年第 2 期。

③ 敖运梅：《王阳明心学思想的诗化》，《船山学刊》2011 年第 4 期。

④ 华建新：《王阳明心学诗论新探》，《宁波工程学院学报》2011 年第 3 期。

⑤ 左东岭：《良知说与王阳明的诗学观念》，《文学遗产》2010 年第 4 期。

⑥ 廖肇亨：《中边·诗禅·梦戏：明末清初佛教文化论述的呈现与开展》，允晨文化实业股份有限公司 2008 年版。

愚者大师之诗学源流与旨要论考：以“中边说”为讨论中心》《第一等偷懒沙门：雪峤圆信与明末清初的禅宗》《晚明僧人山居诗论析：以汉月法藏为中心》《木菴禅师诗歌中的日本图像：以富士山与僧侣像赞为中心》等12篇论文。作者主要探讨了明清禅林诗作与诗论的相关问题，对置于不同价值观念及文化风尚中的禅学做了细致检视，给笔者极大启示。但廖先生的研究是建立在明清禅僧的诗作诗论上，与本人所做的以王阳明为视角的研究又有不同。

综上所述，关于阳明诗歌与佛禅之交涉问题，较少有人对其进行全面而深入的探讨，这就给笔者的研究提供了极大的空间。本选题立足于学界对王阳明已有的研究成果之上，从创作、理论、审美等层面对阳明诗歌与佛禅之关系进行梳理与阐释，以期展现明代佛禅的动态发展及对阳明文学创作的影响。本书涉及哲学、宗教、文学、文化、史学等多个层面，故采用多学科、多角度的研究方法。首先，语言文字不仅是运载思想的工具，其本身也可成为参禅的对象，如宗杲的“看话禅”。诗歌的句法格律不是外在于内容的东西，也需从语言学的角度来探讨禅的文字化和诗的形式化现象。其次，阳明与佛禅之交涉活动，这是一个动态的过程，所以需立足于当时的社会背景及文化大环境，从历史学的角度进行探讨。最后，对阳明诗歌创作与佛禅之关系，我们能做的是立足于文献基础上的客观阐释而非主观评判，因此还需从阐释学的立场对此进行解读。

第一章　王阳明思想其佛教因素的政治与文化语境

第一节　明前中期的佛教政策及禅宗发展

一　明前中期之佛教政策

明朝建立之初，在思想上实行专制统治，对佛教的控制也极为严格。太祖朱元璋（1328—1398）少年时代在濠州皇觉寺出家，“至正四年，旱蝗，大饥疫。太祖时年十七，父母兄相继殁，贫不克葬。里人刘继祖与之地，乃克葬，即凤阳陵也。太祖孤无所依，乃入皇觉寺为僧”①。逾月，朱元璋游食安徽等地，三年后复还寺。因元末天下动乱，遂加入白莲教成为郭子兴（1302—1355）的部下，参与了打着佛教旗号进行的农民起义。白莲教是在宋代结社念佛、净土信仰广泛发展的情况下产生的，是佛教的一个世俗化教派，其教义要求修心与修净土结合，后来演化为民间秘密社团。元代白莲教与民间信仰逐渐融合，在民众中得到迅速传播，最终导致了元末农民大起义。②

① （清）张廷玉等：《明史》卷1，中华书局1974年版，第1页。

② 杜继文主编：《佛教史》，江苏人民出版社2006年版，第435页。

虽有八年的佛门经历，但朱元璋对佛法教义的理解尚处于初级阶段。从个人感情上说，他对佛教是怀有好感和尊崇的，作为统治者，他却又清醒地认识到佛教与社会政治及下层百姓的实质关系，对怎样发挥佛教的社会功能，谙熟于心。执政后，朱元璋对佛教采取了以利用整顿为首、严加控制为辅的政策。此外，元末因喇嘛教的盛行造成了诸多社会弊端，朱元璋对此也深有所感，在他上台后，对汉地传统佛教抱着大力支持的态度。有感于元末佛教与民间信仰的渗透所导致的社会动乱，洪武元年（1368），朱元璋下令：

> 命中书省下郡县，访求应祀神祇。名山大川、圣帝明王、忠臣烈士，凡有功于国家及惠爱在民者，著于祀典，令有司岁时致祭。二年又诏天下神祇，常有功德于民，事迹昭著者，虽不致祭，禁人毁撤祠宇。三年定诸神封号，凡后世溢美之称皆革去。天下神祠不应祀典者，即淫祠也，有司毋得致祭。①

朱元璋对民间神祠无序混乱的局面进行了整顿，把在百姓中有影响的神灵纳入佛教寺院系统，制定了相应的系列政策，使民间信仰尽量合法化。有学者表示，寺院僧众按照不同的方式，或直接在寺院中建祠祭祀，或参加民间神祠的修建管理，或给予民间神祠受戒，将寺院山林附近的民间神祠收入寺院系统。② 这一举措，有力地清理了民间不应祀典的神祠，切断了它与佛教的组织联系，防止别有用心的人利用其惑众滋事，甚至威胁到执政者的统治。

随之，朱元璋对佛教教团实行了全面有效的控制。洪武元年，朱元璋在金陵天界寺开设善世院，授浙江籍僧人觉原慧昙（1304—1371）

---

① （清）张廷玉等：《明史》卷50，第1306页。

② 曹刚华：《明代佛教方志研究》，中国人民大学出版社2011年版，第195页。

从二品，以师为演梵善世利国崇教大禅师，住持天界，统诸山释教事，下令“僧有行非法者，有言当痛治”①，进而“以释氏为世蠹，请灭除之”②。朱元璋对佛教的管理，慧昙认为太过严厉：“大林有不材之木，能尽去乎？只益释门之丑耳。事呈露，勿恕可也。”③ 并进言：“孔子以佛为西方圣人，以此知真儒不必非释，非释必非真儒也。上亦以佛阴翊王度。”④ 慧昙的意见不无道理，但出于统治者的管理角度，朱元璋并未采纳。

不仅如此，朱元璋对佛教的严厉控制更表现在一些细节上，如对崇佛女子在公共场合烧香等行为举止的限制，洪武五年（1372）五月，朱元璋下诏曰：“天下大定，礼仪风俗不可不正。……僧道斋醮杂男女，恣饮食，有司严治之。”⑤ 明令规定，男女不可混杂进行斋醮等仪式。除此诏令外，还制定了相关的法律条文：“若有官及军民之家，纵令妻女于寺观神庙烧香者，笞四十，罪坐夫男。无夫男者罪坐本妇。其寺观神庙住持及守门之人，不为禁止者，与同罪。”⑥ 可见，对外出烧香祭拜女子的惩罚是极为苛刻的。有配偶的女子可以让其丈夫顶替受罚，没有丈夫的女子就只能自己受鞭笞。此外，不按规定履行禁止的寺庙住持及守门人也一并受罚。

与朱元璋对佛教的严厉控制相随的，是他对佛教的大力推崇。其《谕僧》有云：“佛始汉至，教言玄寂，机秘理幽。以其有传也，抵期而无教。以其无教，而有印心之旨。”⑦ 可见，朱元璋尤为强调佛教之

---

① （明）幻轮编：《释鉴稽古略续集》卷2，《大正新修大藏经》（以下简称《大正藏》）第49册，新文丰出版股份有限公司1983年版，第924页下。

② （明）明河：《补续高僧传》卷14，《新编卍续藏经》（以下简称《续藏经》）第134册，新文丰出版股份有限公司1994年版，第255页上。

③ （明）幻轮：《释鉴稽古略续集》卷2，《大正藏》第49册，第924页下。

④ （明）明河：《补续高僧传》卷14，《续藏经》第134册，第255页上。

⑤ （清）张廷玉等：《明史》卷2，第27页。

⑥ 怀效锋点校：《大明律》卷11，辽沈书社1990年版，第87页。

⑦ 钱伯诚、魏同贤、马樟根主编：《全明文》（第一册）卷8，上海古籍出版社1992年版，第114页。

“印心”作用。在《谕天界寺僧》里，朱元璋表达了对佛教的看法：

> 吾闻释迦之教，务靖不喧，时洗心而刻涤虑，去五欲之魔，清六根之本，虽不至六通圆觉之果，其报也必将来。所以修行者，磨厉也。行者行也，功者造积也。凡云修行者，先置验不速，又将不期然而然欤？今之修者，期验欲疾，茫然久之，心不耐已，虑不隔尘，世之有者，念无不在，由是而失道迷宗，愆重嵬山，信之乎？①

朱元璋认为，明初僧人多舍本逐末，遗失了清静修习之心，而佛教之最大功能莫在于能洗心涤虑。洪武五年（1372），朱元璋下令征调全国名僧点校《藏经》，后命名为《洪武南藏》。随后，他又诏敕天下佛门，以《金刚经》《心经》《楞伽经》为研读经典，重视讲习佛教经书，再次强调了佛教洗心治心之功效。

在为《心经》作序时，朱元璋进一步谈道：

> 俄西域生佛，号曰释迦，其为佛也，行深愿重，始终不二，于是出世间，脱苦趣。其为教也，仁慈忍辱，务明心以立命，执此道而为之，意在人皆若此，利济群生。今时之人，罔知佛之所以，每云法空虚而不实，何以导君子、训小人。以朕言之则不然，佛之教实而不虚，正欲去愚迷之虚，立本性之实，特挺身苦行，外其教而异其名，脱苦有情。②

在朱元璋看来，佛教以明心见性为旨归，若认识到这一点，便能

① 钱伯诚、魏同贤、马樟根主编：《全明文》（第一册）卷8，第115—116页。
② 钱伯诚、魏同贤、马樟根主编：《全明文》（第一册）卷13，第195页。

利济群生。时人却对此心存误解，认为佛法空而不实。其实，只要把握好心的作用，去迷妄之虚，显本性之真，佛教便能有益于世，反之，则不然：

> 如《心经》每言空不言实，所言之空，乃相空耳。除空之外，所存者，本性也。所以相空有六……其六空之相，又非真相之空，乃妄想之相，为之空相。是空相愚及世人，祸及古今，往往愈堕弥深，不知其几。斯空相，前代帝王被所惑而几丧天下者，周之穆王，汉之武帝，唐之玄宗，萧梁武帝，元魏主焘，李后主，宋徽宗。此数帝废国怠政，惟萧梁武帝、宋之徽宗，以及杀身，皆由妄想飞升及入佛天之地。其佛天之地，未尝渺茫，此等快乐，世尝有之，为人性贪而不觉，而又取其乐。人世有之者何？且佛天之地，如为国君及王侯者，若不作非为善，能保守此境，非佛天者何？如不能保守而伪焉，用妄想之心，即入空虚之境，故有如是。斯空相，富者被缠则淫欲并生，丧富矣。贫者被缠则诸诈并作，殒身矣。其将贤未贤之人被缠，则非仁人君子也。其僧道被缠，则不能立本性而见宗旨者也。所以本经题云《心经》者，正欲去心之邪念以归正道，岂佛教之妄耶？①

纵观历史，因惑于“空相”导致怠政、亡国等系列后果的行为，可谓多矣。朱元璋频频举例是为了告诫、提醒人们，如果不识本心，就容易陷入虚妄的境地，故《心经》主旨是“去心之邪念以归正道”。

此外，朱元璋还重视儒释道三教的融会贯通，其《三教论》有云：

> 夫三教之说，自汉历宋，至今人皆称之。故儒以仲尼，佛祖

① 钱伯诚、魏同贤、马樟根主编：《全明文》（第一册）卷13，第195—196页。

释迦，道宗老聃。……古今人志有不同，贪生怕死，而非聪明求长生不死者，故有为帝兴之，为民富者，尚之慕之。有等愚昧罔知所以，将谓佛仙有所悮国扇民，特敕令以灭之，是以兴灭无常。此盖二教遇小聪明而大愚者，故如是。昔梁武好佛，遇神僧宝公者，其武帝终不遇佛证果。汉武帝、魏武帝、唐明皇皆好神仙，足世而不霞举。以斯之所求，以斯之所不验，则仙佛无矣，致愚者不信。……若崇尚者从而有之，则世人皆虚无，非时王之治。若绝弃之而杳然，则世无鬼神，人无畏天，王纲力用焉。于斯三教，除仲尼之道祖尧舜，率三王，删《诗》制典，万世永赖；其佛仙之幽灵，暗助王纲，益世无穷，惟常是吉。尝闻天下无二道，圣人无两心。三教之立，虽持身荣俭之不同，其所济给之理一。①

在朱元璋看来，对待儒释道三教的态度，既不可因求长生而特兴之，也不可误其祸国殃民而大灭之，更不可过分推崇而致“世人皆虚无”，但也不能“绝弃之而杳然”。只要能辅以统治，那么就是有益于世的。三教虽不同，但从补益时政这一角度上来看，可谓“天下无二道，圣人无两心”。显然，朱元璋从统治者的立场出发，调和三教，提倡应发挥其不同之特点辅助教化、阴翊王度。

值得一提的是，作为佛教居士的朝臣宋濂（1310—1381），于洪武十年（1377）收集太祖朱元璋关于佛教的言论，置于他所写的《新刻〈楞伽经〉序》中，如：“卿言《楞伽》为达摩氏印心之经，朕取而阅之，信然。人至难持者，心也。触物而动，渊沦天飞；随念而迁，凝冰焦火。经言操存制伏之道，实与儒家言不异。”② 而宋濂则积极建议朱元璋：“以生知之圣，一观辄悟。诏天下诸浮屠，是习是讲，将

① 钱伯诚、魏同贤、马樟根主编：《全明文》（第一册）卷10，第145页。

② （明）宋濂著，袾宏辑，钱谦益订：《宋文宪公护法录》卷6，《明版嘉兴大藏经》（以下简称《嘉兴藏》）第21册，新文丰出版股份有限公司1987年版，第657页下。

使真乘之教与王化并行，治心缮性，远恶而趣善。斯心也，即如来极度群生之心也，何其盛哉。"① 宋濂此举，不仅为统治者的政权增添了神圣光环，还推动了佛教在明初的发展。

下面来看明成祖的佛教政策。明成祖朱棣（1360—1424）在僧人独庵道衍（1335—1418）的鼓动下，发动"靖难之变"，历经四年最后夺取帝位。据《明史》载：

> 姚广孝，长洲人，本医家子。年十四，度为僧，名道衍，字斯道，事道士席应真，得其阴阳术数之学。……洪武中，诏通儒书僧试礼部。不受官，赐僧服还。经北固山，赋诗怀古。其侪宗泐曰："此岂释子语耶？"道衍笑不答。高皇后崩，太祖选高僧侍诸王，为诵经荐福。宗泐时为左善世，举道衍。燕王与语甚合，请以从。至北平，住持庆寿寺。出入府中，迹甚密，时时屏人语。及太祖崩，惠帝立，以次削夺诸王，周、湘、代、齐、岷相继得罪，道衍遂密劝成祖举兵。……成祖即帝位，授道衍僧录司左善世。帝在藩邸，所接皆武人，独道衍定策起兵。及帝转战山东、河北，在军三年，或旋或否，战守机事皆决于道衍。道衍未尝临战阵，然帝用兵有天下，道衍力为多，论功以为第一。②

二人关系甚密，受其影响，朱棣对佛教也相当尊崇。在授予道衍资善大夫、太子少师等职位后，朱棣对其亦官亦僧的种种日常行为，如"与语，呼少师而不名。命蓄发，不肯。赐第及两宫人，皆不受。常居僧寺，冠带而朝，退仍缁衣"③ 等皆持尊重包容之态度。

① （明）宋濂著，袾宏辑，钱谦益订：《宋文宪公护法录》卷6，《嘉兴藏》第21册，第658页上。

② （清）张廷玉等：《明史》卷145，第4079—4081页。

③ （清）张廷玉等：《明史》卷145，第4081页。

朱棣本为庶子，但在起兵时，他却自称是马皇后所生，是太祖的第四嫡子。为使其身份具有合法性，朱棣借佛教宣扬自己的“嫡子”名分。为使自己篡位夺权这一行为合法化，朱棣努力树立起一个崇信佛教的帝王形象，希望通过读诵、宣扬佛经来消灾涤罪。也因此，朱棣非常重视佛教的善恶因果、业报轮回说，其写于永乐九年（1411）的《御制观世音普门品经序》有云：

> 天道福善祸淫，故佛示果报，使人为善而不敢为恶。夫天堂、地狱皆由人为，不违于方寸之内，故为善者得升天堂，为恶者即堕地狱。夫忠臣、孝子、吉人、贞士，其心即佛，故神明庇佑，业障俱泯，是以生不犯于宪条，没不堕于无间。夫凶顽之徒，一于为恶，弃五伦如敝帚，蹈刑法如饮甘，宁喂罗刹，不钦佛、道。然人性本善，所为恶者，特气质之偏；苟能改心易虑，修省避畏，转移之间，恶可为善矣。为善则即善人，昔之所积之咎，如太空点尘，红炉片雪，消涤净尽。虽有果报，将安施乎?①

纵然以前为非作歹、不忠不孝，只要能洗心革面，过往错行就如宇宙间一粒尘土、酒垆边一片雪花，自会消泯殆尽，不留痕迹。简言之，恶也可以转化为善。朱棣此番言论，不仅是对天下子民的昭告，也是对自己的祈福和安慰。

朱棣曾翻阅佛教著作，采往昔名僧功行超卓者辑为一编，共九卷，名为《神僧传》。据其写于永乐十五年（1417）的《御制神僧传序》载：

> 神僧者，神化万变，而超乎其类者也。然皆有传，散见经典，

---

① （姚秦）鸠摩罗什：《妙法莲华经观世音菩萨普门品经》，《永乐北藏》第36册，线装书局2000年版，第577页。

观者猝欲考求。三藏之文，宏博浩汗，未能周遍，是以世多不能尽知，而亦莫穷其所以为神也。故间翻阅，采辑其传，总为九卷。使观者不必用力于搜求，一览而尽得之，如入宝藏而众美毕举。遂用刻梓以传，昭著其迹于天地间，使人皆知神僧之所以为神者有可征矣。①

以史者的态度搜集考求神僧异事，并付梓以传，这对帝王来说，是极为少见的。从这样一个细节我们就可以看出朱棣对佛教极为尊崇的态度。

永乐二十一年（1423），朱棣在《御制金刚般若波罗蜜经集注序》中更详细地表明了自己对佛教的态度：

佛道弘深精密，神妙感通，以慈悲利物，以智慧觉人，超万有而独尊，历旷劫而不坏。先天地而不见其始，后天地而不见其终。观之《金刚般若波罗蜜经》，盖可见矣。是经也，发三乘之奥旨，启万法之玄微。论不空之空，见无相之相。指明虚妄，即梦幻泡影而可知；推极根原，于我、人、众、寿而可见。诚诸佛传心之秘，大乘阐道之宗，而群生明心见性之机括也。夫一心之源，本自清净；心随境转，妄念即生。如大虚起云，辄成障翳；如宝镜蒙尘，随韬光彩。由此逐缘而堕幻，安能返妄以归真？惟如来以无上正等正觉，发慈悲至愿，悯凡世之沉迷，念众生之冥昧，为说此经，大开方便。俾解粘而释缚，咸涤垢以离尘。出生死途，登菩提岸；转痴迷为智慧，去昏暗即光明。是经之功德，广矣！大矣！②

① （明）朱棣编：《神僧传》卷1，《大正藏》第50册，第948页中。

② （明）朱棣：《金刚般若波罗蜜经集注》之序文，上海古籍出版社2011年版。

梁昭明太子曾将《金刚经》分为32品，而朱棣精选了唐宋以来《金刚经》注疏中“至精至要、经旨弗违”[①] 之部分，结集成《金刚经集注》一书。从序文看，朱棣高度颂扬了佛理的弘深精密，认为《金刚经》阐发了明心见性之旨，习读此经，能使陷入冥昧堕幻的众生返妄归真。显然，朱棣非常清楚佛教具有解众生于沉迷之用，故他反复申明，视佛教为导民向善的最好方式。所谓的善，即维护和顺从儒家思想指导下的统治秩序和人伦关系，可以说，这是朱棣对待佛教的基本立场。

值得一提的是，明成祖资助了首部明刻大藏经的刊行。洪武五年（1372），朱棣邀请天下名僧宿儒到蒋山寺参与刊刻大藏经的工作，这就是明初刊刻于南京的《南藏》。永乐十八年（1420），朱棣又赞助了另一部大藏经的刻印，这一版本对先前版本的错误进行了校正，规模稍大，质量较佳，即为明代的《北藏》，二者合称《永乐大藏经》。此外，明成祖还编制佛曲，如《诸佛世尊如来菩萨尊者名称歌曲》就有朱棣的御制序，备称念佛之益。曲后又有永乐十七年（1419）七月、十月及十一月的《御制感应序》，中载施布佛曲名经时之灵应祯祥事迹甚多，虽或为文臣希旨之作，亦可见成祖之信佛程度。[②]

佛教虽然有助于统治，需要维护并提倡，但僧多则滥，坐食于民，无益于国。明成祖朱棣继承了明太祖对佛教既利用又限制的政策，制定了严厉的政令来约束僧人的行为。永乐十年（1412），朱棣重申：

> 佛、道二教本以清净，利益群生。今天下僧、道多不守戒律，民间修斋诵经，动辄较利厚薄，又无诚心，甚至饮酒、食肉、游荡、荒淫，略无顾忌。又有一种无知愚夫，妄称道人，一概蛊惑

① （明）朱棣：《金刚般若波罗蜜经集注》之序文。

② 王崇武：《明成祖与佛教》，《中国社会经济史集刊》1949年第1期。

男女杂处无别，败坏风化。洪武中，僧、道不务祖风及俗人行瑜伽法，称火居道士者，俱有严禁。即揭榜申明，违者杀不赦。[①]

这里的"道人"是指那些以做法事来谋生的人，身份比较混杂。他们以僧伽形象出现，利用百姓对民间宗教的信仰滥行法事，败坏佛教祖风。明初时就有这种现象存在，洪武年间曾出台过严厉的政策，加以清理整顿。到永乐时，这种现象仍然存在，故从太祖到成祖，对此一直采取严厉的禁止措施，以防其间影响社会稳定因素的积累和蔓延。

明代的佛教政策，在太祖和成祖的奠基下，此后没有大变化，但由于经济、政治等因素的发展有异，时有波动却也是常事。紧接着永乐朝的仁、宣之世，由于尚处在太祖、成祖的佛教政策的笼罩下，虽也有所改革，但未能真正地创新。

作为朱棣长子的仁宗朱高炽（1378—1425）虽在位一年，却开明朝仁德治国风气之先。继仁宗的宣宗朱瞻基（1399—1435），延续了仁宗所开之风气，在执政十年的时间里，再现了文景之世。

明英宗朱祁镇（1427—1464）在位时期，继承了明仁宗、明宣宗时期的政风，对佛道二教实行一直以来的限制政策，如宣德十年（1435），群臣奏请削减番僧在京人数："比奉旨，省冗费以安养军民。今京师诸寺，法王、国师、番僧尚有四五百人，其供费浩繁，宜量数存留，余皆遣回本土。"[②] 对佛教，明英宗认为："朕惟佛氏之兴，其来已远，西土之人率多崇信。其教以空寂为宗，以慈悲为用，阴翊王度，化导群迷，良足嘉尚。"[③] 景泰（1450—1456）初，为救济灾荒、筹集军饷，朝廷恢复了鬻牒制，此后，度牒一度失控，但也在某种程

① 《太宗永乐实录》卷128，江苏国学图书馆传钞本。

② 《英宗正统实录》卷7，江苏国学图书馆传钞本。

③ 《英宗正统实录》卷315，江苏国学图书馆传钞本。

度上促进了佛教的发展。由于国家财力单薄，朝廷对申请度牒的额度及寺院修建的数量都进行了控制。但微妙的是，百姓对宗教的热情并未减退，民间宗教活动仍然非常活跃。

进入成化朝（1465—1487），宪宗朱见深（1447—1487）对佛教也极为尊崇，成化十五年（1479）十一月，其《御制重修灵光寺碑》有云：

> 朕闻孔子曰：丘闻西方有大圣人……夫佛即西方圣人，其道与儒道往往多同。佛谓为善升天，为恶入渊，作善得福，为恶受殃，其与儒之作善降祥，作不善降殃之言同。佛谓专心为善，子孙长享富贵，专心为恶，子孙俱堕恶业，其与儒之积善之家，必有余庆；积不善之家，必有余殃之言同也。佛谓心为万法之本，儒谓心为万事之本。佛谓见性，儒谓知性。佛道与儒道同者多类此，非直此也。①

明成化十四年（1478）秋，宪宗敕命京西觉山下的觉山寺（即今灵光寺）重修工程开工。第二年，宪宗又亲为该寺御制碑文，主要从善恶报应的角度出发，重申了儒、释二教之相同性。宪宗重修觉山寺的目的在于，希望凭借佛教，使百姓向善背恶，保子孙既寿且昌。

又据沈德符《万历野获编》卷二十七《释道》下“僧道异恩”条载：

> 成化十七年，传升道录司右至灵邓常恩为太常卿，盖自永乐间升右善世姚广孝为太子少师，及全真邱元清为太常卿，后来未

---

① （明）朱见深：《御制重修灵光寺碑》，《北京图书馆藏中国历代石刻拓本汇编》第52册，中州古籍出版社1990年版，第148页。

有异典。然姚系佐命元勋，邱曾为监察御史，常恩不过以房中术得之。时尹恭毅任太宰，不能执奏。又是年赐番僧万行清修真如自在广善普慈宏度妙应掌教翊国正觉大济法王、西天圆智大慈悲佛，领占竺等十四人诰命。时周文安为宗伯，亦不闻执奏也。盖宪宗于释道二教，俱极崇信如此。①

成化年间，宪宗对自己崇信的佛、道二教人士，予以提拔，并敕其担任要职。可职位形同虚设，这些僧道均混世欺名、逍遥无为。可见，在对待佛教的基本态度上，宪宗与祖辈们差异不大，甚至更佞佛。

太祖以后，明朝历代皇帝中很少有人再就天命观及佛教、道教等宗教问题加以专门论述，他们对太祖奠定的佛教政策大体是接受而无异议，在对待佛教的基本态度上，主要沿用了太祖、成祖时制定的政策法令。可以说，明太祖、明成祖的宗教思想奠定了明朝宗教政策的基础。

二　明前中期禅宗发展略述

明代佛禅之发展状况，整体上可以用明末曹洞宗殿军之永觉元贤（1578—1657）弟子为霖道霈（1615—1702）的一段话来概括：

梁普通间，菩提达磨，自南天竺国来，倡为禅宗。不立文字，直指人心，见性成佛。其付法偈曰："我本来兹土，传法救迷情；一花开五叶，结果自然成。"嗣是六代传衣，五宗竞出。由唐历宋，其化大焉。五宗者，沩仰、云门、法眼三宗，与宋运俱终。

① （明）沈德符：《万历野获编》卷27，中华书局1959年版，第684页。

其传至今日者，唯临济、曹洞二宗。其洞上一宗，亦已久衰。至万历间，寿昌无明老祖杰出，始中兴于世。[①]

宋元之交，禅宗五家之沩仰宗、云门宗、法眼宗均湮没无闻，传至明代的就剩临济和曹洞两家。相较而言，临济一系又盛于曹洞。明代禅宗之发展概况，在士人眼里，是怎样的面貌呢？从明初沈世荣（生卒不详）的《三教论》中我们可窥一斑：

释迦出现西乾……东流此土，又化无数亿人，上士闻之，则明心见性，入圣超凡；下士闻之，则亦识果知因，改过迁善，辅翊王政，使不烦刑罚而治矣。故世之名儒英才间气，无不尊奉，道门高士亦或兼通。至唐而禅学大行，教理亦著，宗通讲贯心要，粲然不亦盛乎？其弊也，或偏行枯寂之宗，或作有为之福，则有独善而不能及人，乃至贪著而为供养。若左溪有居山之癖，梁武有舍身之愚。观达磨圣谛之言，永嘉劝友之书，有以规之深矣。然法流已久，其弊必臻，世道污隆，此亦常理。自五代至宋，而禅分五灯，各立宗旨，解悟异途，心学微矣。而诸方大匠，力拯颓风，杰出丛林，人亦不少。至四灯，与宋运俱终，独临济一宗，尚流今日。然自中峰（按，元代中峰明本禅师）撤席，未知道隐何方？尚赖教有明文，与心为证，慧命未绝，有若悬丝，作者弗起，予将何述？其衰也，亦非儒者毁之也。[②]

洪武八年（1375），福建学者沈世荣曾请太祖给《道德经》作注

① （清）为霖道霈重编：《永觉元贤禅师广录》卷1，《续藏经》第125册，第403页下。
② （明）沈士荣：《续原教论》卷2，《嘉兴藏》第20册，第327页下。

疏。洪武十五年（1382），他又奉召到南京，给太祖宣讲了三教合一的理论，做了翰林待诏。[①] 从沈世荣的言论中，不难得知，早在明初，临济宗的发展就渐趋衰落了。因为统治者的高压政策，许多名僧都隐居深山，过着默默无闻的日子，“临济宗自宋季稍盛于江南，阅元而明，人宗大匠，所在都有，而韬光敛瑞，民莫得传。”[②] 这即是说，明代临济宗著名的禅师，仍有不少，因外部政治的高压及内部禅道的衰落等原因不愿显于世，故见于史传者不多。

明初较有名的禅师多出自江南临济宗，来自北方曹洞宗人相对较少。太祖执政时期，临济宗下较有影响的当属元叟行端（1255—1341）和笑隐大䜣（1284—1344）两系，尤其是元叟行端法系，与朝廷关系较为密切。

元叟门下弟子众多，明初较有影响的是无梦昙噩（1285—1373）、楚石梵琦（1296—1370）、愚庵智及（1311—1378）三人。洪武三年（1370），太祖征诏天下名僧赴金陵天界寺参加法会，“其赴诏尊宿三十余员，出元叟之门者，三居一焉。惟国清昙噩、双径智及并琦三人，频入宴文楼论道。”[③] 这三人都参加过太祖征诏的法会，在法会上宣讲符合统治者需求的教义，超脱一切鬼神和轮回众生，以求保国安民。尽管这样，他们的法系并没维持多久，就渐趋凋落了。

作为禅僧，梵琦也崇信净土，写有净土诗若干首。明末高僧云栖袾宏（1535—1615）有言：“本朝第一流宗师，无尚于楚石矣。筑石室，扁曰‘西斋’。有《西斋净土诗》一卷行世，今止录十首以见大意。彼自号禅人而浅视净土者，可以深长思矣。”[④] 明末高僧蕅益智旭

---

① ［美］牟复礼、［英］崔瑞德编：《剑桥中国明代史1368—1644年上卷》，张书生等译，中国社会科学出版社1992年版，第142—143页。

② （明）净柱辑：《五灯会元续略》“凡例”，《续藏经》第138册，第834页下。

③ （清）自融撰，性磊补辑：《南宋元明禅林僧宝传》卷10，《续藏经》第137册，第715页下。

④ （明）袾宏辑：《皇明名僧辑略》，《续藏经》第144册，第409页上。

（1599—1655）对梵琦的评价也相当高："禅宗自楚石琦大师后，未闻其人也，庶几紫柏老人乎？寿昌无明师，亦不愧古人风格"。[①] 梵琦是明初禅净双修的代表人物，后世对他的称颂，主要是从他以禅师身份弘扬净土，所取得的广泛影响上说的。

顺便说一下，智及的弟子中，最有名的是道衍，即辅助朱棣起兵，打败明惠帝朱允炆（1377—?）夺位的姚广孝。道衍终生为僧，但也担任世俗官僚，像道衍这样亦官亦僧的人，在明初还有不少，可见明代禅宗对国家的依附性日益明显。

再来看笑隐一系。因元末笑隐大䜣在金陵传法，故此派弟子与太祖的接触较早，感情也较深。其弟子主要代表有觉原慧昙（1304—1371）和季潭宗泐（1318—1391）。朱元璋占领金陵时，慧昙曾亲自到军营中拜谒，并受命住持天界寺。天界寺是明初最为皇室看重的寺院，慧昙奉命住持，表明了太祖对其的特殊信任。

洪武五年（1372），宗泐也奉旨参与金陵法会并住持天界寺。他曾作《赞佛乐章》八首，并与具庵如玘（1320—1385）等人奉旨笺注《心经》《金刚经》《楞伽经》，颁行全国。笑隐门下这两位禅师在当时皆为佛教界的著名人物，他们也都积极地奉行朝命，其禅学思想并无创新处，故在此不再赘述。

至于曹洞宗，在明代主要是元代万松行秀（1166—1246）一系的传承。这里主要提及两人，雪轩道成（1352—1432）和洁庵正映（？—1426）。

雪轩道成，俗姓赵，元亡入明，历事太祖朱元璋、成祖朱棣、仁宗朱高炽、宣宗朱瞻基四任皇帝，与明廷关系良好。曹洞宗从第十八世的雪轩道成开始，正式进入明代，地域分布也从北方转移到江南。据《五灯会元续略》载：

---

① （明）智旭：《灵峰蕅益大师宗论》卷5，《嘉兴藏》第36册，第347页下。

> 洪武十五年，天下郡县开立僧司统领释教，师应选。道契、亲王、殿下睿眷尤隆。三十年秋八月召师至殿，命住天界，师奏："不会佛法。"上制诗一首，镌于金榜，悬诸法堂，曰："不答来辞许默然，西归只履旧单传。鼓钟朔望空王殿，示座从前数岁年。"①

洪武三十年（1397），道成受命住持天界寺，他以"不会佛法"婉拒，但太祖却作诗一首，对道成的不会讲经说法表示不介意，并引禅宗向来坐禅不讲经的老规矩宽慰道成。

明代统治者尤为重视讲经注经，故义学较禅学更为发达。在临济宗高僧笑岩德宝（1512—1581）时代，"义学纷纭，禅宗落寞，而少室一枝，流入评唱；断桥一派，几及平沉。虽南方刹竿相望，率皆半生半灭。佛祖慧命，殆且素矣。"② 此处的"少室一枝"指代曹洞宗，从元初始，曹洞宗在河南嵩山建立禅学阵地，到明中叶，却没有任何创新，停留在公案的评唱上；"断桥"即指宋代临济宗破庵派僧断桥妙伦（生卒不详）。明中叶，临济宗庙宇虽聚集于南方，却毫无生机。

禅林衰败的情况到了晚明就更趋严重，万历四十八年（1620），曹洞宗禅僧麦浪明怀（？—1620）在答来访之设难者时，有云：

> 时人称善知识者，始则把古人公案一一思维计较，望空穿凿，或复以讹传讹，递相聋瞽；终则装大模样，弄小聪明，不鉴来机利钝，一味以大帽子盖戴，使新学者倾心渴仰。及乎微细盘桓，则宗门、教门，玄学、义学，触事面墙。云门大师呼此辈为半日师也。《楞严》云："如何贼人假我衣服，裨贩如来？"夫子亦曰：

① （明）净柱：《五灯会元续略》卷1，《续藏经》第138册，第864页上。
② （清）自融撰，性磊补辑：《南宋元明禅林僧宝传》卷14，《续藏经》第137册，第748页下。

“色厉而内荏，其犹穿窬之盗。”诚法门之衰相也！①

确实，明末丛林的芜杂混滥，已到了禅门内部之僧人也表示不满的地步了。难怪曹洞宗禅僧无异元来（1575—1630）批判道：“近时禅道凋零，人心狂悖，天下无真正知识导引后来，亦无真正学人参询善友。宾主相见，各负胜心，如傀儡一棚……更有无知学者，认定个业识茫茫，谓之自己；指面前顽虚境象，谓之清净法身。眼底无人，自尊自大。如此邪辈，是处皆然。若当作禅门下客，祖师门庭，则扫地而尽矣。”②

洁庵正映，江西抚州金溪洪氏子，是曹洞宗十九世中较为杰出的人物。明洪武十九年（1386）试经得度牒，谒灵谷寺巽中谦禅师，谦殁，谒雪轩道成。据《补续高僧传》载：

> 洪武中，奉诏掌京师天界寺。床帏不设，寒嘉一衲。上闻而嘉之，移命掌泉州开元寺。开元旧名莲华寺，自唐匡护大师开山以来，代不乏人。近以元末，扰害灾火迭兴，僧徒屋宇，罄殒无遗。有司以闻，故有是命。高皇帝，面谕遣之，曰：“著尔去作住持，如今作住持难，过善则受欺侮而不振，过严则致毁谤而自隳。尔但清心洁己，长久钦此，自能整颓纲，光祖席耳。”师奉旨惟谨，莅寺宣阐，未几，玄风大振。首作讲堂，额曰“清心洁己”，示不忘也。③

正因为太祖有着出家为僧的经历，对寺庙住持日常工作的难处了

① （明）许元钊录：《云门麦浪怀禅师宗门设难》，《续藏经》第127册，第1003页下。

② （法孙）弘翰汇编，弘裕同集：《无异元来禅师广录》卷2，《续藏经》第125册，第132页下—133页上。

③ （明）明河：《补续高僧传》卷22，《续藏经》第134册，第334页下—335页上。

然于心，故才有了对正映的这番入情入理的提醒。可见，明初的佛教界就已现颓势，到了明中期以后，更是积重难返。

永乐二十年（1422），正映朝京回，受命住持福州雪峰山崇圣寺，“雪峰屋老敝已，甚不堪仍旧，师一举而新之。人咸以为应雪峰再来之谶。”① 正映重振寺庙所取得的成就，在当时受到了各方的认可，以致人们认为是祖师雪峰义存（822—908）的再现。可见明初丛林虽现颓势，但仍维持着强大的生命力。永乐二十二年（1424），正映又奉旨住持南京灵谷寺，后卒于灵谷。正映一生三主名刹，极受帝王礼遇，与明廷关系密切。

第二节　明前中期儒士的诗歌与佛禅

一　明初高启、张羽等人的诗禅人生

高启（1336—1374），字季迪，号青丘子，江苏长洲人。元末隐居不仕，入明后奉召修撰元史，任翰林院编修。高启博学多才，诗名甚高，为吴中四杰之首。高启曾赋诗讽刺皇帝好色，遭明太祖嫌弃。此后，他归居青丘，以教书为生。高启性格豪放，不拘小节，四十岁不到就因诗文惹祸，被朱元璋腰斩于市。高启善作拟古诗，诗风雄健豪迈，清新俊逸。在诗法上，高启主张兼师众长，缘情随笔，因物赋形，均得心应手。

高启的诗歌中，除了投宿佛寺对清幽景象的描绘外，还有不少是与禅僧的交往，如《赋得履送衍上人》：

稳称游方脚，新编楚岸蒲。

① （明）元贤：《继灯录》卷1，《续藏经》第147册，第729页上。

滑欺峰顶石，危怯世间途。
轻曳愁妨蚁，高飞笑化凫。
上堂声每众，度岭影还孤。
著处朝行道，抛时夜结趺。
空山欲相访，落叶去踪无。①

衍上人，当为僧人道衍（姚广孝）。靖难以前的道衍，为一方云游僧，他与道士、文人结伴，参禅学道，观览胜概，不亦乐乎。明初时，他与刘基、高启等名臣均有交往，与高启最相投契，赠答尤多。诗歌刻画了一个乐观忙碌的禅僧形象：白日上堂说法，晚上结跏趺坐。语言平易轻快，充满了随缘不变的洒脱禅风。又《送僧恬归灵隐》云：

游方应未久，柳色变新年。
在路逢春雪，还山访冷泉。
钟催投寺锡，灯照泊江船。
法意休多问，无言即是禅。②

此诗最精华的是末尾一句："无言即是禅"。说禅即是说佛性，佛性是中道，说着就落入沾滞了。佛性无处不在，只需心下领悟，一旦有所执着就破坏清净自性了。高启与禅僧交往密切，相关诗作都充满了疏狂任运的洒脱情怀。又如《圆明佛舍访吕山人》："怜君不出院，结夏与僧同。阴竹行廊远，香花掩殿空。饭分斋钵里，书寄藏函中。茶宴归来晚，西林一磬风。"③ 寺院环境清幽，让人恍如隔世。和僧人

① （明）高启：《高太史大全集》卷13，影江南图书馆藏明景泰庚午徐庸刊本，《四部丛刊初编》集部第1540册，上海书店1985年版。

② （明）高启：《高太史大全集》卷12，《四部丛刊初编》集部第1540册。

③ （明）高启：《高太史大全集》卷12，《四部丛刊初编》集部第1540册。

一起阅藏、进食、品茶，生活简单却别有一番情趣。与刘基入仕济民的儒者情怀不同，高启与尘世始终保持着若隐若现的距离。再如《赠朱山人》：

老来嫌众累，依涧独开房。
积雨苔生桁，回风叶满床。
学僧持净律，避客录奇方。
若问尘中事，无闻不是忘。①

明初佛教界中，楚石梵琦是禅净双修的典型，而朱山人参禅念佛、往生净土的生活，何尝不是高启所向往的呢？时朱元璋对不为其所用的名士，采取了严酷的残害手段。在这种高压政策下，不问世事、飘然远引的生活是高启所渴望的。遗憾的是，尽管高启有意识地避祸求全，却仍未能逃脱命运的悲剧。

高启与佛禅相关的诗作中，还有一类，是对元亡以前生活的回忆。如《送证上人住持道场》，暂录诗歌如下：

䜣公昔年住宝坊，龙象蹴踏胜毫芒。
袈裟曾侍玉座旁，万众阛听讲仁王。
弟子如云来四方，朝钟暮鼓鸣高堂。
西归葱岭今几霜，钵传昙师道弥昌。
丛林主教遇圣皇，紫衣朝阙随班行。
上人继吐三叶芳，衲中长系摩尼苍。
人间万念俱已忘，独好游戏谈文章。
我来京师寄禅房，每邀看月开修廊。

① （明）高启：《高太史大全集》卷12，《四部丛刊初编》集部第1540册。

手横蝇拂坐绳床，竹间风吹煮茗香。

……

兵余莫嗟梵宇荒，胜景未逐楼台亡。

寺门无人闭夕阳，芋栗收作山中粮。

好说千偈恢禅网，麾斥佛祖谁敢当。

我方无用縻太仓，叨逐剑佩趋明光。

醉歌欲觅玄真狂，怀恩未得寻归航。

明朝举首空相望，云飞笠泽天茫茫。①

䜣公，乃禅师笑隐大䜣（1284—1344）。俗姓陈，字笑隐，号蒲室，江西人，是临济宗大慧宗杲（1089—1163）门下第五代传人。他深得元室推崇，受文宗、惠宗宠爱。顺帝及位后，诏令重编《禅林清规》，命笑隐禅师参与校正，从此天下丛林，皆取法于此。至元二年，惠宗又加赐其“释教宗主兼领五山寺”之称号。

诗歌上半部分描述了笑隐禅师在宫廷中所受到的隆重礼遇，从中也可看出，禅宗在元代汉传佛教界仍是最为活跃最有影响力的宗派。诗歌下半部分，刻画了元季明初战乱后的景象，也表达了自己在京城中受到冷遇，不为所用的感慨。即便是这样，高启也并未悲观，诗歌写得磅礴大气，疏旷洒脱。

张羽（1333—1385），字来仪，江西人。壮年随父宦游江浙，为兵乱所阻，不得归，又喜吴兴山水，遂定居浙江。明洪武初年征授太常丞，后因文章获罪，流放岭南，于流放途中投江而死。张羽为文精洁有度，古体诗低昂婉转，七言歌行笔力雄健，在明初诗坛与高启、杨基、徐贲齐名。

张羽与宗泐、道衍等禅僧有交往，写有《访道衍上人时寓海云》：

---

① （明）高启：《高太史大全集》卷9，《四部丛刊初编》集部第1539册。

寻僧自补屐，古寺夏云中。
听鸟明闻性，看花悟色空。
风传烟磬远，竹引野泉通。
便欲捐尘累，香灯事远公。[①]

诗人在访僧人道衍的路程中，暂寓江西海云寺。诗歌颔联阐发了禅宗明心见性的宗旨。世间一切色相，皆空幻不实，可谓色即是空，空即是色。在这样幽谧的环境中，诗人顿生远离俗世之感，点灯焚香，遥祭东晋名僧慧远（334—416）。不仅和道衍有交往，张羽和宗泐也有诗歌酬答之作，如《寄中竺泐季潭》："师从钟山来，遗我故人书。一入白云去，相思秋雨余。徒惭尘土迹，来拟竹林居。遥想中峰月，清梵满空虚。"[②] 诗歌虽然没用佛语、佛典，但思乡的淡淡愁绪隐藏在文字中，颇有清新隽永之风。又如《寄南屏渭长老》：

蒲室传心第一宗，老寻古刹寄行踪。
贯花偈就人争写，坏色衣穿自懒缝。
案上梵经皆贝叶，手中谈尘是青松。
何年慧远重开社，来听东林寺里钟。[③]

此渭长老，即禅僧清远怀渭（1326？—1375），俗姓魏，晚号竹庵。江西人，是笑隐大䜣之甥及法门嗣子，据钱谦益载："全悟住持龙翔，清远居座下，得从名荐绅张起岩、张翥、危素游，其学大进。全悟示寂，嘱之曰：'能弘大慧之道，使不堕者，唯尔与宗泐尔。'历主

① （明）张羽：《静居集》卷4，江安傅氏双鉴楼藏成化中刊本，《四部丛刊三编》集部，上海书店1985年版。

② （明）张羽：《静居集》卷1，《四部丛刊三编》集部。

③ （明）张羽：《静居集》卷5，《四部丛刊三编》集部。

澍东西大刹。”[①] 时张羽与怀渭交好，此诗高度颂扬了怀渭的禅学地位。再如《赠净慈元师》：

> 僧中麟一角，尊宿遍参来。
> 诗体得活法，禅心如死灰。
> 看云寒坐石，踏雪晓寻梅。
> 湖上经行处，沙鸥见不猜。[②]

“活”是南宗禅重要的特征之一，是指通脱无碍的生活态度、活泼自由的思维方式及语言表达的非合理性。作为诗歌理论的“活法”，则是由吕本中在宋代特有的诗禅渗透交融的背景下提出来的，即为要求诗人在遵循诗法规则时又能创新变化。沅禅师深谙此理，写诗时运用“活法”理论运筹文意、词句；静坐参禅时，他又不为外界声色所动，形如死灰。在张羽笔下，一个禅学造诣极高的诗僧形象脱颖而出。

不仅如此，张羽和日本僧人也有着相当好的交情，如《赠僧还日本》云：

> 杖锡去随缘，乡山在日边。
> 遍参东土法，顿悟上乘禅。
> 咒水龙归钵，翻经浪避船。
> 本来无去住，相别与潸然。[③]

明初，江浙一带是禅宗重镇，日本僧人奉旨前往中国，学成后多由浙江海路归国。此赠诗就是在此背景下写成，是明初中日两国佛教

---

① （清）钱谦益：《列朝诗集小传》闰集，上海古籍出版社1983年版，第673页。
② （明）张羽：《静居集》卷4，《四部丛刊三编》集部。
③ （明）张羽：《静居集》卷4，《四部丛刊三编》集部。

文化交流的一个缩影，具有重要的史学价值。诗歌颈联不仅称颂日僧遍参佛法、带回佛经的成就，还运用丰富的想象，认为友人佛法力大无边，对归途中不时出现的蛟龙恶浪，都可以一一征服，自然对应上联的“顿悟上乘禅”。尾联用语旷达洒脱，蕴含着随缘任运的禅理。僧人本是云游四方，没有定处，求法而来，得法而去，何必凄然神伤呢？

不仅广交禅僧，张羽还听禅师讲解佛经，其《秋夜宿僧院》云：

> 古寺昏钟日已沉，禅房花木自成阴。
> 流萤远度还依草，宿鸟惊飞不出林。
> 僧磬和泉清客虑，佛香入院净人心。
> 夜深共讲楞伽字，始识空门义趣深。[①]

明太祖曾敕令宗泐等人撰《楞伽》《金刚》《心经》三经注，颁行全国。《楞伽经》是达摩印心之语，主张见性成佛。诗歌前两联是写景，后两联则描述了诗人暂宿寺院，净心听经的所思所感。

徐贲（1335？—1379），字幼文，祖籍四川，居江苏苏州。元末张士诚统兵据吴，辟贲为属官，后与张羽避居湖州之蜀山。明洪武年间，官至任河南布政使，时有出征洮、泯的军队过境，因犒劳不时获罪，下狱死。徐贲善书画，其诗虽才气不及高启、杨基、张羽，但法度谨严，字句熨帖，古体颇富情致。

徐贲与禅僧也多有来往，如《衍上人萧然斋》：

> 高林洒繁露，闲斋自翛然。
> 俄闻一叶坠，应我琴中弦。

① （明）张羽：《静居集》卷5，《四部丛刊三编》集部。

野水寒欲浅，遥岑秋更妍。
清晨理梵罢，窗扉霭余烟。[①]

诗歌以道衍的斋房为名，刻画了一个潇然于尘世的禅僧形象。闲居高林，弹琴理梵的生活自有一番情趣在其间。类似的诗歌还有《送思上人》：

一瓶与一锡，游越复游吴。
到寺长逢旧，看山每过湖。
饭缘随处有，法意本来无。
南地多猿鸟，还惊梵语殊。[②]

对于四处参禅访学的僧人来说，云游的日子是艰苦的。为了寻求佛法奥理，他们拄着锡杖，四海为家，这样的求法精神是极其可嘉的。又如《赠虚中上人》：

归去东林寺，行循曲涧流。
余灯因佛在，宿饭为猿留。
竹屋烟迎夕，菱池雨送秋。
还参众师旧，一一话曾游。[③]

诗歌语言质朴，简单地呈现了禅僧的云游生活，反映了明初禅僧参法学道的一面。值得注意的是，吴中四杰虽然最终归附了明朝的统治，但因此前均与张士诚政权有瓜葛，故四人相继受到朱元璋的迫害

① （明）徐贲：《北郭集》卷2，江安傅氏双鉴楼藏成化中刊本，《四部丛刊三编》集部。
② （明）徐贲：《北郭集》卷6，《四部丛刊三编》集部。
③ （明）徐贲：《北郭集》卷6，《四部丛刊三编》集部。

而死。

丁鹤年（1335—1424），字永庚，号友鹤山人。回族，祖籍西域，成吉思汗西征时，其祖归降，迁居武昌，后又迁至浙江四明。长期在东南沿海漂泊，穷困潦倒，或授徒，或寄居僧舍卖药自给，元亡后十二年才回到武昌。鹤年博学多闻，精于音律，其诗多感时书事，以壮志难酬、忧国思乡的题材居多。

鹤年晚年学佛，其《逃禅室述怀一十六韵》中有云："耻洒穷途泣，闲修净土缘。谈玄分上下，味道悉中边。有相皆虚妄，无才幸苟全。栖云同白鹿，饮露效玄蝉。高蹈惭真隐，狂歌愧昔贤。惟余空念在，山寺日逃禅。"① 丁鹤年以"逃禅室"为斋名，意指避祸尘世，皈依佛法，并以此为题写下不少诗作，如《逃禅室卧病有怀故乡柬诸友生》及《逃禅室与苏伊举话旧有感》等。"中边"一词源于弥勒菩萨所著之《辨中边论》，是唯识学的基本典籍之一，该论的主旨在于辨明两边，正显中道，使修习佛法者能远离边见，如实通达诸法中道实相，从而修行对治、破除障碍。此外，其《逃禅室解嘲》有云：

久慕陶公卧北窗，还从马祖吸西江。
扫愁那用千金帚，折慢惟瞻七宝幢。
日晏卷帘延叠嶂，雨晴欹枕听流淙。
周妻何肉俱无累，只有诗魔老未降。②

据《庞居士语录》载："居士后之江西，参马祖大师，问曰：'不与万法为侣者是什么人?'祖曰：'待汝一口吸尽西江水，即向汝道。'

① （明）丁鹤年：《鹤年诗集》卷1，《文渊阁四库全书》集部第1217册，台湾商务印书馆1986年影印，第506页。

② （明）丁鹤年：《鹤年诗集》卷2，《文渊阁四库全书》集部第1217册，第530页。

士于言下顿领玄旨。”[①] 对庞蕴的询问，马祖道一（709—788）以不合逻辑的语言来答复，寓示佛是不可言说的，破除了庞蕴居士的情见执著。这一公案以明快直截的语言风格，促人猛省，受后世许多文人的称赞，并引用到诗歌中。诗歌首联表明了诗人对儒佛的融会贯通，颔联以西方极乐世界庄严的七宝幢为喻，暗指自己禅净合一的信仰。尾联则用学佛各有拖累的两人，即南齐有妻之周颙和梁代吃肉之何胤，来比喻自己学佛无所羁绊，唯一放不下的，就是写诗的嗜好。诗歌化用禅宗公案和典故，意象鲜明，情景俱佳。

丁鹤年还有些诗歌，描绘了元末明初战乱后的景象，如《夜宿染上人溪舍》：

> 云去禅关户牖空，清溪碧树有无中。
> 倒涵天影鱼吞月，逆战秋声犬吠风。
> 见性本图先作佛，劳形翻愧早成翁。
> 杜陵老去归无计，来往那辞恼赞公。[②]

此诗当是诗人晚年学佛前所作。面对战乱后破败萧条的一切，诗人心生感慨，本应早早皈依佛门，却无奈在俗世中浪迹游走、劳顿奔波，直至形容苍老，病容萦身。想到这一切，不觉羞愧不已。尾联引杜甫与赞公的友情作比，认为自己的处境如同晚年的杜甫，这又哪能埋怨赞公呢？赞公，曾任京师长安大云寺住持。杜甫与赞公曾同游于房琯门下，又都因房琯事被贬。故二人秦州一见，格外亲切，遂结为患难之交。

在此番愧疚的表白后，丁鹤年晚年参禅学佛，大有所进，其诗

① （唐）于頔编集：《庞居士语录》卷上，《续藏经》第120册，第55页上。

② （明）丁鹤年：《鹤年诗集》卷2，《文渊阁四库全书》集部第1217册，第523页。

《赠秋月长老》即是其学禅心得：

> 秋月既虚明，禅心亦清净。
> 心月两无亏，炯然大圆镜。
> 流光烛万物，万物咸鲜莹。
> 倒影入千江，千江悉辉映。
> 情尘苟不扫，倏忽迷真性。
> 所以学道人，于此分凡圣。
> 视身等虚空，无得亦无证。
> 伟哉寒山翁，与汝安心境。[①]

前四句以禅僧秋月之名入诗，心月两写，称赞秋月禅师心体清净、光明圆洁，是写心之体。后四句则写心之用，月照世界，流光动影，佛性自足。这种空灵之境，可以用宋代福州西禅寺此庵守净（生卒不详）禅师所言之“千江有水千江月，万里无云万里天”[②] 来形容。接下来，诗人认为，要扫除迷住凡夫的情尘，这样才能恢复本来面目，在一去一执上，就有了凡圣之分。诗歌最后四句是诗人参禅所得，他认为自性光明，凡夫虽迷，却不曾有所减损；圣人虽悟，也不曾有所增益。尾联则盛赞秋月长老，把他比作唐代名僧寒山。

王绂（1362—1416），字孟端，号友石生、九龙山人、鳌叟，江苏人。明初画家，曾师法吴镇、王蒙、倪瓒等画坛大家，工墨竹山水，风格郁苍旷远，尤以青翠挺劲又不失纵横飘逸的墨竹闻名。洪武年间，受胡惟庸逆党事牵连，被发放到山西充当戍卒十年。永乐年间，曾随成祖朱棣北巡，作著名的《燕京八景图》。

---

① （明）丁鹤年：《鹤年诗集》卷1，《文渊阁四库全书》集部第1217册，第504—505页。

② （宋）释正受编：《嘉泰普灯录》卷18，《续藏经》第137册，第266页上。

除绘画外，王绂还擅长写诗，其诗集画意、情趣为一体，极为雅致，如《题真上人竹茶炉》：

僧馆高闲事事幽，竹编茶灶瀹清流。
气蒸阳羡三春雨，声带湘江两岸秋。
玉臼夜敲苍雪冷，翠瓯晴引碧云稠。
禅翁托此重开社，若个知心是赵州。①

冬夜，在寺院的客房闲坐，用茶炉煎水泡茶。水沸时的蒸汽和声音，如同自然界的风雨声，连带着也是那么美好。用玉臼敲下白雪，用来煮水泡茶；白色的茶杯，与稠密的碧水相映成趣，仿佛青天下的白云萦绕。冬日的室内茶香氤氲，让人爱不释手，不忍抿下。禅翁因此萌发出组织茶社的念头，若再觅得如赵州禅师一样知心的社员，那就太完美了。诗末化用了唐代禅师赵州从谂（778—897）“吃茶去”的著名公案：

师问新到：“曾到此间么？”曰：“曾到。”师曰：“吃茶去。”又问僧，僧曰：“不曾到。”师曰：“吃茶去。”后院主问曰：“为甚么曾到也云‘吃茶去’，不曾到也云‘吃茶去’？”师召院主，主应喏。师曰：“吃茶去。”②

赵州从谂“吃茶去”的答复频频出现，无外乎警醒提问者放下执着心、分别心，以饮茶这一生活体验去感悟马祖道一“平常心是道”的禅理。王绂深谙禅茶一味的真谛，故在此咏茶诗中点石成金，超凡

① （清）钱谦益撰集，许逸民、林淑敏点校：《列朝诗集》，中华书局2007年版，第2462页。
② （宋）普济著，苏渊雷点校：《五灯会元》卷4，中华书局1984年版，第204页。

入圣，让人在饮茶这一日常事务中也保持自性的圆融。

在各类佛教经典中，王绂尤喜《楞严经》，其《暇日读〈楞严经〉偶成》有云：

劳生何扰扰，衰鬓已萧萧。
偶得《楞严》读，都将世虑消。
水流虚谷静，云度碧天遥。
独坐忘言久，西山对寂寥。①

《楞严经》是佛在首楞严会中，以阿难受摩登伽女幻术诱惑为由，宣说而成。佛为阿难说修禅定，能断烦恼，以显常住真心、性净明体等。此经自唐代译出后，受到广泛喜爱。此经认为佛性不生不灭，本来清净，只是由于人有烦恼执着，故显现虚妄的假象。迷之则成十二类众生，觉之即证无上菩提，解脱自在。诗歌前两联抒发了对尘世生活的感慨，后两联是诗人静坐体悟之语，在忘怀尘寰的静寂山林中，诗人与自然融为一体。

二　明中前期陈献章、李东阳等人的诗禅体验

陈献章（1428—1500），字公甫，世称白沙先生，理学家，广东新会人。成化十八年（1482），辟召至京，不肯就礼部试，乞归养母，诏特授翰林检讨，自后屡荐不起。陈献章创立了明代理学新派——白沙学派，其学术思想是王阳明思想的先导，对明代心学的建立和发展起了重要作用。

关于陈献章的诗歌，钱谦益（1582—1664）曾评价曰：

① （清）钱谦益：《列朝诗集》，第2459页。

> 余观先生之为人，志节激昂，抱负奇伟，慨然有尧舜君民之志，而限于资地，困于谣诼，轮囷结轖，发为歌诗，抑塞磊落之志气，旁见侧出于笔墨之间，借诗讲学，间作科诨帽桶脚，有类语录。……人亦有言，白沙为道学诗人之宗。余录其诗，则直以为诗人耳矣。王元美《书白沙集后》云："公甫诗不入法，文不入体，又皆不入题，而其妙处有超出于法与体及题之外者。余少学古，殊不相契，晚节始自会心，偶然读之，或倦而跃然以醒，不饮而陶然以醉，不知其所以然也。"弇州晚年进学，悔其少作，故能醉心于白沙若是，余并识其语，錞于申之，以告于世之谬为古学者。①

诚然，陈献章诗歌有借诗讲学处，这部分诗歌类似语录，但不能因此给其扣上道学诗人之名。正如钱谦益所说，陈献章诗歌不仅体现出"抑塞磊落"之志，还具有超妙醉心又不乏机警睿智的一面。陈献章诗歌独特的审美价值，在当时复古派占主流的诗坛并未引起注意，王世贞（1526—1590）也是于晚年诗学思想成熟后，重新发现了陈献章诗歌的美学价值，并大力肯定颂扬之。

这里重点要提及的，是陈献章以"梦"和"醒"为主题的诗歌，如《宿云卧轩》三首：

> 世间何喜复何悲，风雨萧萧过短篱。
> 小睡正酣童子问，公今是梦是醒时。

> 不妨到处与人群，借宿山斋酒半曛。
> 我得五龙传睡法，枕痕犹带华山云。

① （清）钱谦益：《列朝诗集小传》，第264—265页。

了无意绪向诸缘，到处茅斋可借眠。
白日与人同在梦，不应疑我是神仙。①

诗歌以日常用语，道出与世无争、淡泊洒脱的生活意趣。世间的喜也好，悲也好，关上小轩之门，皆可以置身事外。无论醒也好，梦也好，只要放下欲求之心，在纯乎天运的行为中都能感受到人生的无限风光。这三首诗体现了南宗禅修行与生活一体化的禅学主张，就像马祖道一（709—788）所说："著衣吃饭，长养圣胎，任运过时，更有何事。"② 后来赵州从谂接机，也阐发了此理，学人和赵州禅师有一段关于如何修行的对话：

问："如何是佛？"师曰："殿里底。"曰："殿里者岂不是泥龛塑像？"师曰："是。"曰："如和是佛？"师曰："殿里底。"问："学人乍入丛林，乞师指示。"师曰："吃粥了也未？"曰："吃粥了也。"师曰："洗钵盂去。"其僧忽然省悟。③

在南宗禅看来，穿衣吃饭、喝粥洗钵，一切行住坐卧皆是禅。禅宗讲求转身一路，从圣境入凡尘，这并不是把道庸俗化，反倒是在日常生活中呈现出高情远韵。所以说，禅的体验离不开生活，在日常中睡觉、喝茶、洗钵，感悟到真实存在才是修行。陈献章的《宿云卧轩》无一字用禅语，却很好地体现出这种禅韵和禅境。

沈周（1427—1509），字启南，号石田，晚号白石翁。世居吴门，其祖、父皆以诗文书画闻名。其母活到九十九岁，以母故，终身不远

---

① （明）陈献章：《白沙子》卷6，东莞莫氏五十万卷楼藏嘉靖中刊本，《四部丛刊三编》集部。

② （宋）普济：《五灯会元》卷3，第129页。

③ （宋）普济：《五灯会元》卷4，第203页。

游。一生未应科举，长期从事绘画和诗文创作，于粗笔水墨绘法上自成一家，号称明中叶吴门画派班首。其诗才情风发，天真烂漫，中年后诗歌踔厉顿挫，老练沉郁。

沈周家住相城，当其前往苏州城时，多借寓东禅寺、承天寺等庙宇。在寓居的日子里，沈周还经常为僧人作画题诗，如《答僧求画》：

> 参方归去草鞋穿，老屋清斋省旧缘。
> 千里绝云行脚债，一单安月在家禅。
> 蕉留庭户因供字，笋熟园林不卖钱。
> 何苦要侬粗水墨，此心犹落妄尘边。①

沈周晚年醉心于禅道，所作之画及诗均是其禅心智慧的流露。因栖心丘壑，名利两忘，胸次本无尘累，故其诗歌风格不事雕琢，自然拔俗。此诗也是如此，尤其是最后一句，提醒禅僧求画之举，已落佛家执着之虚妄了。诗歌语言亦庄亦谐，自成机趣。

沈周六十岁时，妻子病故。他写下《悼内》以示对妻子的怀念，诗云：

> 生离死别两无凭，泪怕伤心只自凝。
> 已信在家浑似客，更饶除发便为僧。
> 身边老伴悲寒影，脚后衰年怯夜冰。
> 果是幽冥可超拔，卖文还点药师灯。②

妻子的离去，让沈周极为悲痛。更给他沉重打击的是爱子、快婿

① （明）沈周：《石田诗选》卷4，《文渊阁四库全书》集部第1249册，第609页。

② （清）钱谦益：《列朝诗集》丙集第8，第3241页。

的相继离世，故对佛教的感情也由浅层的喜好到深层的信仰。妻子走后，沈周寄身心于佛教，俨然已是一个虔诚的居士。诗末的“药师灯”是指敬礼药师佛的灯，药师佛即为药师琉璃光如来。按照葬礼习俗，人逝世了，需出钱请僧人作法事，在入殓后，灵前需点药师灯。这是活着的人寄希望于灯光菩萨赐恩，为死者施舍照路光明，并祈祷药王保佑在世的后人无灾无病。诗歌字里行间充满了阴阳相隔的悲哀，唯有佛教能给他稍许慰藉。

与此不同，沈周另外一首悼亡诗则写得极为超脱，其《挽东禅信公》云：

> 匝顶霜根七十强，笑诃诃地佛心肠。
> 掀翻赵老茶公案，踏破林仙酒道场。
> 屋掩云萝秋榻静，经残松月夜窗凉。
> 我来借宿今无主，还拟呼之在醉乡。①

诗歌前两联用生动浅俗的语言，勾勒了一个洒脱的禅僧形象，紧接着，用清婉雅致之语描绘了友人住所之夜景。最后，诗人诙谐地表达了对信公的怀念。从文字上看，此诗近似禅家公案语，从内容上看，带有禅宗洒脱不羁之意绪。全诗融雅言俚语于一处，竟不觉突兀，反倒生趣无限。可见，参禅后的沈周，已看淡生死，自此心无所驻，了无挂碍了。

李东阳（1447—1516），字宾之，号西涯，湖南人。他上承台阁体，下启前后七子，以台阁重臣的身份住持文坛，形成了以他为首的茶陵诗派。李东阳重视诗歌审美规范，强调声情之美，主张宗法唐人，推崇李、杜、王、孟。其诗法度谨严，典雅流丽，开前七子文学复古

① （明）沈周：《石田诗选》卷7，《文渊阁四库全书》集部第1249册，第677页。

之先驱。

对在诗中表现佛语、禅理，李东阳认为："诗中有僧，但取其幽寂雅澹，可以装点景致；有仙，但取其潇洒超脱，可以摆落尘滓。若言僧而泥于空幻，言仙而惑于怪诞，遂以为必不可无者，乃痴人前说梦耳。"[①] 简言之，诗歌应取佛家幽寂淡泊之致，不能因用佛语、佛典而陷入枯寂，失去诗歌本有的艺术美。同理，以道教入诗也应秉持这个原则。

李东阳以佛语入诗的作品，如《河灯》，其诗云：

火里莲花水上开，乱红深绿共徘徊。
纷如列宿乘时出，宛似流觞顺水来。
色界本知空有相，恒河休叹劫成灰。
凭君莫话燃犀事，水底鱼龙或见猜。[②]

这是一首吟咏民间灯彩的作品，旧俗于农历七月十五中元节之夜，燃莲花灯于河面上，表达对逝去亲人的悼念及对活着的人的祝福。明清两朝，每临中元，除了道经厂、汉经厂要在禁苑内做法事外，还要在宫殿里的池中放莲花灯。由皇帝为首，带领众皇室成员坐在高台上，观赏水面壮丽之景。此外，还用琉璃制灯，中流驾龙舟，奏梵乐及作禅诵，绕路而返。

在诗人的笔下，暗夜，河面上升起团团火焰，火焰中开出朵朵莲花，沿着水面蜿流而下。伴着燃尽的灯花，人们对亲友的祈愿，水下的鱼龙或许都猜到了几分。透过这热闹的景象，诗人领悟到，现实世界的一切，皆是虚幻不实的，故无须慨叹热闹过后的黑暗、冰冷。

① （明）李东阳：《麓堂诗话》，《历代诗话续编》，中华书局 1983 年版，第 1391—1392 页。
② （明）李东阳：《怀麓堂集》卷 93，《文渊阁四库全书》集部第 1250 册，第 997 页。

杨循吉（1456—1544），字君谦，也作君卿，号南峰、雁村居士等，江苏人。成化二十年进士，授礼部主事，因病致仕。此后结庐于姑苏硎山下，课读经史，不精熟不止。作文淫思竟日，不肯苟。正德庚辰年（1520），武宗庙幸南都，召赋《打虎曲》，“每扈从，辄在御前承旨，为乐府小令，然不授官，与优伶杂处。君谦耻之，谋于贤，为请急放归。……晚节落莫，益坚僻自好，寄食以卒。自为圹志。”① 其诗多直抒胸臆，平易晓畅，不事雕琢。

在杨循吉描写民间过年习俗的《除夜杂咏》中，我们可以看到明代江浙地区佛教与民间神祇信仰的融合。诗歌前部分云：

岁除当此夜，洒扫事匆匆。
井上皆封草，门前尽画弓。
祠堂神影挂，客座佛筵崇。
撒豆祈儿疾，存炊忌釜空。
辟瘟烧术暖，承俗燎柴红。
启箧新衣振，除尘旧室攻。
买饧迎灶帝，酹水祀床公。②

据清人袁景澜《吴郡岁华纪丽》卷十二《过年祀神》载：“岁终择吉，供神轴画像佛纸，具牲礼糕果，以祀百神。门阑井厕，豚栅鸡栖皆有祭。”③ 从这些具体的描述中，可以看出，佛教对吴中风俗节日的渗透，这首诗也反映了这一现象。

杨循吉善病，性格狷僻，与禅僧交情匪浅，如《果前堂南归》：

---

① （清）钱谦益：《列朝诗集小传》，第 281 页。

② （明）杨循吉：《松筹堂集》卷 2，《四库全书存目丛书》集部第 43 册，齐鲁书社 1997 年版，第 203—204 页。

③ （清）袁景澜：《吴郡岁华纪丽》卷 12，江苏古籍出版社 1998 年版，第 353 页。

云水飘然一老僧，头颅种种貌棱棱。
人间正果修将满，天下名山遇即登。
向外见来终不实，从前学得是无能。
此归莫向舟中结，且卧随身七尺藤。①

禅宗讲求悟性，认为心外无法，心外无佛。山河大地、日月星辰，皆是我们自心的显现，故应向内体验，而非向外务求。

与禅僧酬答之诗作，还有《送楚岩往支硎山》，其诗云：

昔有支公者，曾为此山客。
……
今师遂当往，远续前人迹。
我今何以赠，小偈聊塞责。
切烦大士前，我为启胸臆。
慧眼无不观，是物皆润泽。
如何不见我，困此尘俗役。
愿垂杨枝露，洒我一点滴。
不愿官禄高，不求财宝积。
但愿尘劳中，早脱奔走厄。
无灾复无难，居家作禅伯。
保此清净正，永离种种色。
与师结晚交，来著登山屐。②

支硎山乃吴中佛教名山，开山祖师乃东晋名僧支遁（314—366）。

① （明）杨循吉：《都下赠僧诗》，《四库全书存目丛书》集部第43册，第307—308页。
② （明）杨循吉：《都下赠僧诗》，《四库全书存目丛书》集部第43册，第307—308页。

在诗歌后半部分，诗人表达了潜心向佛的诚意，仕途官禄、财富美色对他来说，都是尘累。只希望无病无痛、无灾无难地在家修行，脱离俗世苦海。值得一提的是，此诗语言极为通俗、近似俳语。钱锺书曾评价明初吴中刘珏《寄傲园小景自题》酷肖竟陵，“亦犹公安派诗之隐开于杨循吉，而皆无人道及也”[①]。即指杨循吉浅易流畅的诗风，开公安三袁之先河。

此外，杨循吉表现出对《华严经》的兴趣，其《百花庵主见访》云：

> 一春高卧只垂帘，说著浮名病又添。
> 闻道百花庵可住，他时借我读《华严》。[②]

《华严经》是大乘佛教的重要经典之一，阐述了圆融无碍的义理，被诸宗奉为宣讲圆满顿教的“经中之王”。又《禅灯》云：

> 法体光明无障碍，譬如灯火破群昏。
> 一灯能作百千灯，百千灯自一灯化。
> 自百千灯照一室，其光无坏亦无杂。
> 如是乃至一灯照，一室所见光亦然。
> 百千灯多一灯少，而其光体实不异。
> 是故我今持此灯，愿献宝林尊者前。
> 长令获此大光明，与彼迷生作前道。[③]

关于圆融，《华严经》里是用帝释天之网的比喻表达了这个概念。据载，在天神帝释天宫殿装饰的珠网上，连缀着无数宝珠，每颗宝珠

① 钱锺书：《谈艺录》，生活·读书·新知三联书店2007年版，第259页。
② （明）杨循吉：《都下赠僧诗》，《四库全书存目丛书》集部第43册，第309页。
③ （明）杨循吉：《都下赠僧诗》，《四库全书存目丛书》集部第43册，第309页下。

都映现出其他珠影。珠珠相含、影影相摄、重叠不尽，映现出无穷无尽的法界，呈现出圆融和谐的绚丽之景。在此基础上，杨循吉以灯光的圆融互摄、重重映现，来比喻自己学禅的心得及达到的证悟境界。坦白地说，从审美境界上看，诗歌枯涩空幻，俨然僧人偈语，毫无美感可言。但是，从另一个角度看，这也反映出杨循吉晚年涉佛程度之深。

通过对阳明生活朝代之前文人涉佛诗的简单分析，我们发现，明初到明中前期，文人与佛禅的关系，除了受其本身狂傲固执的性格、多舛跌宕的命途、贫寒多病的生活影响外，还与统治者对佛禅利用限制之政策有关，如“三教合一”“禅净合流”“儒释同根”“明心见性”等思想。虽然，明初禅学并无创新性发展，但仍在喘息着向前，保持了不弱的势头。首先，这体现在明初日本僧人来华的访学求道上；其次，体现在对民间风俗的渗透上，代表作品如李东阳的《河灯》和杨循吉的《除夜杂咏》等；最后，文人用类似偈颂的语言写成之涉佛诗，反映了明代中前期禅宗的发展情况及对文人的影响。值得一提的是，从地域上看，诗歌有涉佛之作的多属禅宗重镇——江浙一带的文人。

第二章　王阳明的佛教因缘及佛学素养

阳明从小好佛禅，甚至在年轻的时候到了迷溺的程度，这是他自己也未曾讳言的。阳明习染佛禅之路有如下几个因素：首先，浙江作为明代禅宗发展之重镇，深厚的佛教传统对阳明有着潜移默化的影响；其次，家族隐逸之雅趣在无形中塑造了阳明性格沉静的一面，祖母岑氏的奉佛也使阳明耳濡目染；最后，阳明熟悉的佛经为其心学思想提供了丰富的养料，阳明所交往的诗僧、禅僧则让他对佛禅有了更直观也更深入的体验。

第一节　地域佛教传统

在佛教中国化的过程中，浙江籍的佛教学者做出了独特的贡献。据统计，四朝《高僧传》共记载了 145 位浙江籍僧人。《高僧传》15 人，《续高僧传》22 人，《宋高僧传》80 人，《大明高僧传》28 人。其生活年代自东晋孝武帝太元六年（381）到明成祖永乐六年（1408）。除 15 人年代不详，两晋南北朝 25 人，隋唐 68 人，五代 14 人，宋元明 23 人。①

① 方立天、华方田、徐绍强：《古代浙江籍佛教学者与中国文化》，《浙江学刊》1988 年第 3 期。

其中知名度较高的浙江籍禅僧有洞山良价（807—869）、云门文偃（864—949）、清凉文益（885—958）、永明延寿（904—975）、诗僧有贯休（832—912）、皎然（生卒年不详）及倡儒佛合一的孤山智圆（976—1022）等。

在对外传播方面，浙江籍佛教学者把天台宗、禅宗之曹洞和法眼两宗弘扬到国外，促成了佛教文化交流。唐贞元二十年（804），日僧最澄携弟子义真到天台山修禅寺、佛陇寺学习天台教义，于次年学成归国，在日本比叡山开创天台宗。南宋嘉定十六年（1223），日本临济宗僧人道元参访天台、径山、天童等名山，拜谒禅宿名僧，受天童山如净启悟并蒙印可，于宝庆三年（1227）归国，创立了日本的曹洞宗。延寿《宗镜录》传到高丽，光宗王读后大受启发，遂派使者来华参习，法眼宗因此弘扬于朝鲜。元明之际日僧渡海来华修道现象也极为普遍，许多日僧都有在江浙一带寺院拜师习禅的经历。其间，也有华僧到日本传播禅文化的。有资料表明①，在明代，中日佛教文化有了新发展。自元代开始的日本五山汉文学，如五山文学之绝海中津（1336—1405），号蕉坚道人，于明初来华求学八年，受朱元璋接见。他的汉诗文集《蕉坚稿》由独庵道衍（1335—1418，即姚广孝）作序跋，流传至今。

从地域传统上看，浙江在宋元佛教文化中占据了重要位置。自“安史之乱”到北宋政权建立，汉文化中心便从西向东迁移，而宋钦宗统治时期“靖康之乱”的爆发则促成了文化中心由开封向杭州的南迁。相应地，佛教中心也转移到江南。两宋时，佛教各宗派的代表人物大部分为江南人士，其中又以浙江为最多，如禅家五宗之曹洞、云门、法眼三宗鼻祖良价、文偃、文益，宋代天台宗之主要代表人物净光义寂（919—987）、法智知礼（960—1028）、慈云遵式（964—1032），

① 俞慰慈：《五山文学の研究》，汲古书院2004年版。

宋代净土之昭庆省常（959—1020），宋代华严之长水子璿（965—1038）等皆为浙江人士。可见，浙江籍人士高居宋代佛教各宗派的大多数。

就禅宗而言，宋代临济宗杨岐派圆悟克勤（1063—1135）禅师门下，衍生出大慧宗杲（1089—1163）、虎丘绍隆（1077—1136）、此庵景元（1094—1146）等三派。此后，大慧一派因提倡“看话禅”宗风大盛，遍及东南沿海，大慧也因此高居江浙佛教丛林的领导地位。自南宋灭亡后，遗民纷纷走上了逃禅之路，不为元朝所用的士人，也投身佛门，比如见心来复（1319—1391，江西丰城人）。来复嗣法于径山之南楚师悦（生卒年不详，南昌人）禅师，属临济宗密庵咸杰（1118—1186）系，也就是虎丘绍隆的法脉。自宋以后，中国佛教主要以禅宗之曹洞宗和临济宗为主流。前者曾一度兴盛于北方，但到元末也已衰落；后者则以南方为主，有影响的大德几乎都在江浙一带活动。

发展到明代，太祖朱元璋（1328—1398）出身贫寒，少失怙恃，不得已出家为僧。由于元末灾疫频频，朱元璋不得不离开寺庙以化缘为生。正是这样的经历让他对佛教的民间状况有了更直观的感受，也深刻地了解到打着佛教旗帜行事的各种组织的实质。朱元璋对佛教的态度，在《谕僧纯一》中可见一斑：“昔释迦之为道，孤处雪岭，于世俗无干。及其道成也，善被两间，灵通上下，使鬼神护卫而听从，故世人良者愈多，顽恶者渐少。所以治世人主，每减刑法而天下治，斯非君减刑法，而由佛化博被之然也，所以柳子厚有云‘阴翊王度’是也。”① 同样，朱元璋也把佛教的功能视为“阴翊王度”。

上台后，朱元璋便大揽儒僧为国效力，其《拔儒僧入仕论》就鲜明地表现出他对佛教的现实态度。站在世俗的层面，朱元璋认为释迦牟尼“斯非人世之人”，不可再生，当世虽有高僧坐化而去，仅是幻

---

① 钱伯诚、魏同贤、马樟根主编：《全明文》（第一册）卷8，第106页。

化而已。接着，他指出时人最大的弊端就是远近不分，天堂地狱其实皆在人间。在朱元璋看来，天堂者即为："若民有贤良方正之士，不干宪章，富有家赀，儿女妻妾奴仆满前；若仕以道，佐人主，身名于世，禄及其家，贵为一人之下，居众庶之上，高堂大厦，妻妾朝送暮迎。"① 与之相对的地狱则是："若民有顽恶不悛，及官贪而吏弊，上欺君而下虐善，一旦人神见怒，法所难容。当此之际，抱三木而坐幽室，欲亲友之见杳然，或时法具临身，苦楚不禁，其号呼动天地，亦不能免，必将殒身命而后已。"② 显然，天堂与地狱之区别与当朝政治环境息息相关，佛教所追求的成佛不再是出离世事的断念灭寂、形同枯槁，在帝王的倡导下，已然转变成对现世的参与及关怀。对僧人，朱元璋不仅"利诱"，还"危逼"，在文末，太祖有言："朕今以天堂地狱之由示之于尔，尔当深思熟虑，剖决是非，然后来朝，则当授之以官。未审悦乎？若果悦而仕，则虚名泯而实名彰，其丈夫之志，岂不竟成哉？"③

明朝的佛教政策定型于洪武年间，反映了明太祖对佛教的认识和态度，不仅具有典型意义，其重要性在于影响了此后明代佛教政策的制定及佛教在明代的发展趋势。在这样的佛教政策下，明初奉旨受聘的僧人尤以临济宗笑隐大䜣（1284—1344，九江人，日僧古先印元的师父）和元叟行端（1255—1341，浙江临海人）之法嗣为多，其次是竺元妙道（生卒年不详，浙江宁海人）之法嗣。

以洪武年间受聘之儒僧为例，其中浙江籍的就有：觉原慧昙（1304—1371），天台人，元至正十六年（1356），徐达夺取镇江，朱元璋见慧昙气貌异，赞其为福德僧，命主持蒋山太平兴国禅寺。"洪武元年，开善世院，秩视从二品，特授师演梵善世利国崇教大禅师，住持大天

① 钱伯诚、魏同贤、马樟根主编：《全明文》（第一册）卷10，第152页。
② 钱伯诚、魏同贤、马樟根主编：《全明文》（第一册）卷10，第152页。
③ 钱伯诚、魏同贤、马樟根主编：《全明文》（第一册）卷10，第153页。

界寺，统诸山释教事。”① 梦观守仁（生卒不详），富阳人，“洪武十五年，征授僧录司右讲经，甚见尊礼”②。擅写诗，朱彝尊称其诗：“诸体皆合，有云‘尽抛身外无穷事，遍读人间未见书’。”③ 止庵德祥（1330—1394），钱塘人，与守仁同门，“书宗晋人，擅名一时。诗刻苦，高逼郊、岛”④。证传（生卒不详），会稽人，临济宗慧昙之法嗣。愿证（1343—1374），临济宗慧昙之法嗣。

值得一提的是，全室宗泐（1318—1391），临海人，是笑隐䜣禅师门下之代表人物。“泐之宿愿弘深，辨才无碍，际遇乎佛心。天子常于慈明殿设榻，召问《心经》枢要。泐穷理显性，彻果该因。深浅开遮，无机不被。天子默以神会，乃敕笺语流行。”⑤ 宗泐在明初僧人中，无疑是最受太祖器重的。“洪武初，高皇帝召西白金公问鬼神事，诏举高行沙门，师居其首。建普度大会于钟山，命制赞佛乐章，复设法超度迷溺。……十一年，太祖以佛书有遗佚，命领徒三十余人往西域求之。十五年，得《庄严》《宝王》《文殊》等经还朝”。⑥ 宗泐自洪武初年应征入朝后，一直与太祖保持着密切的联系，“时宋学士景濂好佛，帝目为宋和尚，泐公好儒，帝呼以泐秀才”⑦。甚至在胡惟庸案爆发后，“僧徒坐胡党者六十四人，咸服上刑，惟泐得宥，盖受主知者深矣”⑧。显然，洪武年间征召的僧人中，宗泐和太祖关系甚好。

上述浙江籍儒僧，多属临济宗杨岐派大慧宗杲门下笑隐大䜣之法嗣，据姚之骃《元明事类钞》卷十九载：“元初，若天隐至公、晦机

① （明）明河撰：《补续高僧传》卷 14，《续藏经》第 134 册，第 254 页下—255 页上。

② （清）钱谦益：《列朝诗集小传》闰集，上海古籍出版社 1983 年版，第 677 页。

③ （清）朱彝尊：《静志居诗话》卷 23，人民文学出版社 1983 年版，第 736 页。

④ （清）钱谦益：《列朝诗集小传》闰集，第 678 页。

⑤ （清）自融撰，性磊补辑：《南宋元明禅林僧宝传》卷 13，《续藏经》第 137 册，第 740 页下。

⑥ （清）钱谦益：《列朝诗集小传》闰集，第 666—667 页。

⑦ （清）朱彝尊：《静志居诗话》卷 23，第 734 页。

⑧ （清）朱彝尊：《静志居诗话》卷 23，第 734 页。

熙公，倡斯文于东南，一洗咸淳之陋。晦机之徒笑隐䜣公尤为雄杰。”① 元时，临济宗因袭大慧宗杲“看话禅”之传统，而笑隐则提倡与元叟行端相近的棒斥喝打之禅风，强调“直指人心，见性成佛”之禅门宗旨。

除笑隐门下之法嗣外，被征召的还有浙江籍元叟行端门下之法嗣。洪武年间，太祖召请僧人至金陵，奉诏进南京者30余人，出自元叟门下，就占据了三成。如梦堂昙噩（1285—1373），慈溪人，据《梦堂噩公传》载：“翰林学士张公翥曰：‘噩师，仪观伟而重，戒行严而洁，文章简而古，禅海尊宿，今一人耳。’其为缙绅所推许，类若此。……日本国王，虽僻在东夷，亦慕师道行。屡发疏迎致之，师坚不往。王与左右谋，欲劫以归。”② 由此可见昙噩在当时被海内外钦重之程度。楚石梵琦（1296—1370），象山人，为元叟行端禅师之高足，“洪武初，诏征江南戒德高僧，建法会于蒋山，师居第一。……师学行高一世，宗说兼通，禅寂之外，专志净业”③。用堂子梗（生卒不详），四明人，“及应召至金陵，与宋景濂遇于护龙河上。宋复叙其水云亭小稿，尤叹其诗文，以为寄情翰墨，独露本真”④。天渊清濬（1328—1392），黄岩人，是元叟行端门下古鼎祖铭（1280—1358，浙江奉化人）的入室弟子，“洪武中，应召为天界僧官左觉义”⑤。天镜元瀞（1312—1378），会稽人，“洪武五年，召与广荐法会，赐食内庭，从容问道。”⑥ 复原福报（生卒不详），宁海人，洪武初，应诏赴南京天界寺参加法会，“屡入内庭，应对称旨”⑦。上述元叟行端禅师门下，皆为

① （清）姚之骃：《元明事类钞》卷19，《文渊阁四库全书》第884册，第315页。
② （明）明河：《补续高僧传》卷14，《续藏经》第134册，第251页上。
③ （清）钱谦益：《列朝诗集小传》闰集，第665页。
④ （清）钱谦益：《列朝诗集小传》闰集，第680页。
⑤ （清）钱谦益：《列朝诗集小传》闰集，第682页。
⑥ （清）钱谦益：《列朝诗集小传》闰集，第685页。
⑦ （清）超永编：《五灯全书》卷55，《续藏经》第141册，第191页上。

浙江籍高僧。元叟行端和笑隐大䜣两系，皆为径山宗杲之法脉。

下面再来看竺元妙道这一系，此系为虎丘绍隆的法脉。竺元妙道的弟子主要有空室无愠（1309—1386）和呆菴普庄（1347—1403），在当时名高一时，是明初影响较大的两位临济宗禅师。

空室无愠（字恕中），浙江临海人，他既不愿与元朝统治者来往，也不愿接受明王朝的差遣。在明初禅学界声望很高，洪武七年（1374）"日本国王慕名，奏请住持。召赴京师，年几七十。私谓：'纵使不往日本，又岂能生还乎？'上见悯，特寝其奏，留居天界，以病请。上怜，赐归天童故山。"[①] 元末明初禅宗日渐衰落，"无愠却力图保持宋代禅宗遗风，表现在他仿照'黄龙三关'设'瑞岩三关'和重视参究话头"[②]。

所谓"瑞岩三关"，据《瑞岩恕中愠禅师》载，指"愠居灵岩三载，迁居瑞岩，乃设三问勘禅流，不合即逐出，当时谓之'瑞岩三关'"[③]。无愠兼修净土，希望得以往生。呆菴普庄（字敬中），浙江仙居人，谒妙道弟子了堂唯一（？—1340），由参庭前柏树话头而豁然开悟。"洪武中，被召入天界寺，归住径山"。[④] 径山寺是当时全国禅宗首刹，享誉海内外，让普庄作住持，足见朝廷对他的重视。明代禅僧多数兼修净业，普庄却不为念佛之风所动，提倡恢复禅宗本来面目。其《示周普明居士》有云："念佛无非念自心，自心是佛莫他寻。眼前林树并池沼，昼夜还能演法音。"[⑤] 可见普庄反对念佛。

此外，洪武年间被征召的浙江籍高僧还有很多，如物元如皋（生

---

① （清）钱谦益：《列朝诗集小传》闰集，第683页。

② 陈荣富：《浙江佛教史》，华夏出版社2001年版，第504页。

③ （清）自融撰，性磊补辑：《南宋元明禅林僧宝传》卷12，《续藏经》第137册，第734页上—734页下。

④ （清）朱彝尊：《静志居诗话》卷23，第741页。

⑤ （门人）慧启、智粤等编：《呆菴普庄禅师语录》卷7，《续藏经》第123册，第1009页上。

卒不详)，临海人，元末明初诗僧，“洪武初，征至南京，卒于天界寺”①。兰江清濋（生卒不详)，天台人，诗僧，“尝说法吴中，缁素倾向，四座至无所容。后居天界寺，高皇帝召对称旨，御制‘清濋说’赐之”②。南洲溥洽（1346—1426)，山阴人，“贯串经范，旁通儒典。禅定之余，肆力词章。洪武二十二年，召为僧录司右讲经。三年，代梦观主天禧”③。这些僧人，皆名著一时。

综上所言，明初浙江佛教的发展为明代佛教打下了基础。此后，整个明代佛教文化发展就形成了以江浙为中心，连接江西、湖广、安徽、福建等外延地区，构成了有明一代的大佛教文化圈。④

第二节　家族文化背景

一　家族隐逸之雅趣

重视家庭伦理亲情，是中国文化的重要特质。梁启超曾精辟地指出：“二十四史非史也，二十四姓之家谱而已。”⑤ 此言乃批判旧史之说，似稍有过，然按作史者之精神，实则不诬也。在中国古代宗法观念中，家族是以血缘关系为伦理道德建构起来的基本单位。中国古代家族文化在给人安身立命的归宿感的同时，又在某种程度上承担了西方社会宗教之于人的功能。家族文化在中国传统文化中所起的作用是巨大的，对个人而言，影响自不待言。

关于阳明家族之历史渊源及传承，按照其官修家谱，最早可追溯到汉朝御史大夫王吉。在其家谱世系上，认为其先祖是晋朝光禄大夫

① （清）朱彝尊：《静志居诗话》卷23，第738页。
② （清）钱谦益：《列朝诗集小传》闰集，第672页。
③ （清）钱谦益：《列朝诗集小传》闰集，第670页。
④ 陈玉女：《明代佛教区域发展路线之变迁》，《明史研究》第10辑，黄山书社2007年版。
⑤ 梁启超：《新史学》（1902年），《饮冰室合集·文集之九》，中华书局1989年版，第3页。

王览（206—278）：“其先出晋光禄大夫览之裔，本琅琊人，至曾孙右将军羲之，徙居山阴；又二十三世迪功郎寿，自达溪徙余姚；今遂为余姚人。”[①] 王羲之（303—361）是王览的孙子，在后人眼里，他是合学者及官员为一体的中国古代知识分子的典范。按阳明家谱，王羲之将王家祖居从山东琅琊迁居至浙江山阴，几代后，又从上虞达溪迁居至余姚，有学者就认为王羲之是阳明的第三十三代先祖。[②]

然而，据《新唐书》载，王氏家族的宗祖，源自山西太原，分支于山东琅琊（今临沂胶州）。据传太原王氏源自黄帝，得姓始自周灵王太子晋一派，晋受封于魏，为梁王，其后以爵为氏，遂姓王。此后子孙繁衍，到秦代名将王离兵败殉国，其子王元避秦乱，迁于琅琊，后徙临沂。[③] 自此，琅琊一支遂成为王氏始祖。到西汉晚期，王元四世孙王吉，家临沂都乡南仁里，开临沂王氏世系。西晋末，王吉十世孙王导（276—339）被后人称为“乌衣王氏”，为乌衣派始祖。唐末，王导二十世孙王言迁居魏州，宋初，王言孙王祜植三槐于庭，名曰“三槐堂”，形成三槐世系。南渡后，王祜六世孙王道迁居余杭，形成余杭世系。王道子王补之迁居上虞达溪，形成达溪世系。王补之曾孙王季，即阳明九世祖，又从达溪迁居到余姚秘图山，因临姚江，为姚江秘图山王氏始祖。王季生四子，其三子名王俊，王俊生五子，长子王士元生三子，长子为王纲。

综之，姚江秘图山王氏家族其宗出于太原，由于朝廷任命、宗族分支、地域迁移等原因，接脉琅琊王氏一系，中继三槐堂一系，近接上虞达溪一系。[④] 除了宗亲关系外，该系脉不仅与王羲之一脉关系甚

---

① （明）王守仁撰，吴光、钱明、董平、姚延福编校：《王阳明全集》卷 33，上海古籍出版社 2011 年版，第 1345 页。

② 张克伟持这种观点，参见《王阳明先世及家世考实》，《浙江学刊》1991 年第 3 期；《关于王阳明世系的一份珍贵文献》，《贵州文史天地》1995 年第 2 期。

③ （宋）欧阳修：《新唐书》卷 72 中，中华书局 1975 年版，第 2601 页。

④ 华建新：《姚江秘图山王氏家族研究》，宁波出版社 2010 年版，第 13—14 页。

微，况且亦非从山阴经由上虞迁徙余姚，而是从余姚经由上虞达溪迁徙至余姚。故阳明在撰于嘉靖七年（1528）的《泰和王氏族谱原系》（载镇海《蛟川王氏宗谱》卷首，清王世灯等纂修，光绪七年三槐堂刻本）中不提王羲之，这是尊重事实的。[1] 至此，阳明的世系就比较清楚了。阳明出于晋王导的乌衣大房系，至宋代又归属于三槐堂系，待后裔迁居余姚后，阳明即为“姚江秘图山派”一系的第十世孙。[2] 故年谱中，称王羲之是阳明先祖的说法不能成立。

值得一提的是，上述阳明先祖，除王导等人外，事迹多数不清，只有在谱牒、谱系中才能证明其存在。后来由阳明胤子王正忆编撰的《阳明先生家乘》，钱德洪将其改名为“世德纪”载于全集中。据此，阳明最早的先祖是六世祖王纲。换言之，从阳明的第六世祖王纲（1302—1372）开始，家谱世系才变得清晰起来。

注重孝道，是中国人一直以来的道德传统，甲骨卜辞中出现的“哮”字，表明至少在殷商时代，中国人就有了孝的观念。发展到春秋末期，鲁国人曾参把孝道上升为理论加以亲身实践，给后世做出了以孝先行的表率。阳明家族有着良好的传统，对孝道尤为重视，这在阳明六世祖王纲身上体现得尤为明显。

王纲，据《明史·忠义列传》载：

> 王纲，字性常，余姚人。有文武才。善刘基，常语曰：“老夫乐山林，异时得志，勿以世缘累我。”洪武四年以基荐征至京师，年七十，齿发神色如少壮。太祖异之，策以治道，擢兵部郎。潮民弗靖，除广东参议，督兵饷，叹曰：“吾命尽此矣。”以书诀家人，携子彦达行，单舸往谕，潮民叩首服罪。还抵增城，遇海

① 钱明：《儒学正脉——王守仁传》，浙江人民出版社 2006 年版，第 6 页。

② 诸焕灿：《王阳明世系考索》，《浙江万里学院学报》2001 年第 4 期。

> 寇曹真，截舟罗拜，愿得为帅。纲谕以祸福，不从，则奋骂。贼舁之去，为坛坐纲，日拜请。纲骂不绝声，遂遇害。彦达年十六，骂贼求死，欲并杀之。其酋曰："父忠子孝，杀之不祥。"与之食，不顾，令缀羊革裹父尸而出。御史郭纯以闻，诏立庙死所。彦达以荫得官，痛父，终身不仕。[①]

在明朝开国前，王纲奉养双亲，过着近乎隐居的生活。洪武四年（1371），因刘基（1311—1375）的荐举，王纲以近七十岁的高龄入朝授命。不久潮州发生动乱，王纲携子平息战乱，在回程中被海寇杀害。二十年后，由御史郭纯（1370—1444）建议，朝廷在广东增城建庙，以励忠贞。这样的经历，可以概括为：有文才武略，却悠游山林；以高龄入仕，一举平定潮乱；忠贞抗贼，死而无憾。王纲以传奇的经历成就了明初阳明家族史上的一段佳话。

又据全集"世德纪"所载，王纲"尤善识鉴，有文武长才。少与永嘉高则诚族人元章相友善，往来山水间，时人莫测也。元末尝奉母避兵五泄山中。有道士夜投宿，性常异其气貌，礼敬之……与语达旦，因授以筮法"[②]。道士且为王纲筮之，认为他的后代中必出名世者，还断言他不能终于牖下，邀请他出游，王纲以奉养老母婉拒。

对其祖王纲，阳明晚年征思田后，在返家途中路过增城时，写下祭奠之诗文："恭惟我祖晦迹长遁，迫而出仕，务尽其忠，岂日有身没之祀？父死于忠，子殚其孝，各安其心，白刃不见，又知有一祀之荣乎？顾表扬忠孝，树之风声，实良有司修举国典，以宣流王化之盛美，我祖之烈，因以复彰。"[③] 其诗云："我祖死国事，肇礼在增城。

① （清）张廷玉：《明史》卷289，第7414页。

② （明）张壹民：《王性常先生传》，《王阳明全集》卷38，第1525页。

③ （明）王守仁：《祭六世祖广东参议性常府君文》，《王阳明全集》卷26，第1064页。

荒祠幸新复，适来奉初蒸。”[①] 可见，其祖王纲及王彦达的言行对阳明的深刻影响。

王彦达（1340—1406），号秘湖渔隐，阳明五世祖。父王纲死时，彦达年仅十六岁，虽以荫得官，但有感于父亲的遭遇，选择了躬耕养母，终身不仕的隐居生活。他以慈孝、淡泊为基本处世准则，悉取其先世所遗书嘱咐儿子云：“但毋废先业而已，不以仕进望尔也。”[②] 反观阳明一生，戎马奔波之余，内心始终向往着归隐，这种归隐情结在其诗歌中体现得尤为明显。

王与准（1370—1439），字公度，阳明四世祖。秉承父彦达不以仕进之旨，闭门力学，又随四明赵氏学《易》。因先世遗留下筮书，与准闲暇时究其术，为人筮，无不奇中的。因上门邀筮的官员日多，与准厌苦之，取其书焚烧，然后逃入四明山石室中，多年不归。时朝廷访求遗逸人士，与准被推荐，闻之深遁，坠崖伤足，后以子世杰补邑庠弟子员。与准自号遁石翁，谓人曰：“吾非恶富贵而乐贫贱；顾吾命甚薄，且先人之志，不忍渝也。”[③] 与准“伟貌修髯，精究《礼》《易》、著《易微》数千言”[④]。阳明年轻时爱好道释两家，在入仕初，就曾在家乡附近的阳明石洞里静坐过一段时间。

王杰（1399—?），字世杰，阳明曾祖父，“其先世尝植三槐于门，自号槐里子，学者因称曰槐里先生”[⑤]。在其十四岁时，尽通《四书》《五经》及宋诸大儒之说。在朝廷选拔隐逸文士时，他得以顶替父亲，备邑庠弟子员。等到参加三年一次的大考时，因厌众生散发袒衣之举，遂归，不复应试。后来有两次做官的机会，也被他以奉养老母的理由

① （明）王守仁：《王阳明全集》卷35“年谱三”，第1461页。
② （明）胡俨：《遁石先生传》，《王阳明全集》卷38，第1526页。
③ （明）胡俨：《遁石先生传》，《王阳明全集》卷38，第1527页。
④ （明）胡俨：《遁石先生传》，《王阳明全集》卷38，第1527页。
⑤ （明）戚澜：《槐里先生传》，《王阳明全集》卷38，第1528页。

拒绝了。母亲临终时嘱咐他："尔贫日益甚，吾死，尔必仕。毋忘吾言!"[①] 母亲死后，世杰乃应贡，入南雍，一年后殁。正是从王世杰开始，阳明家族逐渐兴盛起来。世杰仪表堂堂，秀目修髯，无论贤愚亲疏，皆敬而爱之。言行皆以古圣贤为法，著有《易春秋说》《周礼考正》，皆亡佚。世杰曾对门人说："学者能见得曾点意思，将洒然无人而不自得，爵禄之无动于中，不足言也。"[②] 阳明在其诗文中，也不止一次提及曾点之志，并坦言赏其狂。可见，王世杰对儒学的热爱，对曾点的欣赏以及对仕途的淡泊态度，这些综合因素都深深地影响着阳明。

下面来看对阳明产生直接影响的两位人物，一是其祖父王伦（1421—1490），二是其父亲王华（1446—1522）。王伦，字天叙，性爱竹，学者称之曰竹轩先生。所居处竹林环绕，日啸咏于其间，笑看纷华势利。关于这一点，阳明与祖父也非常相似，年轻时的阳明，曾对着喜爱的竹子格物，整整格了七天七夜。在贬谪龙场期间，阳明在龙冈建何陋轩，因轩前环植以竹，故名之"君子"，其《君子亭记》认为竹具备儒家圣人之四道：一者中虚而静，通而有间，此乃君子之德；二者外节而直，贯四时而柯叶无所改，此谓君子之操；三者应蛰而出，遇伏而隐，雨雪晦明无所不宜，此曰君子之时；四者清风时至，玉声珊然，中采齐而协《肆夏》，揖逊俯仰，若洙、泗群贤之交集，风止籁静，挺然特立，不挠不屈，若虞廷群后，端冕正笏而列于堂陛之侧，有君子之容。[③] 阳明对竹的喜爱与其祖父王伦视竹为"直、谅、多闻之友"[④] 可谓如出一辙。

对于王世杰留下的书史数箧，王伦乃穷年口诵心惟，无所不读，尤好观《仪礼》《左传》及《史记》，及其"甫冠，浙东西大家争延

---

① （明）戚澜：《槐里先生传》，《王阳明全集》卷 38，第 1529 页。
② （明）戚澜：《槐里先生传》，《王阳明全集》卷 38，第 1529 页。
③ （明）王守仁：《王阳明全集》卷 23，第 982 页。
④ （明）魏瀚：《竹轩先生传》，《王阳明全集》卷 38，第 1530 页。

聘为子弟师。凡及门经指授者，德业率多可观”[①]。王伦还善鼓琴，每逢风清月朗之时，则焚香操弄数曲，曲罢，复歌以诗词，而使子弟和之。识者谓其胸怀磊落，陶渊明、林和靖无不及焉。家贫，躬授徒以养母，对弟王粲尤为疼爱。甚至在子王华官翰林分禄给养其时，还拿出一半来赡养弟弟。王伦平素交际，和乐蔼然，对门人则矩范严肃，凛然不可犯。“为文章好简古而厌浮靡，赋诗援笔立就，若不介意，而亦未尝逸于法律之外。”[②] 出于对诗赋的喜爱，王伦还订盟吟社。王伦与弟子鼓瑟焚香，成立诗社之举，无不对阳明造成潜移默化之影响。据《年谱》载，阳明五岁就能诵读王伦平日的古书，十一岁随其赴京师探父，过镇江金山寺时，阳明即席赋诗两首。其《金山寺》云：“金山一点大如拳，打破维扬水底天。醉倚妙高台上月，玉箫吹彻洞龙眠。”[③] 其《蔽月山房》云：“山近月远觉月小，便道此山大于月。若人有眼大如天，还见山小月更阔。”[④] 阳明小小年纪就语惊四座，这些都得益于祖父的努力栽培和直接熏陶。

可见，王纲之后四代，皆以孝为先，奉养双亲，淡泊明志，过着与书为伴的简单生活。而王彦达“不以仕进”的家训维系了近百年，直至王华彻底打破。

王华，在王伦三子中居第二，字德辉，晚号海日翁。因曾读书于龙泉山中，学者称之为龙山先生。王华生来警敏绝人，始能言，其祖父王杰抱弄之，因口授以古诗歌，经耳辄成诵。稍长使读书，则过目不忘。王华从小就表现出不慕荣利的高洁品质，在他六岁时，见人落金而不取；见同伴玩耍而不心动，依然坚持读书不辍；年十一，从里师钱希宠学，数月后即超出学中诸子，钱师感慨已无以教矣；年十四，

① （明）魏瀚：《竹轩先生传》，《王阳明全集》卷 38，第 1530 页。
② （明）魏瀚：《竹轩先生传》，《王阳明全集》卷 38，第 1531 页。
③ 束景南：《阳明佚文辑考编年》，第 11 页。
④ 束景南：《阳明佚文辑考编年》，第 12 页。

与亲朋数人读书于龙泉山寺，寺有妖为祟，独其留居如常，“每夜分，辄众登屋号笑，或瓦石撼卧榻，或乘风雨雷电之夕，奋击门障。僧从壁隙中窥，先生方正襟危坐，神气自若”①。少年王华已表现出超越他这个年龄的胆识和过硬的心理素质，阳明后来临龙场困境，仍能从容谈笑，这受父亲的影响可谓大矣。

明成化十七年（1481）春，王华举廷试一甲第一，授翰林院修撰。此后，王华一路升迁，历官至南京吏部尚书，这是余姚建县两千多年来，出的第二位状元。王华前面的一位是谢迁，其后是韩应龙。王华的科举成功给家族带来了极大的声誉，也给年少的阳明留下了深刻的印象。据光绪《余姚县志》记载，阳明家族通过科举先后取得功名的有：王华，成化十七年（1481）状元；阳明，弘治十二年（1499）进士；王衮孙正思，嘉靖八年（1529）进士；王华第三子守文，嘉靖十六年（1537）举人；守文曾孙先鋐，万历二十八年（1600）举人；王华次子守俭曾孙先铎，万历三十七年（1609）举人；守文曾孙先鋐子业浩，万历四十二年（1614）进士。②

王华气质醇厚，无矫言饰行，仁恕坦直，不立边幅。为人处世上，无论众寡大小，待之如一。谈笑言议，皆由衷而发，广庭之论，人对妻孥，曾无两语。人有片善，称之不容口，有急难来控者，恻然若身陷于沟阱，忘己拯救之，虽因此招谤取嫌，亦不恤。然于人有过恶，亦直言规切，不肯少回曲，以是往往反遭嫉妒，然对其了解之人亦知其实心无他，则亦无有深怨之者。这样的性格可谓正直坦荡的典型。

不仅如此，王华“才识宏达，无所不可。而操持坚的，屹不可动。百务纷沓，应之沛然，未尝见其有难处之事。至临危疑震荡，众多披靡惶恐，而先生毅然卓立，然未尝以此自表见，故人之知者罕

① （明）陆深：《海日先生行状》，《王阳明全集》卷38，第1546页。

② （清）周炳麟、邵友濂等修，杨积芳纂：《余姚县志》卷19，光绪二十五年刻本。

矣”[1]。从这点来看，阳明的待人接物和秉性气质与父亲王华极为相似。王华临危难而大不动的卓然无畏，是阳明在政治军事生涯中吸取到的宝贵精神财富，帮助他渡过了人生中的众多急流乃至旋涡。

至于孝顺，阳明家族从有详细记载的六世祖王纲开始，秉承如一。王华虽然进入仕途，但在孝悌方面，仍是后代的表率：“禄食盈余，皆与诸昆弟共之，视诸昆弟之子不啻已出。竹轩公及岑太夫人色爱之养，无所不至。太夫人已百岁，先生亦寿逾七十矣，朝夕为童子色嬉戏左右，抚摩扶掖，未尝少离。或时为亲朋山水之邀，乘舟暂出，忽念太夫人，即蹙然反棹。及太夫人之殁，寝苫蔬食，哀毁踰节，因以得疾。逮葬，跣足随号，行数十里，于是疾势愈增。”[2] 这种孝道之传承，在阳明身上也体现得较为明显。在阳明仕途生涯中，多次在诗歌中流露出对故土和家人的思念。

尤其是在江西平宸濠乱这一时期，从听闻祖母病危到逝世仅半年时间，阳明多次上疏乞归，皆被朝廷许以贼平之日婉拒。对此，阳明心有不平，正德十四年（1519）八月在与王晋溪书中他抱怨说：“始恳疏乞归，以祖母鞠育之恩，思一面为诀。后竟牵滞兵戈，不及一见，卒抱终天之痛。今老父衰疾，又复日亟，而地方已幸无事，何惜一举手投足之劳，而不以曲全之乎?”[3] 正德十五年（1520），一日，“问诸友曰：‘我欲逃回，何无一人赞行?’门人周仲曰：‘先生思归一念，亦似著相。’先生良久曰：‘此相安能不著?’”[4] 秉持着孝道之家训，在阳明心中，最为挂念的就是父亲王华和祖母岑氏了。在乞归未被应允的情况下，阳明甚至有过顶罪逃归的念头，也因此被门人认为过于执念，似佛家之“著相”。对此，阳明反对，他认为此孝亲之心是与

① （明）陆深:《海日先生行状》,《王阳明全集》卷38，第1550页。
② （明）陆深:《海日先生行状》,《王阳明全集》卷38，第1550—1551页。
③ （明）王守仁:《王阳明全集》卷34“年谱二”，第1399页。
④ （明）王守仁:《王阳明全集》卷34“年谱二”，第1410页。

生俱来的，若无此心，便和佛教一样走入枯寂，“断灭种性”了。

除了孝道，阳明经常流露出的还有归隐之情。如在他初入仕途，还不太适应的情况下，于弘治十八年（1505）在京师所作《忆龙泉山》：“我爱龙泉寺，寺僧颇疏野。尽日坐井栏，有时卧松下。一夕别山云，三年走车马。愧杀岩下泉，朝夕自清泻。”① 又如在阳明陷入政治旋涡，贬谪龙场时对故乡的思念，其《罗旧驿》云：“蛮烟喜过青杨瘴，乡思愁经芳杜洲。身在夜郎家万里，五云天北是神州。”② 再如在阳明收获功名却遭人嫉恨时所写《舟中至日》：“岁寒犹叹滞江滨，渐喜阳回大地春。未有一丝添衮绣，谩提三尺净风尘。丹心倍觉年来苦，白发从教镜里新。若待完名始归隐，桃花笑杀武陵人。”③ 最后在阳明达成归家心愿后，又无奈出征广西，路过增城王纲之忠孝祠时，其《与提学副使萧鸣凤》有感：“吾祖寓此，而甘泉又平生交义兄弟，吾视增城，即故乡也。”④ 阳明类似归隐的诗作还有很多，其对故土山水之怀念和对阳明洞之挂牵已成其思想组成的一部分。

在阳明的家族先祖中，六世祖王纲的淡泊名利、宁死不屈，五世祖王彦达的躬耕养母、不以仕进，四世祖王与准的遁世守志、拒不出仕，曾祖王杰的甘愿清贫、不求闻达，祖父王伦的淡泊名利、慨然洒脱，父亲王华虽入仕途，但慈孝慎独、性喜田园，这些因素都隐隐流淌在阳明的血脉里，可以说，家族文化背景在阳明思想形成过程中起着不可忽视的作用。王氏家族世传的“隐逸”雅趣，表现在阳明身上的则是山水情怀，松月为朋，诗歌辞赋，淡泊明心，生命进入超越生死的大化境界，最后形成了不仅仅属于其自身的行为模式，还成为民族的一种精神文化现象。⑤

---

① （明）王守仁：《王阳明全集》卷19，第743页。
② （明）王守仁：《王阳明全集》卷19，第766页。
③ （明）王守仁：《王阳明全集》卷20，第834页。
④ 束景南：《阳明佚文辑考编年》，第923页。
⑤ 华建新：《姚江秘图山王氏家族研究》，宁波出版社2010年版，第6页。

二 祖母岑氏之信佛

据《海日先生墓志铭》载，阳明父亲王华“初配赠夫人郑氏，渊静孝悲，与公起微寒，同贫苦，躬纺织以奉舅姑。既贵，恭俭不衰。寿四十一，先公三十六年卒。继室赵氏，封夫人。侧室杨氏。……初，郑夫人祔葬穴湖，已而改殡郡南石泉山。石泉近有水患，乃卜今地葬公云”①。郑氏逝世时，阳明随祖父寓居京师，和父亲王华在一起。听闻母亲逝世，年仅十三岁的阳明哭泣甚哀。此后，养育阳明之重任主要由其祖母岑氏担任。郑氏对阳明的影响，主要是在其童年时期，而岑氏对阳明的影响，则是一生。据《年谱》载，正德十六年（1521）九月，阳明归余姚省祖茔，“访瑞云楼，指藏胎衣地，收泪久之，盖痛母生不及养，祖母死不及殓也”②。阳明对生母和祖母，有着很深的感情。

阳明祖母岑氏（1418？—1519）在正德十四年病逝，年逾百岁，是阳明家族中最长寿者，岑太夫人的德行影响了王家几代人。有资料表明，岑氏是余姚梅川人，即今浙江慈溪市匡堰镇樟树村人，据《姚江岑氏宗谱》载，成化十七年（1481），王华曾为母亲的家谱写过序：“故虽百世之远，名分正，真赝别，源流清。或曰：谱固不可废，然百世以前之远，亦必载，非夸则诬。余曰：否！否！子不观乎磁石乎，铁虽离隔引而合之，联绵固结向不可散。盖由一气翕受也。彼块然者，如是矧为人祖宗之血脉，宁以远而不相贯通去。或今岑氏亦谱，蜷蜷之，其在斯乎，其在斯乎！”③ 从王华的序中，可知岑氏家族在明代是

① （明）杨一清：《海日先生墓志铭》，《王阳明全集》卷38，第1536—1537页。

② （明）王守仁：《王阳明全集》卷35“年谱三”，第1416页。

③ 王华撰《姚江岑氏宗谱序》，原出于岑氏后人迁徙至广西定居的一支宗谱，见华建新《姚江秘图山王氏家族》，第255页。

余姚大族。

关于岑氏，还有一条材料，让我们得以从侧面了解到她对佛教的信仰。据明人陆深《海日先生行状》载，阳明父亲王华“于异道外术一切奇诡之说，廓然皆无所入。惟岑太夫人稍崇佛教，则又时时曲意顺从之，亦复不以为累也”[①]。王华秉承了家族之孝道，对母亲极其孝顺，据《明史》载：“华性孝，母岑年逾百岁卒。华已年七十余，犹寝苫蔬食，士论多之。”[②] 对异道外术，王华并不陷溺其中，对母亲岑氏之信佛，王华却“曲意顺从”，久之也不觉其累。这可以理解为，对母亲之信佛，王华不仅从精神上给予支持，还在行动上偕同参与，有可能还与母亲一起，持斋把素，口诵佛号，焚香修善，行礼佛之实，真正落实了孝道。从各种资料的记载来看，王华与佛教似乎无甚关系，但陪母奉佛之习惯一旦养成，不可能对他毫无影响。

虽然关于岑氏奉佛之具体情况没有确切记载，但有资料显示，终明一代，奉佛妇女，有终生严守不入寺烧香、不与僧尼往来、不赴佛会，整日诵经念佛，戒行清净且意念坚定者；也有奉佛修持严谨却不避讳与僧尼往来，甚至遁入佛门为尼者；还有多外出入寺烧香的一般奉佛习佛妇女。[③] 事实确是如此，明代学佛的妇女，有来自上层阶级的知识女性，她们多愁善感，吟诗作画，颇富才情。对佛教的信仰是把她们从耽溺于情愁的泥潭中拔出来的一股觉性力量，她们希望以修持佛学来消弭情感之苦。来自庶民家庭的一般妇女，也不乏有文字能力的，其与佛教的因缘是她们对自我人生遭遇不幸的一种逃避和安抚。节烈孝妇也信佛，她们的习佛往往表现为规律化的念佛、礼佛、诵经。她们大多茹素奉佛，足不出户，在狭小的空间里谨严地履行着

---

① （明）陆深：《海日先生行状》，《王阳明全集》卷38，第1553页。

② （清）张廷玉等：《明史》卷195，第5159页。

③ 陈玉女：《明代妇女信佛的社会禁制与自主空间》，《明代的佛教与社会》，北京大学出版社2011年版，第356页。

这一神圣的宗教行为，这份信仰已内化成她们的自我生命。至于自然学佛的妇女，多半受到环境或家庭的熏习，非因不幸而学佛，勤于参禅悟道，不避讳与僧尼往来、入寺烧香礼佛，这样的学佛方式比较开放、多元，内容也与日常生活紧密相关。在江南，妇女则更偏向于观音崇拜，尤其是对老年女性而言。从妇女的家庭职责看，主要是相夫教子。待儿子娶妻成家，外事由儿子掌管，内事由儿媳承担，她们就不再过问家业，专心奉佛，期望往生净土。这在明代，是一个普遍的现象。

如此看来，阳明祖母的奉佛当为最后一类，她的崇佛和普通妇女一样，如为儿子的婚事、为家族的子嗣传承，为消灾祈福，为超度亡灵，为还愿，为布施，为功德等。这是一般妇女的奉佛动机，可能是一时兴起，也可能是长期支撑其礼佛敬菩萨的精神信仰。对明代妇女奉佛之状况，谢肇淛（1567—1624）有云："士人之好名，与妇人女子之好鬼神，皆其天性使然，不能自克。"① 李乐（1532—?）也说："天下大势，崇佛之地多，而妇人女子尤多。"②

关于阳明的出生，就与岑氏的信佛有关："郑氏孕十四月而生公。诞夕，岑太淑人梦天神抱一赤子乘云而来，导以鼓乐，与岑。岑寤而公生，名曰云。六岁不言。一日，有僧过之，摩其顶曰：'有此宁馨儿，却叫坏了。'龙山公悟，改今名，遂言，颖异顿发。"③ 类似的记载，还出现在阳明弟子罗洪先《瑞云楼遗址记》中："瑞云楼在余姚龙山北麓，本莫氏居。尚书海日王公微时寓焉，而夫人郑有身。既踰期，母岑太夫人梦绯袍玉带贵人乘五色云抱儿授之，惊觉，啼声在耳，果得儿，成化壬辰九月三十日也。"④ 在阳明诞生二十四年后的弘治九

① （明）谢肇淛：《五杂俎》卷8，上海书店出版社2001年版，第144页。

② （明）李乐：《见闻杂记》卷5，上海古籍出版社1986年版，第467页。

③ （明）黄绾：《阳明先生行状》，《王阳明全集》卷38，第1555页。

④ （明）罗洪先：《瑞云楼遗址记》，徐儒宗编校《罗洪先集》，凤凰出版社2007年版，第155页。

年（1496），钱德洪亦降生于瑞云楼，其《后瑞云楼记》云：

瑞云楼者，吾师阳明先生降辰之地也。楼居余姚龙山之北麓，海日公微时，尝僦诸莫氏，以居其父竹轩公与母太夫人岑。海日公夫人郑，妊先生既弥十四月，岑夜梦五色云中，见神人绯袍玉带，鼓吹导前，抱一儿授岑曰："与尔为子。"岑辞曰："吾已有子，吾媳妇事吾孝，愿得佳儿为孙。"神人许之。忽闻啼声，惊悟，起视中庭，耳中金鼓声隐隐归空，犹如梦中。盖成化壬辰九月三十日亥时也。竹轩公异之，即以"云"命名。后先生五岁尚未言，有道士至其家，戒竹轩公曰："天机不可泄。"竹轩公觉之，乃更先生名。自是讳言梦矣。先生一日忽诵竹轩公所读过书，公惊问之，曰："闻公读时，口虽不能言，已先默记矣。"及先生贵，乡人指其楼曰"瑞云楼"。他日公既得第，先子复僦诸莫氏居焉。①

关于阳明出生、改名的记载，均富有浓郁的佛教色彩。祖母岑氏在阳明出生前当拜佛祈子，后又在阳明生母郑氏临产前梦神僧如愿以偿；阳明至五岁还未能言，幸得僧道指点，父亲王华遂把阳明名字从"云"更为"守仁"。其寓意在于，如果一个人天赋不足，他仍然可以通过坚持不懈的努力修习达到自明；如果"云儿"不如岑氏瑞梦里预兆般聪明，至少还可以"守仁"。②

岑氏的佛教行持，对阳明儿时的影响是潜移默化的。在王华未中状元前，王家并不富裕，王华不得已外出担任子弟师，而阳明则跟随

① （明）钱德洪：《后瑞云楼记》，钱明编校《徐爱钱德洪董沄集》，凤凰出版社 2007 年版，第 170—171 页。

② 杜维明：《宋明儒学思想之旅：青年王阳明（1472—1569）》，《杜维明文集》（第三卷），武汉出版社 2002 年版，第 32 页。

之，以便受学于其父。成化十四年（1478）到十六年（1480）间，在随父寓居海盐资圣寺时，年仅七岁的阳明写下《资圣寺杏花楼》："东风日日杏花开，春雪多情故换胎。素质翻疑同苦李，淡妆新解学寒梅。心成铁石还谁赋？冻合青枝亦任猜。迷却晚来沽酒处，午桥真讶灞桥回。"[①] 聪颖悟达的阳明在诗里吐露才华，此诗"亦成为阳明始好佛老之最好象征矣"[②]。此后，阳明又写下《寓资圣僧房》："落日平堤海气黄，短亭衰柳舣孤航。鱼虾入市乘潮晚，鼓角收城返棹忙。人世道缘逢郡博，客途归梦借僧房。一年几度频留此，他日重来是故乡。"[③] 对海盐资圣寺，阳明已视之为第二故乡了。年谱中也记录了阳明童年时所作之《金山寺》："金山一点大如拳，打破维扬水底天。醉倚纱高台上月，玉箫吹彻洞龙眠。"[④] 又如《蔽月山房》："山近月远觉月小，便道此山大于月。若人有眼大如天，还见山小月更阔。"[⑤] 阳明的这些诗歌逐渐表现出对自然宇宙的思索，其诗也带上了一定的禅理。小时随父亲在寺里的日子，给阳明留下了难以磨灭的印象。虽然谈不上对佛教的信奉，但对其的兴趣和亲近却是毋庸置疑的。成年后的阳明并不讳言年幼时对佛道的喜爱，他曾说："仆诚生八岁而即好其说，今已余三十年矣。"[⑥] 又曾坦言："某幼不问学，陷溺于邪僻者二十年，而始究心于老、释。"[⑦] 类似的言论在阳明诗文中较多，就不再赘述。

岑氏对阳明的学术活动也大力支持，她曾推荐娘家的亲戚朋友到孙儿门下求学，参加阳明在当地举办的讲学活动。这方面典型的，如岑氏姑孙丁任、丁行兄弟俩，据王畿（1498—1583）《丁母慈节传》载：

---

① 束景南：《阳明佚文辑考编年》，第 3 页。
② 束景南：《阳明佚文辑考编年》，第 6 页。
③ 束景南：《阳明佚文辑考编年》，第 8 页。
④ （明）王守仁：《王阳明全集》卷 33，第 1346 页。
⑤ （明）王守仁：《王阳明全集》卷 33，第 1346 页。
⑥ （明）王守仁：《答人问神仙》，《王阳明全集》卷 21，第 887 页。
⑦ （明）王守仁：《别湛甘泉序》，《王阳明全集》卷 7，第 257 页。

> 丁母者，余姚丁行母，岑孺人也。少寡誓志，节可尚矣。老遇寇，救子亡躯，其慈可哀也。称慈节者，旌德也。母少归丁，时二十三而夫亡，长子任，方二龄。行孕未弥月，哀伤逾节。……乃茹饥服寒，治麻枲为食，饬备中外，孀居凛凛。丁岑故巨族，咸敬且惮。过母庐必式，有疑事者，皆来质成。于是，母之节大著于乡族。教子能言，即迪古训。时阳明夫子讲学于越，祖母太夫人属姑孙，故熟闻夫子讲学，游其门者俱成大儒。于时，指二子曰："尔长无望富贵易门阀，得与闻王门学，成一儒者足矣。"二子及长，备贽使求王门入室高第，故行首事予。自是，遍交四方同志，咸争以子弟延师之。任又早世，子弟师任者，咸师行。于是，行之学日孚。……行临危暇豫，因事制变，以诚孝感贼，致贼流涕，谁谓贼无人心哉？卒能需血出穴，归殓其母，合父葬，以终成母志。且并出邻族子女与叔，非其平时学力无欺，其能临难不夺如此哉？[①]

王畿高度赞誉丁母的慈节和丁行的诚孝，把丁行临贼难而不夺志之义举，归功于其游学王门的经历。丁行成长为大儒并誉满一方的原因固然有很多，但岑氏在关键时刻的卓识远见给徘徊在命运路口的丁氏兄弟指明了方向，影响了他们的人生抉择，这也再一次证明了岑氏在家族中德高望重的地位。在岑氏八十大寿时，"自公卿而下，凡知先生者，各举礼为夫人寿。……盖夫人封春坊谕德竹轩公之配，含和蕴淑克相于家。先生举成化辛丑进士第一……诸孙服习诗书，森侍膝下，如守仁者则又举进士，器识不凡，夫人之获福其可量哉？则诸缙绅之所以趋贺者，固皆出于欣慕爱悦之诚不容自已也。尝观古昔贤哲

① （明）王畿：《丁母慈节传》，吴震编校《王畿集》卷20，凤凰出版社2007年版，第645—647页。

之士，虽以济时行道为荣，而尤以禄逮其亲为喜，故一檄动颜，君子不以为非，而荣宦忘亲者，人人得而诋让之。”① 王华对岑氏的孝顺，不仅在家族中起到表率作用，还在友人中传为美谈。在农历五月十七，岑氏生日这一天，缙绅争相趋贺，皆出于对岑氏由衷的敬慕。

在父亲王华以身作则的影响下，阳明不仅对祖母孝顺，还对岑氏家族的子弟也颇为照顾。阳明于正德十一年（1516）十月归省余姚，祖母已 97 岁，阳明在瞻仰岑氏祖辈遗像时写下《简卿公像赞》：“君敬称字，谨饬谦和。克家有子，孙掇巍科。富而且贵，尘寰几何。睹容景仰，泰山嵬峨。姻晚生王守仁拜题。”② 简卿即岑简卿（1306—1347），字君敬。夫人郑氏乃宰相郑清之女，有子二人。阳明祖母岑氏系简卿长兄俊卿四世女孙，故自署“姻晚生”。③《赠岑东隐先生》：“岑东隐老先生，余祖母族弟也，今年九十有四矣。双瞳炯然，饮食谈笑如少壮，所谓圣世之人瑞者非耶？涉江来访，信宿而别。感叹之余，赠之以诗：东隐先生白发垂，犹能持竹钓江湄。身当百岁康强日，眼见九朝全盛时。寂寂群芳摇落后，苍苍松柏岁寒枝。结庐闻说临瀛海，欲问桑田几变移。圣学功夫在致知，良知知处即吾师。勿忘勿助能无间，春到园林鸟自啼。”④ 岑东隐（1434—1526），名鼎，字懋实，号东隐，善诗，系余姚岑氏家族十世孙。⑤ 阳明此二诗，当作于嘉靖五年（1526），时隐居于慈溪滨海的岑老先生涉姚江来访，归后不久即卒。此作可谓是阳明晚年归越“日与宗族亲友宴游，随地指示良

---

① （明）刘春：《寿王母岑太夫人八十序》，《东川刘文简公集》卷 12，《续修四库全书》第 1332 册，上海古籍出版社 2002 年版，第 148 页。

② （明）王守仁撰，吴光、钱明、董平、姚延福编校：《王阳明全集：新编本》卷 43，浙江古籍出版社 2011 年版，第 1764 页。

③ 王孙荣：《王阳明散佚诗文九种考释》，钱明、叶树望主编《王阳明的世界：王阳明故居开放典礼暨国际学术研讨会论文集》，浙江古籍出版社 2008 年版，第 572 页。

④ （明）王守仁：《王阳明全集：新编本》卷 43，第 1740 页。

⑤ 王孙荣：《王阳明散佚诗文九种考释》，《王阳明的世界：王阳明故居开放典礼暨国际学术研讨会论文集》，第 570 页。

知"[①] 之代表作。

阳明在成长过程中还受到继母赵氏的督促教导，赵氏有子女两个，分别是守文和守让，在品行上这两人都超过了王华侧室杨氏所出之二子守俭和守章。关于赵氏的品行，可见下面一段记载：

> 夫人受性孝谨，年甫及笄，不出闺阁，异姓兄弟鲜见，其面有古闺门之肃焉。既归龙山先生，恭顺日茂，相待如宾友。有古馌耨之敬焉。妾媵虽众，恒事绩纺，诸子劝沮，愀然不乐，深示戒辞，有古主绩之俭焉。人苟非己子，絜芦而守，奈阳明幼年倜傥，庭训甚严。夫人曰：此儿聪慧，后当大成。委曲保育无所不至，不慈而能之乎？人苟欲利己，分荆而斗禽。伯叔早逝，遗孤咸幼未大，夫人念之不置也，乃携入京师抚若己出，不义而能之乎？人苟欲私国摄隐以俟桓？……则固而不驰敬，则贞而不违俭，则节而有常慈，则均而不妒义，则广而不贪，知公其荣则嗣绪远，六者皆妇人之难也，而夫人兼之，此其寿又可量乎？[②]

对童年失怙的阳明，赵氏视如己出，疼爱严训有加，并预言阳明长大定有所成。不仅如此，"初尚书公例当荫子时，守文有庶兄守俭，太夫人亟推与之曰：'恩当自长受。'坐是守文居乡校者，数年不与荐名。晚乃从太学，得列天子畿内之英，为翰林先生之高第弟子，使天下拭目而睹之曰：'是状元冢宰之子，而会魁勋臣之弟，不又将继踵而起矣乎？'一时京师亦复感动有声。非太夫人之贤而能若是乎？"[③] 在阳明这一辈，比较有出息的除了阳明就算守文

① 束景南：《阳明佚文辑考编年》，第 832—833 页。

② （明）吕柟：《寿诰封一品夫人王母赵内君六十序》，《泾野先生文集》卷 5，《四库全书存目丛书》集部第 60 册，第 594 页。

③ （明）陆深：《寿王母赵太夫人七十序》，《俨山集》卷 40，《文渊阁四库全书》集部第 1268 册，第 249 页。

了，这都源于赵氏的以身作则和严加管教。

最后要提及的是，赵氏对佛教的态度，虽然没有直接的文献证明其信佛，但是，明代江南地区女子信佛之风和岑氏的奉佛，对她当有影响。对失去母亲的阳明来说，童年时接触得多的就是岑氏和赵氏，除了亲受其教导外，对她们日常生活习惯，阳明是耳闻目染。从这个层面上来说，家族里女性的奉佛拉近了阳明和佛教的距离。对佛教，少年时的阳明喜爱并有兴趣，中年后他也敢于大胆质疑，向弟子指出佛教的不足。究其原因，少年时代与佛禅的亲近对阳明一生有着深远的影响，也是阳明敢于质疑的前提和基础。

第三节　佛教交游

一　交游之诗僧

（一）雪江明秀

据笔者查阅，阳明交游的诗僧具体可考的有浙江籍雪江明秀（生卒年不详）及玉芝法聚（1492—1563）两人，下面就此作详细介绍。

关于雪江明秀，钱谦益《列朝诗集小传》“闰集”下“雪江秀公”载：“明秀，字雪江。弘正间诗僧琦楚石九世孙也。与孙太白、郑少谷、方棠陵、沈石田诸人善。族出海盐王氏。祝发天宁寺。晚习定于钱塘胜果山。又号石门子。老复归化邑之海门。有《雪江集》三卷。”① 雪江明秀，浙江海盐人，俗姓王。时与孙一元（1484—1520）、郑善夫（1485—1523）、方豪（1482—1530，阳明弟子）、沈周（1427—1509）等人交好。

又据朱彝尊《静志居诗话》卷二十三“明秀”条下载：

① （清）钱谦益：《列朝诗集小传》“闰集”，第693页。

> 明秀，字雪江，自号石门子，海盐人。祝发天宁寺，晚居钱塘胜果山。有《雪江集》。王伯安谪龙场驿丞，雪江送以诗云："蛮烟瘦马经山驿，瘴雨寒鸡梦早朝。"一时传诵之，斯未为警策，特以清越胜耳。观其遗集三卷，流转跌宕，不失清江、灵一之遗音。临终偈云："一夜小床前，灯花雨中结。我欲照浮生，一笑浮生灭。"亦彼法中所谓解脱者。日暮云："西阁日将夕，川原生暮烟。远林归倦鸟，枯叶抱寒蝉。野岸渔罾外，秋风戍垒前。故人应念我，定有尺书传。"《楚江秋晓次石田翁韵》云："山川摇落露华晞，野寺鸣钟破曙晖。千里人烟江郭静，数声渔笛水禽飞。寒催刀尺风霜早，日远关河信息稀。丛菊又开身在客，长沙谁念未成衣。"①

相比钱谦益的记载，朱彝尊的介绍更为详细，重点展现了明秀的诗歌才华。如"明秀"条下"附录"载："释冬溪云：'石门秀禅师以诗名海上，游心鹜精，力追唐雅，郑少谷、孙太白诸名流，多所称许。'"② 可知明秀以诗闻名，受当时名士郑善夫、孙一元的称赞。在阳明贬谪龙场前，明秀作诗相送，因清丽淡雅的诗风一时广为传诵。沈德潜在《说诗晬语》里高度评价说："僧雪江《送王伯安谪龙场驿丞》云：'蛮烟瘦马经荒驿，瘴雨寒鸡梦早朝。'上句写远窜景色，人犹能之，下则文成之忠爱俱见矣。"③ 此二句诗站在阳明的立场上，抒发了虽贬谪异地，却忠孝不改的情怀。沈德潜一语道破了此诗的精髓，可谓切中肯綮。如此贴心的语句，非亲密的友人关系不能道来，足见阳明与明秀关系的深厚。

除与阳明交情匪浅外，明秀与阳明弟子钱德洪（1496—1574）、王畿（1498—1583），黄绾（1477—1551）等人也保持了良好的关系。

---

① （清）朱彝尊：《静志居诗话》卷23，人民文学出版社1983年版，第745页。

② （清）朱彝尊：《静志居诗话》卷23，第745页。

③ （清）叶燮、沈德潜：《原诗·说诗晬语》，凤凰出版社2010年版，第117页。

明秀《同钱绪山王龙溪集南屏诗》云："嘉会不易得，两峰幽兴催。秋山迴寺下，晓雨过湖来。风叶吟诗落，岩花把酒开。对床谈永夜，星斗动香台。"① 此诗记载了明秀与钱德洪、王畿二人在南屏寺的聚会夜谈，虽然寥寥几句，但还是透露出明秀与王门交游的大致情况。明秀又有《宿南屏大云东院》："松花作饼粉含香，青蔓垂烟竹过墙。堂上粥鱼朝未晏，檐前燕语日初长。药苗培土兰重整，茶树开园草欲荒。却爱吾师真了道，石林趺坐岁都忘。"② 此诗当作于聚会时，诗人对居所周围的景物进行了细致的刻画，视角从室内转移到室外，最后赞扬了僧人坐禅入定的执着精神。阳明弟子黄绾在《游永康山水记》中记载了与明秀的同游："从剡入永康，与石门子游寿岩。……石门子曰：'此俗呼为翁婆岩者，请为易之。'……石门子设酒茗阁上，饭罢西行，又一洞，中置观音像，旁设大士像十八。"③ 黄绾，浙江黄岩人。据《年谱》载，寿岩位于浙江省永康西北乡，"岩多瑞石，空洞垲爽。四山环翠，五峰前拥。（周）桐、（应）典与同门李珙、程文德讲明师旨。嵌岩作室，以居来学。诸生卢可久、程梓等就业者百有余人。立师位于中堂，岁时奉祀，定期讲会，至今不辍。"④

除了与阳明及其弟子交往密切外，明秀还与当时的名士保持了良好的关系，其《怀孙太白山人》云："阶前黄叶堆欲满，湖上白云闲自来。千里秋风悲断雁，两峰寒日忆登台。未能明月同移棹，想见黄花独举杯。吟遍长松千万树，南屏落日寺门开。"⑤ 此诗是怀念友人的

---

① （清）释际祥：《净慈寺志》卷25，杜洁祥《中国佛寺史志汇刊》第1辑第19册，明文书局1980年影印版，第1631页。

② （清）释际祥：《净慈寺志》卷25，杜洁祥《中国佛寺史志汇刊》第1辑第19册，明文书局1980年影印版，第1631—1632页。

③ （明）黄绾：《游永康山水记》，《浙江通志》卷262，《文渊阁四库全书》史部第526册，第100页。

④ （明）王守仁：《王阳明全集》卷36，第1474页。

⑤ 明复法师主编：《禅门逸书初编》第1册，第101号，《古今禅藻集》，明文书局1981年版，第306页。

诗作，孙一元，字太初，号太白山人，自称秦人。又传为宗室安化王的亲支，安化王因事被诛，故易姓名避难。正德年间，因刘瑾乱政，卜筑浙江湖州之南垣。明秀此诗自然流畅，哀而不伤，把对友人的怀念巧妙融合在对景色的描摹里，宛如一幅淡雅却含蓄蕴藉的山水画。

据笔者检阅，与明秀交好的还有浙江籍的许相卿（1479—1557）和朱朴（生卒年不详）两人。许相卿，字伯台，一字台仲，号云村，浙江海宁人。正德十二年（1517）进士，授编修，嘉靖元年（1522）授兵科给事中，洞悉大政，持义而论。为给事三年，所言皆不听，遂谢病归。许相卿与明秀禅师交往匪浅，其《云村集》卷五载《与僧石门秀公》四首，其一云："敬问石门山人无恙？走养拙、山中眠、食粗遣，顷为国事，抱漆室之忧。山人慈悲，当亦为众生烦恼耶？迟一雨后载月，径造东林也。"① 许相卿向明秀吐露政坛上的困惑，并约定下次拜访的时间。其四云："某问石门山人无恙，顷得哭太白山人近制，知山人果尔蜕去，伤哉！伤哉！追念旧游，梦乎非耶？渠忘情去来者，犹有鬼神得无？笑我与公尚尔钟情耶。"② 在得知明秀逝世后，许相卿回忆了和明秀的交往，表达了对友情的珍惜和对好友逝世的哀悼。朱朴字元素，浙江海盐人。约明武宗正德十年前后在世，嘉靖中隐，善画。正德、嘉靖年间，与文徵明（1470—1559）、孙一元相酬唱。其《西村诗集》卷下《石门秀师》云："山僧独在山中老，来往风尘共白头。关塞极天惟鸟道，石门斜日到林丘。花枝满院空啼鸟，夜思千重恋旧游。棋局动随幽涧竹，微躯此外复何求？"③ 朱朴回顾了昔日的宴游，刻画并称赞了明秀禅师简朴的山居生活。

可见，明秀活跃在诗坛的时间主要是弘治、正德年间，与其交往

---

① （明）许相卿：《云村集》卷5，《文渊阁四库全书》集部第1272册，第191页。

② （明）许相卿：《云村集》卷5，《文渊阁四库全书》集部第1272册，第191页。

③ （明）朱朴：《西村诗集》卷下，《文渊阁四库全书》集部第1273册，第432页。

密切的是像许相卿、朱朴这样的浙江籍文人和孙一元这样定居浙江的文人。阳明及门下弟子，如钱德洪、王畿、黄绾都与明秀乃至许相卿、朱朴等人有着积极的互动，保持了良好的关系，这也从一个侧面反映出明代文人地域性交往的典型特征。

（二）玉芝法聚

下面介绍阳明与诗僧玉芝法聚的交往，钱谦益《列朝诗集小传》“闰集”下“玉芝和尚聚公”载：

> 法聚，号玉芝，姓富氏，嘉兴人。年十四，出家海盐资圣寺。好为韵语，忽自谓曰：“出家儿当为生死，嗜此何益。”遂誓志参学，多所咨扣。观阳明《传习录》，谓与禅理不殊，乃以偈趋扣，明以偈答之。一日，大众中，明出袖中锁匙问曰：“见么?”曰：“见。”还纳袖中，复问：“见么?”曰：“见。”明曰：“恐汝未彻。”在西，还结庐于南海澉湖之悟空山中。闻金陵碧峰梦居之名，荷笠往参，问：“董两湖（按，即董沄之子董谷）颂碧峰寺里有如来，莫便是和尚否?”居云：“上座还见么?”曰：“纵见得，也是金屑落眼。”居曰：“这死汉死去多少时，汝来为他乞命。”转身回方丈。一日，问：“如何不落人圈缋?”居打一掌云：“是落也，是不落也。”公即礼拜，觉从前所蕴，泮然冰释。居入灭，徙居武康天池。与王龙溪心斋、徐天池诸公，发明心地会通儒释之旨。嘉靖癸亥五月示寂，寿七十有二。有《玉芝内外集》，罗近溪、陆平泉为序，新安王寅选其诗二百首。①

法聚因读《传习录》，认为与禅理颇有相同之处，故与阳明结缘。针对法聚的疑问，阳明不仅以偈颂答复，还以禅宗惯用的肢体动作及

① （清）钱谦益：《列朝诗集小传》闰集，第689页。

简明语言启示他。阳明认为法聚对儒禅二教的认识尚未透彻，故法聚继续参学于在金陵碧峰寺讲法之梦居禅师，受梦居禅师手击一掌，法聚豁然大悟，后归武康天池山，构玉芝精舍。常邀名僧学者诸人探讨佛学禅理，阳明也应邀回访法聚。法聚与唐枢（1497—1574，字惟中，号一庵，浙江归安人，甘泉弟子）、王畿、王艮（1483—1541）、徐渭（1521—1593）往来于山中，发明心地，证会儒佛大同之秘。衲子纷纷慕名追至，渐成丛林。法聚为人峻结圆转，举止潇然。圆寂后，“徐渭撰传，蔡汝楠撰塔铭。著有《玉芝内外集》《玉芝语录》《龙南漫稿》”[①]。蔡汝楠（1516—1565），字子木，号抱石，浙江德清人。幼年曾随父到金陵听时为国子监祭酒的甘泉讲学，立有顿悟。十六岁即中进士，向王慎中、唐顺之等人学诗，有重名，中年后专攻经学，与法聚交好。

对法聚的生平记载得较详细的是《补续高僧传》，其《玉芝聚公传》云：

> 法聚，字月泉，嘉禾富氏子。始去俗，从师于海盐资圣寺，矢志参学。初见吉菴、法舟二宿，未甚启发。闻王阳明倡良知之指于稽山，同董从吾往谒之，言相契，阳明答以诗，然犹未脱然也。后于梦居禅师一掌下，洞彻源底。即入武康天池山，构精舍，颜曰玉芝。二十余年说法其中，繇是，诸方称玉芝和尚。唐一菴、王龙溪诸公尝往来山中，证会儒释大同之秘。师其为人也，峻结圆转，举止潇然。王公贵人，见其人至不敢屈。庸夫竖子，一闻其教辄兴起自愧，反其所为。曲儒小士多诋释，遇师与立谈，顾趋而事之，舍所学而从。彼其为文也，无短长易难，皆据案落笔，应手而成。奥旨猜辞，一时而彻。或以此诋之谓“师苦于文而疏

① 张志哲主编：《中华佛教人物大辞典》，黄山书社2006年版，第872页。

> 于道”，文如是此未尝苦也，疏于道又可信乎？师生于弘治壬子，示寂于嘉靖癸亥，春秋七十有二，立塔藏骨于本山。少司马蔡公汝楠与师支许之契，为铭曰：“声之为诗，齐之为儒。诗其无上咒耶，儒其无上法耶。”[①]

法聚儿时每藉地趺坐，折草念佛。年稍长，淹通经史。年十四，从资圣寺受业，矢志参学，夙夜匪懈。一日阅《坛经》有省，即往谒临济宗僧吉菴祚禅师，不契。复见吉菴法嗣法舟道济（1487—1560），多所启发，“孜孜矻矻，废寝忘餐，惟欲究明大事者，皆参禅、学道之榜样也。奈兹禅林秋暮，法道荒凉；逐妄随邪，无复自振”[②]。法聚先和董沄认识，然后问学于阳明，此后和阳明学派的许多人物都有所来往，且保持了较好的关系。

又据《光绪海盐县志》卷十九载：“法聚，资圣寺僧，尝结庵澉湖荆山，芝产座下，人号玉芝和尚。后移锡武康天池，示寂。聚初投偈于王阳明先生，阳明有《答人问良知》诗，即聚也。诗云：‘良知即是独知时，此知之外更无知。谁人不有良知在，知得良知却是谁?’晚参梦居禅师于金陵，问：‘如何不落人圈缋?’居与一掌，聚即大悟，开讲天池，应机接引。与王畿、蔡汝南、唐枢、董沄父子共证儒释大同之旨。”[③] 可知，阳明两广诗之《答人问良知二首》即是对玉芝禅师问道的回答，现把其二也并录如下：“知得良知却是谁？自家痛痒自家知。若将痛痒从人问，痛痒何须更问为?”[④] 从中可以看出，阳明与法聚来往之密切。良知人人具有，从旁人问并无益处，只须做致良知的功夫，方能体悟，这与禅宗明心见性的宗旨和达到觉悟的修行

---

① （明）明河：《补续高僧传》卷26，《续藏经》第134册，第388页下—389页上。

② （清）超永编：《五灯全书》卷60《湖州天池月泉玉芝法聚禅师》，《续藏经》第141册，第280页下—281页上。

③ 束景南：《阳明佚文辑考编年》，第811页。

④ （明）王守仁：《王阳明全集》卷20，第871页。

方法是极为相似的。

法聚曾和究心佛典的董沄（1458—1534，字复宗，号萝石，浙江海盐人），曾就儒释心性异同的问题进行过讨论。嘉靖四年（1525），阳明《批董萝石日省录》载：“（董问）余尝疑于先儒论性，无从质问。一日与男穀论之，遂有率意之对。尝令缮写以示月泉法聚，往复数四，意皆相反，并录以呈先师。（王答）二子异同之论，皆是说性，非见性也；见性者，无异同之可言矣。他日聚子不非董子，董子不非聚子，则于见性也，其庶已乎！”① 董沄性情高洁，不解世俗事，以诗闻于江湖。闻贤士高人，不计远近寒暑，投贽纳交。“嘉靖甲申春，萝石来游会稽，闻阳明子方与其徒讲学山中，以杖肩其瓢笠诗卷来访。”② 董沄是以六十七岁高龄拜阳明为师，故他对阳明学说存在较多疑惑，曾多次请教于阳明。

对董沄和法聚争论之评价，阳明态度似乎不够明朗，但仔细体味其批示，其实他强调了儒释在心性上是有差异的，没有差异的是如何“见性”。换言之，宋明儒学的心性本体论与佛教的心性本体论，虽然在具体内涵、价值取向和终极目的上差异甚大，但在理论建构、思维框架、解决问题的方法方式上达到了一致。具体说来，“华严宗和禅宗石头宗基于从真心出发展开的理事关系说，对程朱以理为核心的心性本体论是有参照、借鉴作用的；天台宗、三论宗的中道佛性说、禅宗的理与心相即说和本心说，对陆九渊心本体论影响是比较大的；荷泽华严禅的灵知心体说与王阳明良知本体论的思想渊源关系是尤为密切的”③。

上述阳明对董沄和法聚的批示，被钱德洪删去，也略去了阳明与

① （明）王守仁：《批董萝石日省录》，《阳明佚文辑考编年》，第810—811页。

② （明）王守仁：《从吾道人记》，《王阳明全集》卷7，第277页。

③ 方立天：《中国佛教哲学要义》（上卷），中国人民大学出版社2002年版，第534—535页。

法聚来往密切之事实。事实上，嘉靖五年（1526），阳明在征思恩、田州前，就写有《寄题玉芝庵》：“尘途骏马劳千里，月树鷦鹩足一枝。身既了时心亦了，不须多羡碧霞池。”[①] 阳明向法聚剖白了心迹，人在仕途，很多事身不由己，也许只有身“了”时才会断了那份在碧霞池讲学论道的隐居心愿。诗风表面洒脱，实则透露出淡淡的无奈之情。值得一提的是，董沄死后，作为与之有忘年交的许相卿曾为他写下墓志铭，其《董先生墓志铭》云：“先生末复究心内典，忽若有悟，喟然叹曰：‘乃今客得归矣！’于是援匡庐故事，与聚纠诸缁俗同志，结莲社于海门精庐……终入于佛，嗒然自遗也。予愈益怪之，莫能窥已。观乎聚之言曰……盖先生学三变，归于空，而自所谓吾者，且见为妄矣。”[②] 在阳明众弟子中，董沄是非常特殊的一个，他身上兼具佛道色彩。阳明死后，他不太参加阳明学派的活动，隐居于乡，以布衣终老一生。弟子钱德洪删除了阳明对董沄的批示，实则是对阳明与法聚、董沄真实关系的掩盖。

最后要提及的是，法聚与阳明的交往反映了一个非常值得重视的现象，那就是随着心学发展的逐渐成熟及影响的日益扩大，吸引了越来越多的僧人前来访学，以此提高明代禅宗的地位。

二　往来之禅僧

（一）了庵桂悟

了庵桂悟（1425—1514），又名佛日禅师，属临济宗。日本伊势（三重县）人，除精内典外，尚通《周易》及《庄子》，故公卿、学者归依者众多。正德八年（1513）五月，阳明作《送日东正使了庵和尚

---

① （明）王守仁：《王阳明全集》卷20，第871页。

② （明）许相卿：《云村集》卷13，《文渊阁四库全书》集部第1272册，第262页。

归国序》，以此赠别以幕府使者身份奉派至明朝的日本僧人了庵桂悟，其曰：

> 世之恶奔竞而厌烦拏者，多遁而之释焉。为释有道，不曰清乎？挠而不浊，不曰洁乎？狎而不染，故必息虑以浣尘，独行以离偶，斯为不诡于其道也。苟不如是，则虽皓其发、缁其衣、焚其书，亦逃祖繇而已耳，乐纵诞而已耳，其于道何如耶！今有日本正使堆云桂悟字了庵者，年踰上寿，不倦为学，领彼国王之命，来贡珍于大明。舟抵鄞江之浒，寓馆于鄞。予尝过焉，见其法容洁修、律行坚巩，坐一室，左右经书，铅朱自陶，皆楚楚可观，爰非清然乎！与之辨空，则出所谓预修诸殿院之文，论教异同，以并吾圣人，遂性闲情安，不哗以肆，非净然乎！且来得名山水而游，贤士大夫而从，靡曼之色不接于目，淫哇之声不入于耳，而奇邪之行不作于身，故其心日益清，志日益净，偶不期离而自异，尘不待浣而已绝矣。兹有归思，吾国与之文字以交者，若太宰公及诸缙绅辈，皆文儒之择也，咸惜其去，各为诗章，以艳饰回躅，固非贷而滥，吾安得不序！①

了庵和尚于正德二年（1507）九月到达浙江，经宁波进入中国。了庵原为日本东福寺高僧，以八十三岁高龄率领船队来中国进行朝贡贸易，在中国逗留的六年时间里，了庵和尚与各地文人们结下了不解之缘。明武宗曾委任他为宁波育王山广利禅寺之住持，并赐予他一件金襴袈裟。了庵归国前，一批浙江籍学者齐聚一堂，或题诗或赠书画为他饯行，阳明就是其中一位。② 首先，针对时人为了逃避租税、徭

① （明）王守仁：《王阳明全集》卷32，第1325—1326页。

② 金普森、陈剩勇主编：《浙江通史·明代卷》，浙江人民出版社2005年版，第438—439页。

役而出家，或是以僧人的身份放纵享乐这一倾向，阳明认为出家要做到“清”“洁”“息虑以浣尘，独行以离偶”，这样才符合僧人的规范。其次，从见面到辩“空”，了庵给阳明留下了较好的印象，阳明对其远涉重洋，来华访学的精神进行了高度赞扬。

值得一提的是，阳明学传入日本，始于了庵桂悟。在了庵来华时，阳明及其著作就已在五山禅僧间流传，但五山禅僧未能区别朱子学和阳明学。阳明学在日本的真正兴起，功劳应归于中江藤树（1608—1648），他用阳明心学把《大学》《中庸》《论语》贯串起来，确立了自己的理论。中江藤树及门下弟子熊则藩山（1619—1691）曾一度使阳明学昌盛，但不久就渐趋衰微，直到德川后期佐藤一斋（1772—1859）重新扬起了阳明学的旗帜。佐藤门下人才众多，“致使阳明学在德川幕府末年造成极大的声势，成为尊皇倒幕的一种推动力量。日本阳明学与中国阳明学相似，都是与官学朱子学相颉颃而产生并发展起来的，起到过推动社会改革的历史作用”[①]。与中江藤树等不同，佐藤一斋任幕府儒官近二十年，他表面持奉程朱陆王的折中态度，事实上主要信奉阳明学。佐藤一斋的主要成就是，在朱子学的包围中为阳明学的发展开辟出一条路径，为明治维新培养造就了一批人才。

（二）九华山僧

1. 石庵和尚

弘治十四年（1501）秋，阳明第一次游九华，在化城寺居住时，与寺西长生庵住持石庵和尚颇为投缘。相谈甚契下，一时兴起，脱口而出：“从来不知光闪闪气象，也不知圆陀陀模样。翠竹黄花，说甚么蓬莱方丈。看那九华山里金地藏，好儿孙，又生个实庵和尚。噫，那些儿妙处，丹青莫状。”[②]“翠竹黄花”意指佛无处不在，无情亦有

① 翟振业、周宏：《中国传统文化概论》，上海科学普及出版社1996年版，第175页。

② （明）王守仁：《石庵和尚像赞》，《王阳明全集：新编本》卷43，第1762—1763页。

佛性。宋善卿编《祖庭事苑》卷五之“池阳问”载：

> 道生法师说：“无情亦有佛性。师云：‘青青翠竹，尽是真如。郁郁黄花，无非般若。’”世少信者，谓无佛语所证。法师乃端坐十年，待经而证。后三藏带《涅槃》后分经至，果有斯说。法师览毕，麈尾坠地，隐几入灭。又禅客问南阳国师：“青青翠竹尽是真如，郁郁黄花无非般若。人有信否？意旨如何？”①

怀让禅师列举了几种关于“翠竹黄花”的说法，耐人寻味。确实，凡触目即菩提，佛就在人们心里，这是典型的禅家思维。据袁家耀先生考证，实庵和尚曾为九华山上旃檀林禅寺题写楹联：“门前青山绿水都成画稿，槛外松声竹韵悉是禅机。”② 禅机无处不在，也无可言说，正应了阳明所说的“噫！那些儿妙处，丹青莫状”。为纪念这份佛禅情缘，阳明用禅家活泼灵动又通俗易懂的语言，向后人展示出一个通透洒脱的禅僧形象。

此外，像赞里提及的“金地藏”，即九华山佛教的实际开创者金乔觉。乔觉为唐时新罗国王金宪英的近族，自幼出家，法名乔觉。开元七年（719），二十四岁的他航海来华，在九华山上苦修七十五载，于贞元十年（794）以九十九岁跏趺示寂。后人视其为地藏王菩萨的化身，称其为金地藏。此后，九华山就成为佛教地藏菩萨的道场。弘治十四年（1501）秋，阳明在化城寺附近参访金地藏之肉身塔后，在《化城寺六首》其六中写道：“金骨藏灵塔，神光照远峰。微茫竟何是，老衲话遗踪。”③ 对金地藏东来弘法的行为作了高度评价。不仅如此，阳明把对实庵和尚的夸赞提到与金地藏同样的高度，“看那山里

① （宋）善卿编：《祖庭事苑》卷5，《续藏经》第113册，第149页上。

② 袁家耀：《九华山佛教的一般特色》，《学术月刊》1987年第4期。

③ （明）王守仁：《王阳明全集》卷19，第738页。

金地藏，好儿孙，又生个实庵和尚”，可见，阳明对实庵极为欣赏。

2. 地藏洞僧

据《年谱》载，弘治十四年（1501），阳明录囚平反，事竣游九华，“闻地藏洞有异人，坐卧松毛，不火食，历岩险访之。正熟睡，先生坐傍抚其足。有顷醒，惊曰：‘路险何得至此!’因论最上乘曰：‘周濂溪、程明道是儒家两个好秀才。’后再至，其人已他移，故后有会心人远之叹”[①]。据释印光重修（民国二十七年排印本）《九华山志》卷四“高僧门”条下载：“弘治十四年，王阳明初游九华，闻地藏洞有异僧……后正德中，阳明再至，僧已他适，故先生游化城寺，有‘会心人远之叹’。”[②] 此异僧，生卒年不详。这次会面，地藏洞僧认为以周敦颐、程颢为代表的儒学是学问的最上乘，这一观点对初入仕途、思想正迷茫困惑的阳明而言，启发甚大，此后阳明求圣之志渐趋明朗。正德七年（1512），阳明作《别湛甘泉序》，就描述了这一心路历程：“某幼不问学，陷溺于邪僻者二十年，而始究心于老、释。赖天之灵，因有所觉，始乃沿周、程之说求之，而若有得焉。”[③]

正德十五年（1520），阳明第三次游九华，写下《地藏洞再访异僧不遇》，借此表达寻异僧不遇的遗憾和对其的怀念：“路入岩头别有天，松毛一片自安眠。高谈已散人何处？古洞荒凉散冷烟。”[④] 在阳明心里，是把地藏洞僧视为精神知己的，否则，不会在时隔十九年后还念念不忘。《重游化城寺二首》（其一）就延续了这份感慨伤怀之情：“会心人远空遗洞，识面僧来不记名。”[⑤] 关于二人的交往，记载不多，但也从侧面反映出明代士子和僧人对儒释二教汇通之态度。

① （明）王守仁：《王阳明全集》卷33，第1351页。

② 杜洁祥主编：《中国佛寺史志汇刊》第2辑第22册，明文书局1994年版，第180—181页。

③ （明）王守仁：《王阳明全集》卷7，第257页。

④ 束景南：《阳明佚文辑考编年》，第626页。

⑤ （明）王守仁：《王阳明全集》卷20，第851页。

3. 周经（金）和尚

正德十四年（1519），阳明平定宸濠叛乱后，并未把宸濠交给武宗身边之佞臣张忠、许泰，而是前往钱塘，献俘于大臣张永。张、许二人怀恨在心，便向武宗诋毁阳明有图谋反叛之心，并建议召见阳明。正德十五年正月，阳明赴召次芜湖。在觐见途中，二人趁机阻挠，阳明不得已避居九华山。武宗派人前往窥探，发现其每日宴坐草庵中，认定其为学道之人，反叛之言遂破。

在九华山上东崖宴坐时，阳明认识了自少林来此苦修的僧人周经。二人相谈有契，阳明写下《送周经和尚》[①] 一诗，肯定并鼓励其坐禅的苦修之行。在《有僧坐岩中已三年诗以励吾党》中，阳明也以周经和尚为榜样，鼓励弟子学习其禅修时的专注和执着。此外，阳明还写下《赠周经和尚偈》："不向少林面壁，却来九华看山。锡杖打翻龙虎，只履踢破巉岩。这个泼皮和尚，如何容在世间。呵呵！会得时与你一棒，会不得时，且放在黑漆桶里偷闲。"[②] 此偈颂语言戏谑活泼，勾勒出一个狂放洒脱的僧人形象，可见阳明对其的喜爱和二人之亲近。相较上述实庵和尚、地藏洞僧二人，岩僧周经无疑是阳明着墨最多的。

（三）金山寺僧等

弘治十五年（1502）八月，初入仕途的阳明告病归越，途经镇江金山寺时，阳明拜访了这座儿时与祖父寓居过的寺庙。在金山寺里，阳明拜访了禅僧，有诗如下：

> 江净如平野，寒波浸绿苔。地穷无客到，天迥有云来。禅榻朝慵起，松关午始开。月明随老鹤，散步妙高台。（《金山赠野闲

① 《王阳明全集》卷20"江西诗"下之《无题》即此诗。

② 束景南：《阳明佚文辑考编年》，第622页，另外，《王阳明全集：新编本》卷43作《题周金和尚偈》，踢作踏，桶作筒，第1762页。

钦上人》)[1]

禅扉云水上，地迥一尘无。涧有千年菊，盆余九节蒲。湿烟笼细雨，晴露滴苍芜。好汲中泠水，飧香嚼翠腴。(《赠蒲菊钰上人》)[2]

片月海门出，浑如白玉舟。沧波千里晚，风露九天秋。寒影随杯渡，清晖共梗流。底须分彼岸，天地自沉浮。(《赠性空上人》)[3]

身世真如不系舟，浪花深处伴闲鸥。我来亦有山阴兴，银海乘槎上斗牛。(《赠雪航上人》)[4]

除了性空上人为北固山甘露寺僧外，其余三僧均为金山寺僧。野闲钦上人，名惠钦，号野闲；蒲珏上人无考；雪航上人，号月舟。这些禅僧的具体情况虽然已无从考证，但阳明留下的文字则真实地记载了他与这些禅师的交往。不仅如此，弘治十六年（1503），阳明复思用世之志，移疾钱塘西湖，往来南屏、虎跑诸刹。见一禅僧坐关三年，不语不视，阳明呵斥曰："这和尚终日口巴巴说甚么！终日眼睁睁看甚么！"僧惊起，即开视对语。先生问其家，对曰："有母在。"曰："起念否?"对曰："不能不起。"先生即指爱亲本性谕之，僧涕泣谢。明日问之，僧已去矣。[5] 对偶遇的禅僧，阳明不仅用禅宗提撕学人的方式呵斥之，还用类似话头的语言启悟之，不能不说，阳明于禅已是非常熟悉。

综此，阳明与禅僧，有密切的接触，如和雪江明秀、玉芝法聚的

① （明）王守仁：《王阳明全集：新编本》卷42，第1719—1720页，按，束景南本"浸"作"漫"，第129页。

② （明）王守仁：《王阳明全集：新编本》卷42，第1720页。

③ （明）王守仁：《王阳明全集：新编本》卷42，第1720页。

④ （明）王守仁：《王阳明全集：新编本》卷42，第1721页。

⑤ （明）王守仁：《王阳明全集》卷33，第1351—1352页。

深厚友情；也有一般的交往，如对日僧了庵桂悟的好感和敬重；还有寓居寺庙的随机结缘，如九华山僧人、金山寺僧及西湖边上偶遇的禅僧都是这一类型。囿于文献查找的有限、阳明对早年诗文的毁弃、弟子钱德洪对阳明诗文的筛选等，再加上笔者学力有限，只呈现出阳明丛林交游的一个片段，虽未能窥全豹，但对笔者来说，有此一斑，实属幸矣。

第四节　佛学素养

幼年时受家庭女性奉佛的耳濡目染，童年时随父寓居资圣寺的儿时经历，少年时与奇人异士的正面接触，佛教于阳明而言，已经不是一般层面上的影响这么简单。弟子王嘉秀曾说：“今学者不必先排仙、佛，且当笃志为圣人之学。圣人之学明，则仙、佛自泯。”① 对此，阳明表示认可。其实，王嘉秀的观点何尝不是阳明求学过程的写照呢？贬谪龙场后，对前三十年笃志于佛、道二教的自得状态，阳明表示：“吾亦自幼笃志二氏，自谓既有所得，谓儒者为不足学。其后居夷三载，见得圣人之学若是其简易广大，始自叹悔错用了三十年气力。大抵二氏之学，其妙与圣人只有毫厘之间。”② 可见，在阳明贬谪龙场前，对佛禅的喜爱用“沉溺”一词形容之也不为过。

但奇怪的是，在阳明的文集中，我们很难找到其直接引用佛经的材料。陈荣捷就表示阳明于禅浸染不多，他认为：“阳明不特少与禅师接触，而引佛经语亦少而又少。此又阳明与宋儒一大异处。阳明虽多用禅语，而直引佛经文句者，《传习录》只得一见，即《传习录》中《答陆原静书》第二所引《金刚经》第十品‘无所住而生其心’之

① （明）王守仁：《传习录》（上），《王阳明全集》卷1，第21页。

② （明）王守仁：《传习录》（上），《王阳明全集》卷1，第42页。

语是。”[①] 表面看来，的确如此，但如果与阳明自述其对佛禅倾注了三十年的气力相比，我们又心生疑惑，阳明对佛禅的喜爱究竟是表现在哪些方面呢？其实，这个问题不难解决，阳明的心学在当时被誉为“阳儒阴释”，遭到如朱学学者等的攻击，出于不授人以柄之考虑，阳明对涉及佛禅的地方甚为低调，弟子钱德洪在整理老师文集时，也进行了必要的删改和过滤。知道了这个背景，也就不难理解阳明对佛禅基本不直接引用的原因了。

即便这样，我们也能从阳明语录及诗文中找到其化用佛经的地方，而且，这样的地方还为数不少。秦家懿表明，阳明在其语录与文集中，引用了大乘的多种经文，如《法华经》《楞严经》《金刚经》《楞伽经》《涅槃经》《圆觉经》《坛经》《传灯录》及黄檗希运的《传心法要》等佛教经籍。[②] 遗憾的是，秦先生并没有就此作具体分析。据笔者检阅，阳明对上述多数经籍并非直接引用，主要是从思想意义上对其进行了借鉴。需要补充说明的是，《华严经》《维摩诘经》《大乘起信论》等也是阳明化用的经籍。其中，阳明引用得较多的，是《金刚经》《大乘起信论》及中国禅宗典籍之《坛经》和《传灯录》。这在此后的章节里将详细论及，故暂不赘述，下面仅就阳明引用的其他佛经作进一步分析。

一　《维摩诘经》

《维摩诘经》主要阐述了般若性空的理趣，在谈“空”时把人的主观认识作用归于心。在般若空观的基础上，该经还包含了无分别的观念，这体现在不二法门的论述上。此经还用中道的思想去诠释“生死”

① 陈荣捷：《王阳明与禅》，台湾学生书局 1984 年版，第 77 页。
② 秦家懿：《王阳明》，东大图书股份有限公司 1987 年版，第 169—170 页。

与“涅槃”、“凡夫行”和“圣贤行”、“垢行”和“净行”、“烦恼”与“清净”等概念，认为它们并非简单对立而是密不可分的，在一定条件下，可以互相转化。具体说来，阳明对《维摩诘经》的吸收主要在其中道思想和无分别的观念上。如阳明认为，凡圣虽然有别，只要“吾心良知无私欲蔽了，得以致其极，而意之所发，好善去恶，无有不诚矣！诚意功夫，实下手处在格物也。若如此格物，人人便做得，‘人皆可以为尧、舜’，正在此也”①。从个人情感上来说，作为在家修行的居士，维摩诘的自由超迈、理事无碍也是阳明十分喜爱的。故他在诗歌中时而自比维摩诘：“未许少陵夸吏隐，真同摩诘作禅僧。”② 时而吟咏维摩诘：“开轩扫榻还相慰，惭愧维摩世外缘。”③ 此外，《维摩诘经》卷八《入不二法门品》载：“妙意菩萨曰：眼色为二，若知眼性于色，不贪、不恚、不痴，是名寂灭；如是耳声、鼻香、舌味、身触、意法为二，若知意性于法，不贪、不恚、不痴，是名寂灭，安住其中，是为入不二法门。”④ 泯灭了差别，便可证入菩提，使之归于圆融平等，这即为“不二法门”的真义。纵然色在眼前，声在耳边，香在鼻侧，只要心不动，就可进入安住其中却不为所惑的“寂灭”状态。阳明诗歌中也表达了存在即超越的观点：“饥来吃饭倦来眠，只此修行玄更玄。说与世人浑不信，却从身外觅神仙。”⑤ 修行不必强求外在形式上的趋同，坐禅也可以在日常生活中随机实施，所谓心净则佛土净也。

二　《法华经》《楞严经》

《法华经》是大乘佛教般若类经典，其主要包括会通三乘、诸法

① （明）王守仁：《传习录》（下），《王阳明全集》卷3，第136页。
② （明）王守仁：《奉和宗一高韵》，《阳明佚文辑考编年》，第97页。
③ （明）王守仁：《泗州寺》，《王阳明全集》卷19，第794页。
④ （后秦）僧肇等：《注维摩诘所说经》卷8，上海古籍出版社2011年版，第152页。
⑤ （明）王守仁：《答人问道》，《王阳明全集》卷20，第871页。

性空、人人皆可成佛等思想，是在中国流传最广、影响最大的佛经。《楞严经》则是开示禅修要义的密宗经典，经中带有禅悟色彩的义理、机趣，对禅的参究有较大的启发。在江西诗《山僧》里，阳明就塑造了一个潜心礼佛的老僧形象："岩下萧然老病僧，曾求佛法礼南能。论诗自许窥三昧，入圣无梯出小乘。高阁松风飘夜磬，石床花雨落寒灯。更深月出山窗曙，漱齿焚香诵《法》《楞》。"① 在中国历史上，因诵《法华经》而获应验的神奇事件较多，此病僧形象可以说是阳明自身的写照。除了在诗歌中提及此经外，阳明对《法华经》的吸收主要是思想上的，如该经《如来寿量品》曰："以诸众生有种种性，种种欲，种种行，种种忆想分别故，欲令生诸善根，以若干因缘譬喻言辞，种种说法，所作佛事，未曾暂废。"② 在这段经文下，有疏曰："众生根机利钝渐顿不同，性欲行智种种差别，欲令各得，增诸善根。"③《法华经》主张众生应立足于现实生活，在不脱离现实的前提下信奉佛法，最后成就佛道。

这样的"诸法实相"说，对阳明是有所启发的，他倡导在日常生活中正念头，使良知心体显现。在阐释致良知时，阳明也指出各人根机不同，需按自身情况落实致良知。至于诗中提及的《楞严经》，对阳明来说，侧重于如何找回在声色贪欲中迷失的本心。《楞严经》卷二佛告阿难云："一切众生，从无始来，迷己为物，失于本心，为物所转。故于是中，观大观小。若能转物，则同如来，身心圆明，不动道场，于一毛端，遍能含受十方国土。"④ 那么，怎样才能顿见本心

① （明）王守仁：《王阳明全集》卷20，第841页。

② （隋）智顗疏，（唐）湛然记，（宋）道威入疏：《妙法莲花经入疏》，上海古籍出版社1990年版，第375—376页。

③ （隋）智顗疏，（唐）湛然记，（宋）道威入疏：《妙法莲花经入疏》，上海古籍出版社1990年版，第375—376页。

④ （唐）般剌密帝译，（元）惟则会解：《大佛顶首楞严经会解》卷3，上海古籍出版社1991年版，第31页下。

呢？世尊告阿难曰："汝先厌离声闻缘觉诸小乘法，发心勤求无上菩提。……吾当为汝分别开示，亦令当来修大乘者，通达实相。"[①] 不得不说，诗中苦于"入圣无梯出小乘"的病僧，与世尊眼里陷入声闻缘觉等小乘佛法中的阿难形象，颇为吻合。

三　《华严经》《涅槃经》

《华严经》以内容繁复、义理弘深著称，在大乘经典中被誉为"诸经之王"，直接彰显了佛陀圆满无碍的因行果德，阐明了法界诸法等同一昧，一即一切，一切即一，无尽缘起等理论。阳明在正德五年（1510）赴庐陵时，其《观音山》曰："烟鬟雾髻动青波，野老传闻似普陀。那识其中真色相，一轮明月照青螺。"[②] 此诗化用了华严妙理，表现出圆融无碍的境界。《华严经》卷六《如来现相品》有云："如来微妙身，色相不思议，见者生欢喜，恭敬信乐法。佛身一切相，悉现无量佛，普入十方界，一一微尘中。十方国土海，无量无边佛，咸于念念中，各各现神通。大智诸菩萨，深入于法海，佛力所加持，能知此方便。若有已安住，普贤诸行愿，见彼众国土，一切佛神力。"[③] 《华严经》在描绘佛所体证的境界时，用大量生动形象的偈颂反复加以陈述，这种和谐的圆融观对阳明的影响主要是文学创作上的，从其诗歌描绘的境界可见一斑。

《涅槃经》出现在《般若》《法华》《华严》等经后，主要阐述佛身常住不灭，常乐我净（即涅槃四德），一切众生悉有佛性，一阐提（即断绝善根者）、声闻与辟支佛也能成佛等思想。《涅槃经》的总体

---

① （唐）般刺密帝译，（元）惟则会解：《大佛顶首楞严经会解》卷6，上海古籍出版社1991年版，第57页下。

② 束景南：《阳明佚文辑考编年》，第299页。

③ （唐）实叉难陀译：《大方广佛华严经》，上海古籍出版社1991年版，第30页中。

精神，是“纠正小乘视涅槃为死亡的悲观论调和般若中观以涅槃为虚妄的虚无主义态度”[1]。此经中的“佛性”观，成为后世中国佛教各宗派建构其理论的思想渊源。对禅宗来说，所谓涅槃问题实际上就是如何觉悟或如何成佛的问题。发展到慧能时，与此前相比，禅学更注重在世俗意义上“涅槃”（即成佛），强调“直指人心，见性成佛”，这就削弱了重修持形式之风，使禅宗愈发贴近现世生活。可以说，“禅宗的这种倾向在理论基础或渊源上与佛教中般若中观派系统的涅槃观念有很大关联。中观派主张‘涅槃与世间，无有少分别’，主张‘实相涅槃’。这些主张为禅宗中慧能一系的宗教实践提供了理论依据”[2]。

事实上，《涅槃经》对阳明的影响主要也是这一层面上的，阳明曾有言：“这良知人人皆有，圣人只是保全，无些障蔽……众人自孩提之童，莫不完具此知，只是障蔽多。”[3] 阳明认为良知人人俱有，圣人和一般人的区别在于“障蔽”的有无。《涅槃经》卷十《如来性品》云：“迦叶复言：‘一切众生，性相云何?’佛言：‘善男子，如牛新生，乳血未别，凡夫之性杂诸烦恼，亦复如是。’”[4] 善男子身上有着烦恼等“障蔽”，要想成佛，还须勤加修持。阳明还说：“其格物之功，只在身心上做，决然以圣人为人人可到，便自有担当了。”[5] 在身心上做格物致知之功，摈除私欲，使良知心体显现，那么，人人皆可为尧舜。据《涅槃经》卷第七《如来性品》载：“佛说中道，一切众生悉有佛性，烦恼覆故，不知不见。是故应当勤修方便，断坏烦恼。”[6] 佛性人人俱有，但还应多加戒持，才能发见。可见，阳明对良

① 杜继文：《佛教史》，江苏人民出版社 2006 年版，第 112 页。
② 姚卫群：《佛学概论》，宗教文化出版社 2002 年版，第 420 页。
③ （明）王守仁：《传习录》（下），《王阳明全集》卷 3，第 108 页。
④ （北凉）昙无谶：《大般涅槃经》，第 53 页上。
⑤ （明）王守仁：《传习录》（下），《王阳明全集》卷 3，第 136 页。
⑥ （北凉）昙无谶：《大般涅槃经》，第 37 页上。

知心体的定义吸取了《涅槃经》中众生皆有佛性的思想。

四 《楞伽经》

《楞伽经》结合如来藏与唯识阿赖耶识思想，阐述了世界万有皆由心造的观点，向来为禅宗所重。达摩祖师入梁后，即以此经作为传法心印并嘱咐慧可（487—593），慧可又递相传授，经僧璨（510—606）到道信（580—651）。道信以后，《楞伽经》才逐渐被《金刚经》所取代。《楞伽经》卷二《一切佛语心品》用明镜应物和人眼所看到的幻象作对比，说明境由心造："譬如明镜，随缘显现一切色像，而无妄想。彼非像非非像，而见像非像，妄想愚夫，而作像想。如是外道恶见，自心像现妄想计著。依于一异、俱不俱、有无、非有非无、常无常见。"① 明镜呈现的并非人眼看到的色像，之所以有妄想，是无智的愚夫被妄习迷惑而执着，这是不能正确认知自己心识的表现。要想认知自己的心识，阳明认为须做到"如明镜然，全体莹彻，略无纤尘染着"② 的无所偏倚，使心体廓然才能识天理。进而，阳明提出："自圣人以下不能无蔽，故须格物以致其知。"③

《楞伽经》卷四《一切佛语心品》载："佛告大慧：'一切诸法，悉皆寂静。不识自心现妄想，故妄想生，若识则灭。'"④ 大慧宗杲（1089—1163）注曰："一切诸法，唯是自心；分别所见，不了知故。分别心起，了心则灭。不识妄想，从自心现，则妄想生，若识则灭。"⑤ 一切外境外法皆为自心所现，断除我、我所及其他一切执着，则可以得到解脱。换言之，禅宗修行用功的目的，就是超越妄心，净

① （宋）释正受集注：《楞伽经集注》卷 2，上海古籍出版社 2011 年版，第 38 页下。
② （明）王守仁：《传习录》（上），《王阳明全集》卷 1，第 27 页。
③ （明）王守仁：《传习录》（上），《王阳明全集》卷 1，第 39 页。
④ （宋）释正受集注：《楞伽经集注》卷 4，第 100 页下。
⑤ （宋）释正受集注：《楞伽经集注》卷 4，第 100 页下。

化染我，获得心灵的圆满自由。阳明也说："良知本来自明。气质不美者，渣滓多，障蔽厚，不易开明。质美者渣滓原少，无多障蔽，略加致知之功，此良知便自莹彻，些少渣滓如汤中浮雪，如何能作障蔽？"① 对致良知说而言，也须去除妄想障蔽，使良知自明。在弟子闾东（字启明，内江人，嘉靖甲辰进士）看来："圣凡之判迷悟之间也。何云迷？日欺则然也。何云悟？自慊则然也。脱迷就悟，非戒慎恐惧不可也，是故有求焉。圣人之志焉，致良知焉已矣。"② 可见，圣凡皆有心，因迷悟不同而在致良知上达到的程度也不同。

五　《圆觉经》

《圆觉经》属华严部，是佛陀应圆觉等十二菩萨问因地修证法门，而为其演说大圆觉妙理而成，被唐代裴休（791—864）誉为"一切经之宗也"③。具足众德即"圆"，照破无明即"觉"，所谓"圆觉"，就是人人本具的真心。此经的注疏本，由唐迄今，有数十种，尤以圭峰宗密（780—841）所作之注本流传最广，影响最大。《圆觉经》虽宣说顿悟法门，但应机设教，也不废渐修之工。该经卷上二云："善男子，彼之众生幻身灭故，幻心亦灭，幻心灭故，幻尘亦灭，幻尘灭故，幻灭亦灭，幻灭灭故，非幻不灭，譬如磨镜，垢尽明现。"④ 关于磨镜之喻，宗密注云："虽云磨镜，却是磨尘；所言修道，只是遣妄。夫镜性本明，非从外得；尘复则隐，磨之则显。隐显虽殊，明性不异。今谓：'人执法执是垢，寻伺如实是磨；真心本觉是明，人法二空是

① （明）王守仁：《答陆原静书》，《王阳明全集》卷2，第77页。

② （明）闾东：《重刻阳明先生文集序》，《王阳明全集》卷41，第1767页。

③ （唐）裴休：《大方广圆觉修多罗了义经略疏序》，（唐）佛陀多罗译，（唐）宗密略疏《大方广圆觉修多罗了义经略疏》，上海古籍出版社1991年版，第3页。

④ （唐）佛陀多罗译，（唐）宗密略疏：《大方广圆觉修多罗了义经略疏》，第80—81页。

现。'"[①] 宗密对"磨镜"作了进一步的解释，说明通过渐修可以达到对我空法空的体证。

《圆觉经》磨镜现明的渐修空观对阳明的影响，主要在其论述致良知说上，如弟子徐爱（1487—1518）评阳明格物致知说："心犹镜也。圣人心如明镜，常人心如昏镜。近世格物之说，如以镜照物，照上用功，不知镜尚昏在，何能照？先生之格物，如磨镜而使之明，磨上用功，明了后亦未尝废照。"[②] 据《年谱》载，嘉靖二十九年（1550）正月，时任吏部文选司郎中的何迁（1501—1574，受业于甘泉）引阳明语问钱德洪关于静坐一事："心罹疾痼，如镜面斑垢，必先磨去，明体乃见，然后可使一尘不容。"[③] 从他人对致良知说的评价上可以看出，磨镜式的渐修功夫在致良知中的重要性。正德六年（1511），阳明《答黄宗贤应原忠》云："圣人之心，纤翳自无所容，自不消磨刮。若常人之心，如斑垢驳杂之镜，须痛加刮磨一番，尽去其驳蚀，然后纤尘即见，才拂便去。"[④] 阳明指出，磨镜去除污垢乃成圣的前提。嘉靖三年（1524），阳明居越时对致良知说进行了总结："昔镜未开，可得藏垢。今镜明矣，一尘之落，自难住脚。此正入圣之机也。勉之！"[⑤] 晚年的阳明已透彻地理解并把握了致良知说的精髓，对磨镜见性的譬喻也深谙于心。综此，可见《圆觉经》对其的影响。

---

① （唐）佛陀多罗译，（唐）宗密略疏：《大方广圆觉修多罗了义经略疏》，第80—81页。

② （明）王守仁：《王阳明全集》卷1，第23页。

③ （明）王守仁：《王阳明全集》卷36，第1481页。

④ （明）王守仁：《王阳明全集》卷4，第164页。

⑤ （明）王守仁：《王阳明全集》卷32，第1302页。

第三章　王阳明的思想与佛教

由朱熹（1130—1200）集大成的理学，由于过分强调了道德法则对现实心理的外在超越，最终未能给儒学重视的道德践履提出切实可行的方法。陆九渊（1139—1193）从朱熹忽略处入手，提出了与朱学不同的主张，虽然给朱学带来了巨大的冲击，但因其在本体论方面缺乏周密的系统构建，最终未能对朱学形成根本性的威胁。沿着陆九渊的思想路向，在前代理学集大成的基础上，阳明以曲折的为学历程和多舛的政治遭遇为背景，最终建立起自己完整的心学思想体系。

第一节　对王阳明心学思想近佛禅的评述

众所周知，阳明心学与佛禅有着紧密的联系，历来许多学者对此都有言及。日本学者忽滑谷快天在论及阳明心学与禅学之渊源时，曾高度评价："王守仁之学是孔门大乘，说心外无物，彻顶彻底，一元能贯通三才。当时禅者皆杂学，西来之一枝遂坠地矣。然而王氏之子，却以达磨之真诠起心学，可谓伟也。"① 陈荣捷敏锐地看到阳明在攻击

① ［日］忽滑谷快天撰，朱谦之译：《中国禅学思想史》，上海古籍出版社 2002 年版，第 754 页。

禅宗上比宋儒更甚，但他也承认阳明深受禅宗影响，“每用禅语，又引禅门故事”①，甚至“又用禅家方术，此则为宋代理学家所未曾有”②。柳存仁先生认为阳明学包融佛教甚多，不止功夫上，他指出：

> 王学之包融佛教者有其事多方，固不止修持功夫一端。抉其大而可寻者，窃以为实有（一）明觉自然义；（二）无所住义；（三）无善无恶义；（四）万物一体义及（五）破生死义。五者皆佛也。然王阳明思想中如去此五事，则不惟其思想之光芒大为减色，即其体系亦将受影响。王氏辟斥佛教，诚不得已而言之，盖不破则无以自立。然其说之吸收佛教之处，固不止于一般理学家之所谓暗合也。阳明于此实不讳言，吾人又何必讳言之？③

柳先生于细微中见深奥，可以说，如果去除王阳明思想中的佛教因素，王学甚至不成其为王学。

事实上，阳明自己也并不讳言他曾沉溺于佛禅，如《朱子晚年定论》言：“早岁业举，溺志词章之习，既乃稍知从事正学，而苦于众说之纷扰疲共，茫无可入，因求诸老、释，欣然有会于心，以为圣人之学在此矣！”④，再如《谏迎佛疏》云：“臣亦切尝学佛，最所尊信，自谓悟得其蕴奥。后乃窥见圣道之大，始遂弃置其说。”⑤ 其弟子萧惠（生卒年不详）好仙、释，阳明也以自身经历警之曰：“吾亦自幼笃志二氏，自谓既有所得，谓儒者为不足学。其后居夷三载，见得圣人之学若是其简易广大，始自叹悔错用了三十年气力。大抵二氏之学，其

① 陈荣捷：《王阳明与禅》，台湾学生书局 1984 年版，第 75 页。
② 陈荣捷：《王阳明与禅》，台湾学生书局 1984 年版，第 75 页。
③ 柳存仁：《和风堂文集》（中），上海古籍出版社 1991 年版，第 900 页。
④ （明）王守仁：《王阳明全集》卷 3，第 144 页。
⑤ （明）王守仁：《王阳明全集》卷 9，第 327 页。

妙与圣人只有毫厘之间。”[①] 至于心学与佛禅之关系，阳明在写于嘉靖四年（1525）的《重修山阴县学记》中有云：“夫圣人之学，心学也。学以求尽其心而已。”在阳明看来，传统儒学的弊端，集中体现在舍弃了作为儒学之本的心学上，自此，“圣人既没，心学晦而人伪行，功利、训诂、记诵辞章之徒纷沓而起，支离决裂，岁盛月新，相沿相袭，各是其非，人心日炽而不复知有道心之微。间有觉其纰缪而略知反本求源者，则又哄然指为禅学而群訾之。呜呼！心学何由而复明乎！”[②] 心学与禅学有着可以相通的共同点，但在终极追求上二者有异，“夫禅之学与圣人之学，皆求尽其心也，亦相去毫厘耳。”[③]

对阳明上述言论，陈建（1497—1567）在以抨击王学为宗旨的《学蔀通辨》中进行了驳斥：“愚谓阳明既明宗禅，又讳人訾己为禅。履其实，而欲避其名以惑人，何耶？若阳明曾不自知其为非，可哀！而顾以非人、哀人，何耶？”[④] 言辞虽然激烈，但也的确击中了阳明的自相矛盾处。此外，陈建还注意到阳明诗歌中包含的佛禅因素，列举数例进行批驳，如“象山阳明虽皆禅，然象山禅机深密，工于遮掩，以故学者极难识得他破。若阳明则大段漏露，分明招认，‘端的为君陈矣’。今略与拈出，其禅便自显然矣。近日乃有以阳明为圣学，而尊信之者。又有以为似禅，流于禅，而不察其为达磨慧能正法眼藏者。区区皆所未喻”[⑤]。

陈建尤为反感阳明讲学，如：“阳明讲学，通仙佛儒上下而兼包之，谓为圣人中正一贯之道，诚舛矣。昔朱子辩吕舍人，谓左右采获，

---

① （明）王守仁：《传习录》（上），《王阳明全集》卷1，第42页。

② （明）王守仁：《王阳明全集》卷7，第286页。

③ （明）王守仁：《王阳明全集》卷7，第286页。

④ （明）陈建：《学蔀通辨》卷9，王云五《丛书集成初编》第0654册，商务印书馆1936年版，第123页。

⑤ （明）陈建：《学蔀通辨》卷9，王云五《丛书集成初编》第0654册，商务印书馆1936年版，第122页。

而集儒佛之大成，今阳明又广为笼罩，而并仙佛儒三教之大成也。诚杂矣。”[①] 这样的言语还有“阳明讲学，一切宗祖传灯”[②]“阳明一生讲学，只是尊信达摩慧能，只是欲合三教为一，无他伎俩。谓颜子至今未亡，此语尤可骇，岂即佛氏所谓形有死生、真性常在者邪”[③]？在陈建看来，阳明思想囊括了儒释道三教，尤其对禅宗吸取甚多，为阳儒阴释。陈建对其“颜子未亡”的批判，是源自阳明写于正德三年（1508）的《答人问神仙》，其中有云：“盖吾儒亦自有神仙之道，颜子三十二而卒，至今未亡也。足下能信之乎？后世上阳子之流，盖方外技术之士，未可以为道。若达磨、慧能之徒，则庶几近之矣，然而未易言也。”[④]

当时阳明身处贵州龙场，有人来问世上有无仙术，阳明给予了否定，转而劝人立志于圣学。阳明所谓“颜子未亡”，本指圣人之学仍存，陈建却引用朱熹对佛教的观点，讽刺阳明儒释不分，认为阳明离开功夫而奢谈心性，于实际大无裨益。客观地来看，阳明并没舍弃功夫、妄说虚空，陈建之反诘有夸大偏激之处，但也从侧面证明了王学与佛禅之渊源。

对阳明早年、晚年的学术思想进行全面评述的，当数王门后学黄宗羲（1610—1695）。对其早年思想体系与释氏的关系，黄宗羲在《文成王阳明先生守仁》中这样评述：

> 先生以圣人之学，心学也。心即理也，故于致知格物之训，不得不言“致吾心良知之天理于事事物物，则事事物物皆得其理”。夫以知识为知，则轻浮而不实，故必以力行为功夫。良知

① （明）陈建：《学蔀通辨》卷9，第121页。
② （明）陈建：《学蔀通辨》卷9，第122页。
③ （明）陈建：《学蔀通辨》卷9，第122页。
④ （明）王守仁：《王阳明全集》卷21，第887页。

感应神速，无有等待，本心之明即知，不欺本心之明即行也，不得不言“知行合一”。此其立言之大旨，不出于是，而或者以释氏本心之说，颇近于心学，不知儒释界限只一理字。释氏于天地万物之理，一切置之度外，更不复讲，而止守此明觉；世儒则不恃此明觉，而求理于天地万物之间，所为绝异。然其归理于天地万物，归明觉于吾心，则一也。向外寻理，终是无源之水，无根之木，总使合得本体上，已费转手，故沿门乞火与合眼见暗，相去不远。先生点出心之所以为心，不在明觉而在天理，金镜已坠而复收，遂使儒释疆界渺若山河，此有目者所共睹也。试以孔、孟之言证之。致吾良知于事物，事物皆得其理，非所谓人能弘道乎?①

在黄宗羲看来，阳明早年的“心即理”说、“知行合一”说与释氏的心性说有极其相似之处，但二者最大的区别在于“一理字”。具体而言，释氏置天地万物之理于不顾，儒家则求天理于天地万物之间。黄氏指出，“心即理”的作用在于明天理而非求明觉，就如同于外物上致良知，外物皆得其理也。可见其更强调“致”“力行”的实践功夫，反对缺乏事实基础的空论。上述言论，不难看出黄氏欲通过重新阐释，消除阳明心学之佛禅印记的目的。

阳明在征广西思恩、田州前，曾与王畿、钱德洪论学于天泉桥，针对弟子不同的为学倾向，阳明提出了有名的“四句教”。因为融合了佛教本体论的思想，此说遭到湛若水（1466—1560）、顾宪成（1550—1612）、刘宗周（1578—1645）等人的反对及矫正。如湛若水认为如依“四句教”行事，则人之知无不良者，不仅误人误己，更有害于道，遂改其为：“有善无恶者心之体，有善有恶者意之动，知善知恶

① （清）黄宗羲著，沈芝盈点校：《明儒学案》卷10，中华书局2008年版，第181页。

者心之神，达其知之善于意、心、身、家、国、天下，得所止者，物之格。”① 高攀龙在与顾宪成讨论善恶及格物问题时认为：“兄云无善无恶说当提出根源，良是。渠所以能笼罩人，缘渠亦未尝不以性为善，只是将这善看得诧异耳，此其为惑世诬民之最也。”② 顾宪成则指出“阳明将这善压倒，与恶平等看，其流毒乃更甚于言性恶者”。③ 虽然这一观点是顾氏作为东林党领袖之典型论调，但不得不承认，因触及王学弊端，在某种程度上它是尖锐深刻的。刘宗周则对四句教进行了大改观：“有善有恶者心之动，好善恶恶者意之静，知善知恶者是良知，有善无恶者是物则。”④ 显然，这里的无善无恶是指意体而非阳明之心体，与阳明之旨意相去甚远。

对阳明晚年提出的“四句教”，黄宗羲认为这是阳明教人之定本，原无疵病也无须改字，但他却重新诠释了“四句教”之内涵：

> 先生致之于事物，致字即是行字，以救空空穷理，只在知上讨个分晓之非。乃后之学者测度想像，求见本体，只在知识上立家当，以为良知，则先生何不仍穷理格物之训，先知后行，而必欲自为一说耶？《天泉问答》：“无善无恶者心之体，有善有恶者意之动，知善知恶是良知，为善去恶是格物。”今之解者曰：“心体无善无恶是性，由是而发之为有善有恶之意，由是而有分别其善恶之知，由是而有为善去恶之格物。”层层自内而之外，一切皆是粗机，则良知已落后着，非不虑之本然，故邓定宇以为权论

① （明）湛若水：《甘泉先生文集》卷23《附山斗会中述先生语意》，《四库全书存目丛书》集部第57册，第149页。

② （明）高攀龙：《高子遗书》卷8《答顾泾阳先生论格物》，《文渊阁四库全书》集部第1292册，第467页。

③ （明）顾宪成：《顾端文公遗书》之《还经录》，《四库全书存目丛书》子部第14册，齐鲁书社1995年版，第483页。

④ （清）黄宗羲著，沈芝盈点校：《明儒学案》卷62《蕺山学案》，第1519页。

> 也。其实无善无恶者，无善念恶念耳，非谓性无善无恶也。下句意之有善有恶，亦是有善念有恶念耳，两句只完得动静二字。他日语薛侃曰："无善无恶者理之静，有善有恶者气之动。"即此两句也。所谓知善知恶者，非意动于善恶，从而分别之为知，知亦只是诚意中之好恶，好必于善，恶必于恶，孰是孰非而不容已者，虚灵不昧之性体也。为善去恶，只是率性而行，自然无善恶之夹杂。先生所谓"致吾心之良知于事事物物也"四句，本是无病，学者错会文致。彼以无善无恶言性者，谓无善无恶斯为至善。善一也，而有有善之善，有无善之善，无乃断灭性种乎？彼在发用处求良知者，认已发作未发，教人在致知上着力，是指月者不指天上之月，而指地上之光，愈求愈远矣。得羲说而存之，而后知先生之无弊也。①

在黄宗羲看来，阳明为避"空理"，使"知"落到"行"上，提出"致"以救之。接下来，他对天泉问道的四句宗旨进行了诠释和梳理。黄宗羲认为性体至善无恶，反对把性本身说成是无善无恶的。他指出，"四句教"的前两句皆指意念，用"动静"二字即可概括，而后世对"四句教"的解读，与阳明本意不合。对狂禅者追求"空"而忽视善恶之分的做法，他大力批评并试图矫正。对"四句教"的后两句，黄宗羲秉承并内化了其师刘宗周强调"诚意""慎独"的观点，提出"知亦只是诚意中之好恶"，正如张学智所言："阳明高于一般人者，在于其'诚意'。诚意中自有对善的喜好和对恶的憎恶。其严正程度非一般人所及。在阳明，善必好，恶必恶，这是道德理性本身，不是对于具体是非的判断。故当具体道德判断不发生时，此道德理性

① （清）黄宗羲著，沈芝盈点校：《明儒学案》卷10，第178—179页。

亦迥然不昧，直从性体透入心体层面，挺然做主。”[①] 同样，黄宗羲也看到了这一点，他拈出“诚意”即欲矫正泰州门人高悬心体、舍弃功夫的弊病，以此恢复阳明学说之本来面目。至于对“为善去恶是格物”的阐释，黄宗羲接近阳明后期的思想，认为此乃“率性而行”之举。“率性”可以解释为自发性，换言之，在经历了意志、心理等一系列道德活动和种种现实磨炼后，“为善去恶”更像是一种自然而然的后果。

最后，黄宗羲认为人的道德价值始于善恶之分，对狂禅者之有善之善及无善之善能同时存在之说作出了强有力的反驳，并用“指月者”暗讽邓定宇随意指责阳明之说有弊，实是不明阳明立言之旨。关于邓定宇，这里有必要介绍一下。邓以赞（1542—1599），字汝德，号定宇，明江西新建人。从王畿游，传良知之学，虽属江右王门，但其思想却与心学不同。邓以赞认为：“阳明先生以知是知非为良知，权论耳。夫良知何是何非，知者其照也。今不直指人月与境，而使观其光，愈求愈远矣。”[②] 事实上，邓以赞把良知说成是知，已落第二义，并非良知本体了。此外，邓以赞强调“学问须求自得，天也不做他，地也不做他，圣人也不做他”，[③] 此番言论虽然继承了王守仁反对盲从偶像的自立精神，但对个人价值的过分强调可谓大胆，无疑具有异端色彩。对像邓定宇这样的王门后学重视本体流行，消解功夫作用所造成的虚玄、肆荡之风气，黄宗羲深为不满，故在强调功夫磨炼的基础上，对阳明“四句教”进行了重新阐释。

不难发现，对阳明哲学架构之“心即理”“知行合一”“致良知”及晚年“四句教”之学说，黄宗羲均做了不同程度的修正和重新阐释的工作。如此煞费苦心、不断强调，正是为了剥离出阳明学说中与禅

---

① 张学智：《明代哲学史》，中国人民大学出版社 2012 年版，第 463 页。

② （清）黄宗羲著，沈芝盈点校：《明儒学案》卷 21，第 494 页。

③ （清）黄宗羲著，沈芝盈点校：《明儒学案》卷 21，第 494 页。

学有着深刻渊源和紧密联系的那部分内容，使之归于正统儒学，这无疑也是王学内部对先验预设的心之本体的消解，正如黄宗羲所言："盈乎天地间皆心也，人与天地万物为一体，故穷天地万物之理，即在吾心之中。后之学者，错会前贤之意，以为此理悬空于天地万物之间，吾从而穷之，不几于义外乎？此处一差，则万殊不能归一。夫苟功夫著到，不离此心，则万殊总为一致。"① 在黄宗羲看来，心无本体，功夫所至即为本体，从这个意义上说，他"已表现出逸出心学的倾向"②。

第二节　"心即理"与佛教

一　"心即理"的儒学内涵

在阳明以前，就有陆九渊（1139—1192）自谓直承孟子，立"心即理"说，其《与李宰》有云："（孟子）四端者，即此心也；天之所以与我者，即此心也。人皆有是心，心皆具是理，心即理也，故曰'理义之悦我心，犹刍豢之悦我口'。所贵乎学者，为其欲穷此理，尽此心也。"③ 陆九渊这样的言论还有很多，在《与曾宅之》中他论及："盖心，一心也，理，一理也，至当归一，精义无二，此心此理，实不容有二。……仁即此心也，此理也。"④ 陆九渊哲学的核心是"心即理"，这个"理"是指自然和社会的存在秩序、宇宙间的最高原则、包罗万有的实体，并未超出宋明理学中"理"的一般范畴，但他通过人在道德实践中主、客体的相互联系来论证心与理的关系，这与程朱

① （清）黄宗羲著，沈芝盈点校：《明儒学案》之《明儒学案序》，第 7 页。
② 杨国荣：《本体与功夫：从王阳明到黄宗羲》，《浙江学刊》2000 年第 5 期。
③ （宋）陆九渊著，钟哲点校：《陆九渊集》卷 11，中华书局 1980 年版，第 149 页。
④ （宋）陆九渊著，钟哲点校：《陆九渊集》卷 1，第 4—5 页。

把“理”视作超越心这一知觉活动之上的观念截然不同。陆九渊强调天下只有一个理，此理天人相同，而朱熹把理归属于天，天人不同，简言之，程朱以客观精神之“理”为其思想世界的最高范畴，陆九渊则以主观精神之“心”为其逻辑结构的最高范畴，这是二者之最大不同。

正德十五年（1520），阳明刻象山文集，其《象山文集序》对儒家心性之学的起源及传承过程中析心理为二的弊端进行了评述：

> 圣人之学，心学也。……孟子辟义外之说，而曰：“仁，人心也。学问之道无他，求其放心而已矣。”又曰：“仁义礼智，非由外铄我也，我固有之，弗思耳矣。”……自是而后，析心与理而为二，而精一之学亡。世儒之支离，外索于刑名器数之末，以求明其所谓物理者，而不知吾心即物理，初无假于外也。佛、老之空虚，遗弃其人伦事物之常，以求明其所谓吾心者，而不知物理即吾心，不可得而遗也。至宋周、程二子，始复追寻孔、颜之宗……庶几精一之旨矣。自是而后，有象山陆氏，虽其纯粹和平若不逮于二子，而简易直截，真有以接孟子之传。其议论开阖，时有异者，乃其气质意见之殊，而要其学之必求诸心，则一而已。故吾尝断以陆氏之学，孟氏之学也。①

对阳明来说，孟子的良知四端、朱子的即物穷理、象山的心性说都曾影响并启发过他。对象山之学，阳明高度评价为“接孟子之传”，至于世儒之心外以求理或佛老之遗理以求心，皆是析心与理而为二，而非圣贤相传的心学。

对象山之学被后人诋为禅，阳明果断指出：“夫禅之说，弃人伦，

① （明）王守仁：《王阳明全集》卷7，第273—274页。

遗物理，而要其归极，不可以为天下国家。苟陆氏之学而果若是也，乃所以为禅也。今禅之说与陆氏之说，其书具存，学者苟取而观之，其是非同异，当有不待于辩说者。”① 虽然禅学和圣人之学，皆求其“尽心”，但禅学离事以讲心，有遗物之失，且弃人伦，有自私自利之偏。故阳明反复强调，二者之最大区别在于是否“遗事物，外人伦”。对视陆学为禅学的人，阳明讽其如“矮人之观场，莫知悲笑之所自，岂非贵耳贱目，不得于言而勿求诸心者之过欤”②！究其原因，阳明认为这源于“人持胜心、便旧习而是己见”③，并劝告弟子们要以“胜心旧习之为患”④，否则，“贤者不免焉”⑤。阳明上述言论客观冷静，是否积极用世，这的确是区别心学与禅学的关键点，不可不辨。

正德元年（1506），阳明因开罪权奸刘瑾，被施予廷杖，并于年底下诏狱，谪龙场驿驿丞。正德三年（1508），阳明于龙场悟道，而此前，他经历了复杂的心境变化，关于这一点，年谱有详细记载：

> 时瑾憾未已，自计得失荣辱皆能超脱，惟生死一念尚觉未化，乃为石墩自誓曰：“吾惟俟命而已！”日夜端居澄默，以求静一；久之，胸中洒洒。而从者皆病，自析薪取水作糜饲之；又恐其怀抑郁，则与歌诗；又不悦，复调越曲，杂以诙笑，始能忘其为疾病夷狄患难也。因念：“圣人处此，更有何道？”忽中夜大悟格物致知之旨，寤寐中若有人语之者，不觉呼跃，从者皆惊。始知圣人之道，吾性自足，向之求理于事物者误也。乃以默记《五经》之言证之，莫不吻合，因著《五经臆说》。⑥

① （明）王守仁：《王阳明全集》卷7，第274页。
② （明）王守仁：《王阳明全集》卷7，第274页。
③ （明）王守仁：《王阳明全集》卷7，第274页。
④ （明）王守仁：《王阳明全集》卷7，第274页。
⑤ （明）王守仁：《王阳明全集》卷7，第274页。
⑥ （明）王守仁：《王阳明全集》卷33，第1354页。

阳明龙场之悟是其日后论学之本，它使阳明相信，圣人之道须就心地上言，是为求理于心，“吾性自足”也；而穷理于物，是为向外之悟也。对此，陈来认为：“‘吾性自足’是论本体（性体），不当‘求理于事物’是论功夫。龙场悟道的基本结论实质上就是‘心即理’。”[①] 龙场悟道对阳明最大的收获是，圣人是超越自我的具体目标，是一种心灵状态，人不仅能为圣人，且内在具备成圣的方法。

就阳明“心即理”思想之形成而言，龙场是促使阳明悟道的现实机缘，而朱子即物穷理和象山的“心即理”说实为激发阳明思想的一大助缘。

其实，朱子并没有完全认定理在心外，有学生问：“‘心是知觉，性是理。心与理如何得贯通为一？’曰：‘不须去著贯通，本来贯通。’‘如何本来贯通？’曰：‘理无心，则无着处。’”[②] 但他始终认为心与理是有确切界限的，如“性即理也。在心唤做性，在事唤做理”、[③]“性便是心之所有之理，心便是理之所会之地”[④] 等，显然，朱子分心理为二。至于陆九渊的“心即理”说，也并不彻底，在论述“心”与“理”的关系时，不仅有把二者并列的倾向，而且在不自觉地使用程朱观点进行解释时，还带有使“心”客观化的痕迹；对“物我”之内外关系，陆九渊也没能统摄于一体，在答学生问时，他说：“万物皆备于我，只要明理。然理不解自明，须是隆师亲友。”[⑤] 显然，在“物我”之间，还隔了一层“理”。陆九渊把“本心”视作绝对至善的道德理性，却无法证明人何以产生“恶”的意识及行为，对心是如何派生万物的，他也缺乏具体的论证。

针对朱熹和陆九渊在本体论上所遗留的问题，阳明主张心理合一，

---

① 陈来：《有无之境：王阳明哲学的精神》，北京大学出版社 2013 年版，第 22 页。

② （宋）黎靖德编，王星贤点校：《朱子语类》卷 5，中华书局 1986 年版，第 85 页。

③ （宋）黎靖德编，王星贤点校：《朱子语类》卷 5，中华书局 1986 年版，第 82 页。

④ （宋）黎靖德编，王星贤点校：《朱子语类》卷 5，中华书局 1986 年版，第 88 页。

⑤ （宋）陆九渊著，钟哲点校：《陆九渊集》卷 35，第 4—5 页。

在《答顾东桥书》中，他明确指出朱子即物穷理的弊端："朱子所谓'格物'云者，在即物而穷其理也。即物穷理，是就事事物物上求其所谓定理者也。是以吾心而求理于事事物物之中，析'心'与'理'而为二矣。"① 简言之，阳明反对朱熹析"心""理"为二的做法，担忧世人向心外求理，远离本心。

在阳明的哲学世界里，"心"是至善的、完满的最高范畴，这"心"，他又称之为"良知"，如："夫万事万物之理不外于吾心，而必曰穷天下之理，是殆以吾心之良知为未足，而必外求于天下之广，以裨补增益之，是犹析心与理而为二也。"② 又如："若鄙人所谓致知格物者，致吾心之良知于事事物物也。吾心之良知，即所谓天理也。致吾心良知之天理于事事物物，则事事物物皆得其理矣。致吾心之良知者，致知也。事事物物皆得其理者，格物也。是合心与理而为一者也。"③ "良知"最早是由孟子提出来的，指先天具有的道德意识和认识本能。

从孟子到周濂溪（1017—1073），再到后来之程朱，刘宗周在《证学杂解》中评曰："嗣后辨说日烦，支离转甚，浸流而为词章训诂，于是阳明子起而救之以'良知'，一时唤醒沉迷，如长夜之旦，则吾道之又一觉也。"④ 在综合朱陆二学的基础上，阳明吸取了禅宗的心性说，提出"良知"说。有时，他也把"心"称之为"灵明"，如："可知充天塞地中间，只有这个灵明，人只为形体自间隔了。我的灵明，便是天地鬼神的主宰。"⑤ 在阳明看来，心是天地外物的主宰，世界的一切都是由心所派生，是心的外化、显现。

在"心即理"的基础上，阳明又推出了"心外无物""心外无理"

① （明）王守仁：《王阳明全集》卷2，第50页。
② （明）王守仁：《王阳明全集》卷2，第52页。
③ （明）王守仁：《王阳明全集》卷2，第51页。
④ （清）黄宗羲著，沈芝盈点校：《明儒学案》卷62，第1575页。
⑤ （明）王守仁：《王阳明全集》卷3，第141页。

的相关命题。正德八年（1513），阳明在《与王纯甫二》中首次提出“心外无物”“心外无理”的命题：

> 夫在物为理，处物为义，在性为善，因所指而异其名，实皆吾之心也。心外无物，心外无事，心外无理，心外无义，心外无善。吾心之处事物，纯乎理而无人伪之杂，谓之善，非在事物有定所之可求也。处物为义，是吾心之得其宜也，义非在外可袭而取也。格者，格此也；致者，致此也。必曰事事物物上求个至善，是离而二之也。①

在阳明看来，“心”包含了天地间一切事物的条理，能贯通天下之事的千变万化，这无疑是一种先验论。

首先，阳明把“心”视作最高的为善动机，只要有此动机，所有具体的善事、善理都会自然做出、自然实行。当徐爱怀疑只往心上求至善，不能尽天下事理时，阳明肯定地说：“心即理也。天下又有心外之事，心外之理乎？……此心无私欲之蔽，即是天理，不须外面添一分。以此纯乎天理之心，发之事父便是孝，发之事君便是忠，发之交友治民便是信与仁。只在此心去人欲、存天理上用功便是。”② 阳明否定了从事物本身去寻理，他认为只要去掉人欲，把心变得纯乎天理，“事父事君”也好，“交友治民”也罢，这些具体问题自然会得到解决。需要说明的是，阳明置换了道德领域内主客观的概念，过分推崇了“心”之本体的作用。具体言之，阳明并未从存在物的角度，而是从主体对客体意义赋予这一角度来理解这一命题。

其次，在阳明看来，“心”是衡量一切事物的尺度。“心”如明

---

① （明）王守仁：《王阳明全集》卷4，第175页。

② （明）王守仁：《王阳明全集》卷1，第2—3页。

镜，能遍照万物，如阳明说："圣人之心如明镜，只是一个明，则随感而应，无物不照，未有已往之形尚在，未照之形先具者。……只怕镜不明，不怕物来不能照。讲求事变，亦是照时事，然学者却须先有个明的功夫。学者惟患此心之未能明，不患事变之不能尽。"[①] 暂且抛开明镜的禅学寓意，阳明在此强调镜之"明"，是因为心是衡量事物的最高尺度，"照"则突出了心具有判断是非善恶之功能。

值得注意的是，阳明提出"事变""时事"，是为了提醒弟子不能只讲物顺心，不讲心顺物，简言之，"心"须灵活地应事接物。为此，他以儒家圣人举例："周公制礼作乐以文天下，皆圣人所能为，尧、舜何不尽为之而待于周公？孔子删述《六经》以诏寓世，亦圣人所能为，周公何不先为之而有待于孔子？是知圣人遇此时，方有此事。"[②] 龙场悟道的经历使阳明清醒地认识到"心"不但制物，也制于物。换言之，人需顺应环境，改变为善方式，有了这个前提，才谈得上改造环境，完成圣人事业。故他告诫弟子，"心"需随时、随事变通，不可固守标尺。

综上所述，通过"心即理"学说的建立，阳明探讨了心与物的关系，解决了朱熹"吾心"与"物理"无法统一的问题，为学方法也由向外求索转向了反观内省。

二　"心即理"的佛禅因素

关于"心即理"这一命题及系列说法，如"良知""心外无物""心外无理"等，在语言形式上，都与佛禅有着颇为相似之处。

阳明在与弟子讨论"良知"时，就认为其"如佛家说心印相似，

① （明）王守仁：《王阳明全集》卷 1，第 13—14 页。
② （明）王守仁：《王阳明全集》卷 1，第 14 页。

真是个试金石、指南针”。[①]“心印”一词出自禅宗，指达摩西来，不立文字，以心传心，见性成佛。阳明把“良知”比作禅家心印，带有禅悟之痕迹。圣人之心，在阳明看来，“如明镜，只是一个明，则随感而应，无物不照，未有已往之形尚在，未照之形先具者”[②]，明显运用了禅宗著名的明镜之喻。有了“已往之形”，镜子就不澄澈，故须在镜上磨，使之明澈。明镜的特征是静、空，对圣人来说，通过定而能慧、寂而能感、安而能虑、虑而能觉、诚而能明的系列修炼，便能突破形骸的限制达到与天地同一的境界。不管外界发生什么，均毫无沾滞执着，不为其所累。

在心物关系上，阳明提出的“心外无物”说，神秀（606—706）与慧能（638—713）早前就曾论及，虽然他二人在悟性观点上相异，对此却并无分歧。托名菩提达摩的《破相论》有云：

> 心者，万法之根本。一切诸法，唯心所生。若能了心，则万法俱备。犹如大树，所有枝条及诸花果皆悉依根。栽树者，存根而始生子；伐树者，去根而必死。若了心修道，则少力而易成，不了心而修，费功而无益。故知一切善恶皆由自心。心外别求，终无是处。[③]

关于菩提达摩的言论，最有名的有收入日本镰仓末期复刻宋版《少室六门》中的《破相论》《悟性论》《血脉论》，三者合称《达摩三论》，据考证，《破相论》即神秀的《观心论》。[④] 相传神秀保持了道信、弘忍的朴素禅风，继承了自达摩以来历代相承的观心禅法。他

---

① （明）王守仁：《王阳明全集》卷3，第105页。

② （明）王守仁：《王阳明全集》卷1，第13页。

③ （梁）菩提达摩说：《达磨大师破相论》，《续藏经》第110册，第822页上。

④ 孙昌武：《禅思与诗情》，中华书局2006年版，第35页注释第22条。

认为，心是一切事物或活动的根本，是修行实践的关键。还把心分作净心和染心，谓心既是众善之源，也是万恶之主，故修心解脱或永堕三界，均要依托此心。从心作为统摄万物之主宰这一作用上看，阳明“心外无物”说与之并无两异。

慧能《坛经》云：

> 世人性净，犹如青天，惠如日，智如月，知惠常明。于外著境，妄念浮云盖覆，自性不能明。故遇善知识开真法，吹却迷妄，内外明彻。于自性中，万法皆见。一切法自在性，名为清净法身。[①]

慧能的观点是，佛性人人皆有，凡人也可以修炼成佛，借此达到对客观世界的认识。阳明依此建立了心、性、天、理之恒等关系，为心学建立起一个有力的立论基础。

此外，“心外无物”说与《华严经》“知一切法即心自性，则成就慧身，不由他悟”[②] 这一论断也极为相似。华严经在宣扬佛的神力时，常说到佛一毛孔可容纳无限世界，反之亦然，而佛也遍入一切之中。这种相入相摄毫无阻碍之观念，其实就是心之产物，故一切法“即心自性”的论断便奠定了华严宗和禅宗合流的思想基础。

黄檗希运（？—855）禅师曾针对学人多从教法上悟道，不从心上悟道的弊病，提出解决的方法：“但契本心，不用求法，心即法也。凡人多为境碍，心事碍理，常欲逃境以安心，屏事以存理，不知乃是心碍境、理碍事。但令心空境自空，但令理寂事自寂，勿倒用心也。”[③] 黄檗视心为最高本体，认为心不是人们感性及理性活动的见闻觉知，而是宇宙万物的清净本体，主张即心即佛、直指见性的思想。

---

① （唐）慧能著，郭朋校释：《坛经校释》，中华书局1983年版，第40页。

② （唐）澄观：《大方广佛华严经疏》卷3，《大正藏》第35册，第526页中。

③ （唐）裴休：《黄檗山断际禅师传心法要》，《大正藏》第48册，第381页下—382页上。

至于“心外无理”说，也打上了神会弟子大照和尚所言之“心是道，心是理。则是心，心外无理，理外无心”[①]及黄檗“性即是心，心即是佛，佛即是法，一念离真皆为妄想”[②]的烙印。对“心即理”这一命题，宋代契嵩（1007—1072）有云：“夫心即理也，物感乃纷，不治则汩理而役物。物胜理，则人其殆哉！理至也，心至也。”[③]契嵩的“心即理”说体现了援儒入佛的努力，激发了宋明理学家对本体论思维模式的关注，可以说，契嵩是“心本论”思想之先驱。宋元之际，祖钦禅师（1215—1287）曰：“事不自立，因理而显，理即心也。天地万物，生我心内，治乱兴亡，自此心中流出。故曰事本无名，因理而得，心即理也。”[④]祖钦借用了华严宗的理、事来说明心物或心事之关系。在他看来，“心”非个体之心，而是指具有普遍意义的宇宙本体之心。佛法最根本的就是达到理事圆融之境，祖钦以此为基础，倡儒释一体说，儒释虽入道方式不同，但所言之根本则无异。王阳明继承了上述佛禅命题，在深入细致的发挥后，完成了对程朱理学及陆九渊学说之超越。

这类从语言形式上带有禅学印记的例子在阳明集子中还有很多，对此，柯兆利先生曾列表对比了禅说和阳明说。

在禅说上，柯兆利先生主要以《坛经》《宗镜录》《黄檗山断际禅师传心法要》（以下简称《传心法要》）这三种禅典和阳明《传习录》作对比，如《坛经·疑问第三》之“心是地，性是王，王居心地上。性在王在，性去王去；性在身心存，性去身心坏”与阳明“故无心则无身，无身则无心”、《传心法要·宛陵录》之“心性不异，即性即心，心不异性”与阳明“心之本体即是性”作对比。又如《宗镜录》卷六之

① （唐）慧光：《大乘开心显性顿悟真宗论》，《大正藏》第85册，第1278页中。

② （唐）裴休：《黄檗山断际禅师传心法要》，《大正藏》第48册，第381页上—381页中。

③ （宋）契嵩：《镡津文集》卷7，《大正藏》第52册，第680页下。

④ （嗣法门人）昭如、希陵等编：《雪岩祖钦禅师语录》卷4，《续藏经》第122册，第576页上。

"心即性，故是自性清净心也"与阳明"心即性"，《坛经·忏悔第六》之"世人性本清净，万法从自性生。……内外明彻，于自性中，万法皆现，见性之人亦复如此"与阳明"虚灵不昧，众理具而万事出"及"天下无性外之理，无性外之物"作对比。再如《坛经·疑问第三》"佛向性中作，莫向身外求"与阳明"心一而已，以其全体恻怛而言谓之仁，以其得宜而言谓之义，以其条理而言谓之理；不可外心以求仁，不可外心以求义，独可外心以求理乎"、《传心法要·钟陵录》之"今学道人，不向自心中悟，乃于心外着相取境，皆与道背"与阳明"心即道，道即天，知心则知道知天"作对比。①

简言之，关于心、性、理与万事万物的关系，禅宗的基本观点有二：一者认为心、性、理三者统一于心，二者认为心生万法，万物万象皆随心所生。从语言形式上看，阳明确实从禅典中吸取了上述观点，上述例子足以看出阳明"心即理"说所烙下的禅学印记。

但是，阳明"心即理"说与禅学的渊源并不只表现在语言这一外在层面上，在心、物关系的处理上，他也借鉴了禅宗的相关原理及方法。

在对待心性问题上，程朱与禅宗是有区别的。程朱认为，未生之前谓之性，性属理，生之后始有心，心属气，心性不一。禅宗则视心、性为一，认为三世诸佛，密密相传，正是要参悟此心之本来面目。陆九渊吸取了相关的禅说，强调理服从于心，心理合一。但是，在论述"心即理"时，他没有像禅宗那样直接明确地把"心"与"理"合为一体。在陆九渊看来，"理"比"心"的涵盖面似乎要更大，这就使"理"带上了一定的客体意义。在象山基础上，阳明提出心之体便是性，只要明心即可见性，主张心即万物之根据，故言"心即理"。

首先，阳明吸取了黄檗禅师"即心是佛，身心俱无，是名大道。

① 柯兆利：《论王阳明的禅学思想》，《中国哲学》第八辑，生活·读书·新知三联书店1982年版，第216页。

大道本来平等，所以深信含生同一真性。心性不异，即性即心，心不异性”[①] 这一说法，融心性为一体，提出“心之本体即是性，性即是理”[②] 的观点。阳明之“性”既指人之性，也指万事万物之性、万事万物之理，“性”是“心”的本体，这就使心、性、理在心的统合下结成一体，排除了象山之“理”客体化的倾向。

其次，阳明对宗宝本《坛经》中慧能“世人性本清净，万法从自性生”[③] 之说法进行了发挥，在《答罗整庵少宰书》中认为：“天下无性外之理，无性外之物。学之不明，皆由世之儒者认理为外，认物为外。”[④] 阳明的观点是，既然万物之性由心而发，而性又是心的本体，那么，自然万物也是由心派生出来的。由此，陆九渊的“心即理”说就被阳明深化为“心外无物”和“心外无理”，这样一来，阳明的心本论也更明确更彻底了。

最后，阳明在《大乘起信论》“以一切法皆从心起妄念而生。一切分别，即分别自心，心不见心，无相可得。……是故一切法，如镜中像，无体可得，唯心虚妄。以心生则种种法生，心灭则种种法灭故”[⑤] 的基础上，提出“夫体用一源也，知体之所以为用，则知用之所以为体者”[⑥] 的观点。这样的心性理论是佛教大力弘扬的，如华严五祖宗密（780—841）《禅源诸诠集都序》以金喻“一藏经论义理，只是说心，心即是法，一切是义”[⑦]，又如《大智度论》卷二九之“三界所有，皆心所作”[⑧] “以心见佛，以心作佛；心即是佛，心即我

① （唐）裴休：《黄檗断际禅师宛陵录》，《大正藏》第48册，第384页中。
② （明）王守仁：《传习录》（上），《王阳明全集》卷1，第28页。
③ （元）宗宝：《六祖大师法宝坛经》，《大正藏》第48册，第354页中。
④ （明）王守仁：《传习录》（中），《王阳明全集》卷2，第87页。
⑤ （梁）真谛译，高振农校释：《大乘起信论校释》，中华书局1992年版，第59页。
⑥ （明）王守仁：《答汪石潭内翰》，《王阳明全集》卷4，第165页。
⑦ （唐）宗密：《禅源诸诠集都序》卷上之一，《大正藏》第48册，第401页中。
⑧ （后秦）鸠摩罗什译：《大智度论》卷29，《大正藏》第25册，第276页中。

身"[①]对阳明而言，体即"心"，用乃万事万物，体现二者间联系的便是"意"。故言"身之主宰便是心；心之所发便是意；意之本体便是知；意之所在便是物"[②]"意之所用，必有其物，物即事也。……凡意之所用无有无物者，有是意即有是物，无是意即无是物矣"。[③]可知，一切事物都是"意"之用的表现，"心外无物"也就直接表现为意外无物了。

关于"心外无物"、意外无物，阳明用著名的"观岩花"之喻生动地强化了此内涵。游南镇时，一友认为，深山中自开自落的岩花与"吾心"无关，阳明解释说："你未看此花时，此花与汝心同归于寂。你来看此花时，则此花颜色一时明白起来。便知此花不在你的心外。"[④]与程朱不同，阳明的关注点不在能否客观地认识事物上，他更关注如何在价值体系中定位心物之间的关系。阳明认为，事物只有与心发生联系，才能在人类的社会实践中获得存在的意义，而这正是佛教"心生则种种法生，心灭则种种法灭"观点的体现。

"观岩花"之喻还让人想起禅宗六祖慧能大师之"风幡"故事。其实，早在西土十七祖僧迦难提传法伽耶舍多时，就有"非风鸣铃而是心鸣"之说法，这则公案见于早期灯录《祖堂集》：

> 于彼殿角，有一铜铃，被风摇响。师曰："彼风鸣耶？铜铃鸣耶？"子曰："我心鸣耳，非风、铜铃。"师曰："非风、铜铃，我心谁耶也？"子曰："俱寂静故，岂非三昧？"师曰："善哉真比丘！善会诸佛理，善说真法要，善识诸佛义。"[⑤]

---

① （后秦）鸠摩罗什译：《大智度论》卷29，《大正藏》第25册，第276页中。

② （明）王守仁：《传习录》（上），《王阳明全集》卷1，第6页。

③ （明）王守仁：《传习录》（中）之《答顾东桥书》，《王阳明全集》卷2，第51—52页。

④ （明）王守仁：《传习录》（下），《王阳明全集》卷3，第122页。

⑤ （南唐）静、筠二禅师编撰，孙昌武、［日］衣川贤次、西口芳男点校：《祖堂集》卷2，中华书局2007年版，第62页。

佛家把全部问题的实质归结于“自心”，一切物质现象都是“心”的变现和展开，如《楞伽经》所言：“一切诸佛手灌其顶，自心现境界，善解其义。种种众生，种种心色，无量度门，随类普现。”[①] 换言之，人的本心本性即是佛性，此乃禅宗“直指人心”的要旨。禅宗认为，众生的自心、本性就是佛，离开自心、本性去求佛论佛，都是不对的。此外，自心、本性是空寂清净的，执着自心、本性，执着于佛，也是不可取的。从这一角度上看，阳明的观点无疑与禅宗绝对唯心论契合。

不仅如此，在日常讲学中，阳明也格外推崇《坛经》，并以之为教材。对此，作为阳明弟子兼友人的黄绾（1477—1551）在《明道编》中有言：“令看《六祖坛经》，会其本来无物，不思善、不思恶，见本来面目，为直超上乘，以为合于良知之至极。……以儒与仙佛之道皆同，但有私己同物之殊。以孔子《论语》之言，皆为下学之事，非直超上悟之旨。予始未之信，既而信之，又久而验之，方知空虚之弊，悟人非细。信乎差之毫厘，谬以千里，可不慎哉！”[②] 黄绾描述了对“致良知”之教从最初的不信到信，再到经检验后发现其“空虚之弊”的过程。对此，张立文先生认为：“黄氏批判了守仁以禅宗的‘本来无一物’，‘不思善不思恶’，‘本来面目’，合于良知的至极的思想，深中肯綮。”[③]

具体到心物关系的内容上，佛教反对主体对万物赋予实体意义。佛教的目的在于使诸法显露实相，还万物之本来面目，使主体放弃执着得以解脱。禅宗继承了这一思想，其“心即法”即指心赋予万物存在的虚妄意义。更进一步，针对北宗神秀一系的着相、住心、看净，南宗惠能、神会一系则大力倡导无念、无相、无住的顿悟法门，其目

---

① （宋）释正受集注：《楞伽经集注》卷 1，上海古籍出版社 2011 年版，第 5 页。

② （明）黄绾：《明道编》卷 1，中华书局 1959 年版，第 11 页。

③ 张立文：《儒佛之辩与宋明理学》，《中国哲学史》2000 年第 2 期。

的就在于消除心与万物间的这种意义关系。敦煌本《坛经》指出："无念法者，见一切法，不著一切法，遍一切处，不著一切处，常净自性，使六贼从六门走出，于六尘中不离不染，来去自由，即是般若三昧，自在解脱，名无念行。若百物不思，当令念绝，即是法缚，即名边见。"① "无念"是禅宗法门的最高宗旨，南宗的这一思想，实则吸取了般若学"无分别"之观念。在小乘佛教中，无念主要是指排除世俗的观念，"在大乘般若中观系统中，则要排除的就不仅仅是一般的世俗观念，即便是佛教常用的一些概念或术语亦不能执著。"② 显然，禅宗"无念"之对象更抽象化了，从认识论来说，是要求人们接触外界，却又保持自心不为所动，其实质是取消了人们对外界的反映。

从上述论证可知，阳明在处理心物关系的方式上与佛禅是一致的，这也证明阳明对佛禅的吸收并不仅仅停留在相似的语言层面，更是深入其内在之方法方式。

第三节　"知行合一"与佛教

一　"知行合一"的儒学内涵

"知行合一"说并非阳明首创，忽滑谷快天就认为："守仁有知行合一之说，是固不自守仁始，既言之矣。但详密力说之无及守仁者。"③ 此前，宋明理学家在研究知行关系时也提出过类似的学说。如南宋理学家陈淳（1159—1223）所言："知行不是两截事，譬如行路，目视足履，岂能废一？若瞽者不用目视，而专靠足履，寸步决不能行；

① （唐）慧能著，郭朋校释：《坛经校释》，中华书局1983年版，第60页。
② 姚卫群：《佛教般若思想发展源流》，北京大学出版社1996年版，第341页。
③ ［日］忽滑谷快天撰，朱谦之译：《中国禅学思想史》，第757页。

跛者不用足履，而专靠目视，亦决无可至之处。”① 陈淳在朱熹“知、行常相须，如目无足不行，足无目不见”② 之基础上论述了知行的问题，同时也矫正了朱熹“知先行后”的论点。明代理学家谢复（1441—1505）则进一步提出“知行合一”“知行并进”的观点，如“知行并进，否则落记诵诂训矣”③ “知至至之，知终终之，非行乎？未之能行，惟恐有闻，非知乎？知行合一，学之要也”④ 等。可见，谢复是针对时人侧重记诵训诂，轻视实行践履之风气而发。上述言论虽然缺乏系统的理论阐释，但已开阳明“知行合一”说之先河。

据《年谱》载，正德四年（1509），阳明于龙场悟“心即理”后，便应贵州提督学政席书（1461—1527，字文同，号元山）之聘，主讲贵阳书院。于此时，阳明提出“知行合一”说：

> 今人却就将知行分作两件去做，以为必先知了然后能行。我如今且去讲习讨论做知的工夫，待知得真了方去做行的工夫，故遂终身不行，亦遂终身不知。此不是小病痛，其来已非一日矣。某今说个知行合一，正是对病的药。又不是某凿空杜撰，知行本体原是如此。⑤

可见，当时士子们普遍有知行脱节、言行不一之学风，这就导致在处理知行关系上，出现两种错误倾向：一种侧重于行，“懵懵懂懂任意去做，全不解思维省察，也只是个冥行妄作，所以必说个知，方

---

① （清）黄宗羲：《宋元学案》卷68，沈善洪主编《黄宗羲全集》第5册，浙江古籍出版社1992年版，第690页。

② （宋）黎靖德编，王星贤点校：《朱子语类》卷9，第148页。

③ （清）张廷玉等：《明史》卷282，第7241页。

④ （清）黄宗羲著，沈芝盈点校：《明儒学案》卷2，第45页。

⑤ （明）王守仁：《传习录》（上），《阳明全集》卷1，第5页。

才行得是”[①]；一种侧重于知，“茫茫荡荡悬空去思索，全不肯着实躬行，也只是个揣摸影响，所以必说一个行，方才知得真为此”[②]。对此，阳明认为，若行不能察，“便是冥行，便是‘学而不思则罔’”[③]，若知不能笃实，“便是妄想，便是‘思而不学则殆’”[④]。相比之下，只“知”不“行”危害更大，因此，阳明强调知行统一、不可分离。

事实上，此说是针对朱熹的“知先行后”论提出的。朱熹在谈到知行关系时，有云：“知、行常相须，如目无足不行，足无目不见。论先后，知为先；论轻重，行为重。”[⑤] 朱熹认为，实践的前提是明白义理，即“万事皆在穷理后。经不正，理不明，看如何地持守，也只是空”[⑥]。又如朱熹与学生王子充的一段问答：

> 王子充问：“某在湖南，见一先生只教人践履。”曰：“义理不明，如何践履？”曰：“他说‘行得便见得。’”曰：“如人行路，不见，便如何行。今人多教人践履，皆是自立标致去教人。自有一般资质好底人，便不须穷理、格物、致知。圣人作个《大学》，便使人齐入于圣贤之域。若讲得道理明时，自是事亲不得不孝，事兄不得不弟，交朋友不得不信。”[⑦]

朱熹之明“义理”，比起陆九渊之“吾知此理即《乾》，行此理即《坤》。知之在先，故曰‘《乾》知太始’。行之在后，故曰‘《坤》作成物’”,[⑧] 显然要更进一步，虽然他二人都主张知先于行，但朱熹区

① （明）王守仁：《传习录》（上），《阳明全集》卷1，第5页。
② （明）王守仁：《传习录》（上），《阳明全集》卷1，第5页。
③ （明）王守仁：《答友人问》，《阳明全集》卷6，第232页。
④ （明）王守仁：《答友人问》，《阳明全集》卷6，第232页。
⑤ （宋）黎靖德编，王星贤点校：《朱子语类》卷9，第148页。
⑥ （宋）黎靖德编，王星贤点校：《朱子语类》卷9，第152页。
⑦ （宋）黎靖德编，王星贤点校：《朱子语类》卷9，第152—153页。
⑧ （宋）陆九渊著，钟哲点校：《陆九渊集》卷34，第401页。

分了心、性之关系。尽管这样，朱熹“知先行后”说也有不足之处，他把知、行分作两截，割裂了二者间的关系，造成当时士子求“义理”却不行实事的弊端。对此，阳明以“知者行之始，行者知之成：圣学只一个功夫，知行不可分作两事”① “知之真切笃实处，即是行；行之明觉精察处，即是知：知行功夫本不可离。只为后世学者分作两截用功，失却知行本体，故有合一并进之说”② 等这样的言论，来强调知、行的统一和联系，这是其高明之处。

阳明提出此说约三年后，门人徐爱犹未解“知行合一”之宗旨，与同门往复辩论而不能决，于是请问阳明，阳明详细阐述了“知行合一”的真正意思，并借此表明了他主张此说的苦心。《传习录》上载：

> 爱曰：“如今人尽有知得父当孝、兄当弟者，却不能孝、不能弟，便是知与行分明是两件。”先生曰：“此已被私欲隔断，不是知行的本体了。未有知而不行者。知而不行，只是未知。……故《大学》指个真知行与人看，说‘如好好色，如恶恶臭’。见好色属知，好好色属行。只见那好色时已自好了，不是见了后又立个心去好。闻恶臭属知，恶恶臭属行。只闻那恶臭时已自恶了，不是闻了后别立个心去恶。……就如称某人知孝、某人知弟，必是其人已曾行孝行弟，方可称他知孝知弟，不成只是晓得说些孝弟的话，便可称为知孝弟？又如知痛，必已自痛了方知痛；知寒，必已自寒了；知饥，必已自饥了：知行如何分得开？此便是知行的本体，不曾有私意隔断的。圣人教人，必要是如此，方可谓之知。不然，只是不曾知。此却是何等紧切着实的工夫！”③

① （明）王守仁：《传习录》（上），《阳明全集》卷1，第15页。
② （明）王守仁：《答顾东桥书》，《阳明全集》卷2，第47—48页。
③ （明）王守仁：《传习录》（上），《阳明全集》卷1，第4页。

在阳明看来，“知行本体”即是良知本体，也是心体。知行本体的自性原是合一的，由于被私欲隔断，不能合一，故须有“致”的功夫使其复为一体。阳明特意举了具体的事例来说明知、行被隔断后的表现，并引述《大学》之言，目的在于“正要人晓得一念发动处，便即是行了。发动处有不善，就将这不善的念克倒了。须要彻根彻底，不使那一念不善潜伏在胸中”①。阳明把行前的动机视作“行之始”，在他看来，行乃是良知的属性、本能，是良知的显露和表现。故他一再强调“心一而已，以其全体恻怛而言谓之仁，以其得宜而言谓之义，以其条理而言谓之理；不可外心以求仁，不可外心以求义，独可外心以求理乎？以其外心以求理，此知行之所以二也。求理于吾心，此圣门知行合一之教”②。

对此，黄宗羲在《文成王阳明先生守仁》中评价说：“良知感应神速，无有等待，本心之明即知，不欺本心之明即行也。此其立言之大旨。”③“不欺”二字指不使良知受到私欲等蔽障而无法显现，可谓抓住了阳明此说之重心“知”。

在“知行合一”与“致良知”的关系上，阳明认识到大多数人之良知会不时受到私欲的遮蔽，不能自然显露，故知不明、行不实。所以，他进一步提出，要想“知行合一”，还需做到“致良知”：

> 舜之“好问好察”，惟以用中而致其精一于道心耳。道心者，良知之谓也。君子之学，何尝离去事为而废论说？但其从事于事为论说者，要皆知行合一之功，正所以致其本心之良知；而非若世之徒事口耳谈说以为知者，分知行为两事，而果有节目先后之

---

① （明）王守仁：《传习录》（下），《阳明全集》卷3，第109—110页。

② （明）王守仁：《答顾东桥书》，《阳明全集》卷2，第48页。

③ （清）黄宗羲著，沈芝盈点校：《明儒学案》卷10，第181页。

可言也。”①

可见，只有通过“致良知”的功夫，使人心纯乎天理而无半点私欲之染，就会生发出忠孝仁义之知，此知显现于外便有忠孝仁义之行，见父知孝然后行孝这一切自然而然，知行就这样合一了。故牟宗三先生有云：“知行合一者，心之灵觉天理与身之行为历程圆融而无间以成斯全体透明而无隐曲之天理流行也。此直而无曲，圆而无缺，盈而无虚之教也。”②

显然，阳明“知行合一”说带上了他心学的烙印。对此，赵旗有言：“基于这种认识，王阳明将修养功夫的重心由对外在行为举止的规范转到对内在精神活动的训练，由对道德法则的义理探讨转到对内在道德情感和动机的培养上，这应该说是道德修养方法走向成熟和细致的表现。”③ 显然，阳明“知行合一”说的落脚点不在“行”，而在“知”，这就偏向了心学层面，王夫之（1619—1692）看到了这一点，他指出：

> 诚明相资以为体，知行相资以为用。惟其各有致功而亦各有其效，故相资以互用。则于其相互，益知其必分矣。同者不相为用，资于异者乃和同而起功，此定理也。不知其各有功效而相资，于是而姚江王氏“知行合一”之说得藉口以惑世；盖其旨本诸释氏，于无所可行之中，立一介然之知曰悟，而废天下之实理，实理废则亦无所忌惮而已矣。④

在阳明这里，知、行的分别和界限几乎没有了，故王夫之强调知、

① （明）王守仁：《答顾东桥书》，《阳明全集》卷2，第58页。

② 牟宗三：《王阳明致良知教》（上），《历史与文化》1947年第3期。

③ 赵旗：《心学与禅学》，博士学位论文，西北大学，1999年，第107页。

④ （清）王夫之：《礼记章句》卷31，《船山全书》第4册，岳麓书社1996年版，第1256页。

行是各有其不同功效及内容的两个范畴，从他的批判中，足见阳明“知行合一”说之佛禅色彩。

需要说明的是，阳明“知行合一”说本是指点时人做实际功夫，但学者未曾经历存养省察的功夫，难以把握阳明此说。针对知行关系孰先孰后之问题，学者们陷入类似“朱陆异同”之争辩中。据《年谱》载，两年后，阳明有云：“悔昔在贵阳举知行合一之教，纷纷异同，罔知所入。兹来乃与诸生静坐僧寺，使自悟性体，顾恍恍若有可即者。”① 可见，“知行合一”说提出后在学界造成“纷纷异同”之现象，并非阳明本意。

此后，阳明认识到，与其在学术上论辩、解释知行之关系，不如静坐自悟知行之本体，对其理论自觉进行了调整。故也就不难理解阳明自龙场悟道后很少提及此学说了。直到阳明晚年提出“致良知”，“知行合一”作为其中的重要内涵才又被提及。

二 “知行合一”的佛禅因素

通过上节论述，我们知道，阳明“知行合一”说有着浓厚的心学色彩。尽管陈荣捷在《王阳明与禅》一文中提出阳明攻击禅宗比宋儒更甚的观点，但对阳明“知行合一”说，陈荣捷则大力肯定：“阳明坚持思必见诸行，知行合一。此则不特于禅为进一步，即于宋儒理学亦进一步。此则阳明之不朽处也。”② 的确，阳明的“知”，并非是一般意义上的知识、认知，是指对天理道德的体认，也可以说是天赋良知。“知”带有浓厚的主观体验性，它已从认识论之范畴转到了道德修养论之范畴。再来看“行”，已不专指外在的行为，还包括内在的

① （明）王守仁：《王阳明全集》卷33，第1357页。
② 陈荣捷：《王阳明与禅》，台湾学生书局1984年版，第80页。

意念，特指道德行为。阳明常要门生弟子知孝、知弟，行孝、行弟。按照阳明心发为意，意生为事的说法，他所讲的行，指事也指意。如此一来，知就包含了行，行就包含了知，二者从相互依存的关系变成了同一活动的两个方面，知即行，行即知。

明人陈建也注意到阳明“知行合一”的心学特点，认为其源自禅宗：

> 或曰阳明讲学，每谓“知行合一”“行而后知”。深讥程朱“先知后行”之说如何。曰阳明莫非禅也，圣贤无此教也。圣贤经书，如曰“知之非艰”“行之惟艰”，曰“知至至之”，曰“知及仁守”“博文约礼”“知天事天”之类，未易更仆数。而《中庸》哀公问政章言知行尤详，何尝有“知行合一”“行而后知”之说也？惟禅宗之教，然后存养在先，顿悟在后。求心在先，见性在后。磨炼精神在先，镜中万象在后。故曰“行至水穷山尽处，那时方见本来真”，此阳明“知行合一行而后知”之说之所从出也。大抵阳明翻誊作弄，横说竖说，诳吓众生，无一字不源于佛。①

在陈建看来，阳明此说强调先行后知，即在意念发动前有长久的存养功夫，才能保证人们在意念初动时有充足完全的善恶标准去审辨之。阳明提出此说的目的正是要人们把‘不善’的念头在萌发之初就在心中‘克倒’，“这就必然要以知代行，消行归知，取消作为客观实践活动的‘行’，从而使‘知行合一’成为纯粹主观意识的心理活动。”② 这与禅宗之先存养后顿悟，先明心后见性，先磨炼精神后见镜中万象无异。

① （明）陈建：《学蔀通辨》卷9，第127页。
② 侯外庐等：《宋明理学史》（下），人民出版社1997年版，第217页。

显然，陈建已注意到阳明之“行”已涵盖“一念发动处”，带有禅宗“心行”之特征。关于禅宗之“心行”，慧能《坛经·般若第二》曰：“善知识，摩诃般若波罗蜜是梵语，此言：大智慧到彼岸，此须心行，不在口念。口念心不行，如幻如化、如露如电。口念心行，则心口相应。”[①] 念佛的同时，内心的修行也要跟上，只有这样，才能自悟本心，到达智慧的彼岸。就以精神意念为外在行为主导这一特征看，阳明之“行”与禅学“心行”之修持确无甚区别。

必须要说明的是，阳明此说的“立言宗旨”是“正要人晓得一念发动处，便即是行了。发动处有不善，就将这不善的念克倒了。须要彻根彻底，不使那一念不善潜伏在胸中”。[②] 可见，“克”不善之念成为阳明“知行合一”说之重要前提。不善之念，在神秀《观心论》中被比喻为“三毒”和“六识”或“六贼”，阳明对“克念”的强调与神秀“求解脱者，除其三毒及以六贼，自能除一切诸苦”[③] 之禅修方法无异。三毒、六识皆为众生本有心灵偶然妄动所致，其根源在自心。染心是一种作用，一种现象，本身并非自体。《大乘起信论》也称：

> 以一切心识之相，皆是无明。无明之相，不离觉性，非可坏，非不可坏。如大海水，因风波动，水相风相不相舍离。而水非动性，若风止灭，动相则灭，湿性不坏故。如是众生自性清净心，因无明风动，心与无明俱无形相，不相舍离。[④]

三毒、六识如同狂风，激起海面千重浪，若能观照波浪本来是海水，那就认识到狂风空无自性了。

---

① （唐）法海录，丁福保笺注：《坛经》，上海古籍出版社 2011 年版，第 39 页。

② （明）王守仁：《传习录》（下），《阳明全集》卷 3，第 109—110 页。

③ （唐）神秀：《观心论》，《大正藏》第 85 册，第 1270 页下。

④ 高振农校释：《大乘起信论校释》，第 36 页。

北宗和南宗均以“识心见性”为本，认为一切众生皆有佛性，但对心的理解不同。南宗主张顿悟，认为心本来是净的，佛就在心内，只有悟与迷之分，无须苦心修行，拜佛礼佛、背诵佛经毫无必要，一悟即成佛。尽管南宗提出以无念为宗旨的修行主张，但其修行仍侧重在意念上下功夫。北宗主张渐悟，分心为“净”“染”两种，二者同时并存，习禅者的目的是使净心增长，染心消退。染心本来无体，只是受三毒、六贼的障蔽，故消除染心，追求觉悟原本自心，便成为北宗禅修的基本方法。不难看出，阳明教导门生“克倒”不善之念的做法与北宗去除妄念之禅修方法类同。

此外，佛教修持向来以戒、定、慧三学并称。戒是戒止恶行，能伏贪爱心，强调对外在行为举止的修持。定是定心一处，能伏嗔恚心，偏重对内在意念的控制。慧是破妄证真，能伏邪痴心，此乃修行的最终目的。持此三法，能对治三毒，成就佛果，故佛经上称之为“三无漏学”。随着禅学的发展，对外在行为的修持已变得不那么重要。发展到慧能，他破除了外在戒律之权威性，对戒定慧重新作了定义：“心地无非自性戒，心地无乱自性定，心地无痴自性惠。”① 慧能认为，众生本有自性清净心，此心既无非也无恶，何须戒？要戒的只有自性本有的戒。慧能对定、慧二法的认识也如此。这与神秀“诸恶莫作名为戒，诸善奉行名为惠，自净其意名为定”② 之三法相比，“自性戒”虽有戒之名，却无传统戒法之实。在慧能这里，三法就剩了定慧两法。

再看南宗禅之修证，其禅法重在“但行直心，于一切法，无有执著”③，主张“一行三昧者，于一切时中，行、住、坐、卧，常行直心是”④。禅修并不限于静坐一途，道法流通于行住坐卧中，这其实是“定慧一

---

① （唐）慧能著，郭朋校释：《坛经校释》，第78—79页。
② （唐）慧能著，郭朋校释：《坛经校释》，第78页。
③ （唐）慧能著，郭朋校释：《坛经校释》，第28页。
④ （唐）慧能著，郭朋校释：《坛经校释》，第27页。

体”思想的体现。在南宗看来，北宗教人静坐之看心、看净、不动、不起，是将心境分成了两截，这样的修持不会契心自性而生发出智慧。与小乘佛教以戒定慧三学、大乘佛教以六度概括佛教全部内容的传统说法不同，慧能以定慧合一概括了佛教之内容。

定慧合一，是慧能在大梵寺讲法中最先介绍的思想。敦煌本《坛经》从第13节开始，就以定慧问题作为禅法之根本，合定慧为一体。慧能曰：

> 善知识！我此法门，以定惠为本。第一勿迷言定惠别。定惠体一不二。即定是惠体，即惠是定用。即惠之时定在惠，即定之时惠在定。善知识！此义即是定惠等。学道之人作意，莫言先定发惠，先惠发定，定惠各别。作此见者，法有二相，口说善，心不善，定惠不等；心口俱善，内外一种，定惠即等。自悟修行，不在口诤，若诤先后，即是迷人，不断胜负，却生法我，不离四相。①

首先，慧能用体用的方法论证了“定惠体一不二”之统一关系。具体言之，“即定是惠体”，“即惠是定用”，更进一步，“即惠之时定在惠”，“即定之时惠在定”，二者分别以对方为自身存在之载体，分别以存在于对方之中为自身存在的意义。定即是惠，惠即是定，二者的关系如灯光，“有灯即有光，无灯即无光。灯是光之体，光是灯之用。名即有二，体无两般。此定惠法，亦复如是。”②

神秀虽也讲定慧之体用关系，但在表述上与慧能有异。据北宗纲要之《大乘无生方便门》载：

---

① （唐）慧能著，郭朋校释：《坛经校释》，第26页。

② （唐）慧能著，郭朋校释：《坛经校释》，第30页。

问："是没是不动?"答："心不动。心不动是定，是智，是理。耳根不动是色，是事，是慧。此不动是从定发慧方便，开慧门。"问："是没是慧门?""耳根是慧门，作没生开慧门，闻声耳根不动，是开慧门。"①

显然，神秀之看法与慧能不同。慧能认为，定是任运自然的日常生活状态的修炼，而非神秀遵守固定规范形式之修行；慧是众生相皆有智慧，而非神秀见闻之根的不动。

其次，对割裂定慧关系的做法，慧能予以"莫言先定发惠，先惠发定，定惠各别"之警告。对持定慧有先后观点的人，慧能认为他们犯了"法有二相，口说善，心不善，定惠不等"的错误，只有认识到定慧一体，才能做到"心口俱善，内外一种，定惠即等"。

上述慧能对定慧一体关系之分析，启发了阳明对知行关系之思考。对知行本体和功夫的关系，阳明有如下的言论，如"若会得时，只说一个知，已自有行在；只说一个行，已自有知在"②、"知行原是两个字说一个功夫，这一个功夫须著此两个字，方说得完全无弊病"③ 等。对知而不行这种割裂知行关系之行为，阳明指出其对为学穷理之危害："是故知不行之不可以为学，则知不行之不可以为穷理矣；知不行之不可以为穷理，则知知行之合一并进而不可以分为两节事矣。"④

在《与陆原静》中，阳明认为造成知行分作两节之原因在于："知行合一之学，吾侪但口说耳，何尝知行合一邪！推寻所自，则如不肖者为罪尤重。盖在平时徒以口舌讲解，而未尝体诸其身，名浮于实，行不掩言，己未尝实致其知，而谓昔人致知之说未有尽。如贫子

① 佚名：《大乘无生方便门》，《大正藏》第85册，第1274页中。

② （明）王守仁：《传习录》（上），《王阳明全集》卷1，第5页。

③ （明）王守仁：《答友人问》，《王阳明全集》卷6，第233页。

④ （明）王守仁：《答顾东桥书》，《王阳明全集》卷2，第52页。

之说金，乃未免从人乞食。”[①] 不难看出，这些言论与慧能对定慧一体思想的阐述是极其类似的。

提出“知行合一”说后，阳明在《与道通书》中有云：“‘知行合一’之说，专为近世学者分知行为两事，必欲先用知之之功而后行，遂致终身不行，故不得已而为此补偏救弊之言。学者不能著体履，而又牵制缠绕于言语之间，愈失而愈远矣。行之明觉精察处即是知，知之真切笃实处即是行。”[②] 本是针对学风提出此救弊之说，可学者不能实践躬行，竟愈走愈远。阳明清醒地看到了这一点，再次强调知行二者不可分离，其拳拳之心可谓诚矣。

综上所述，阳明“知行合一”说吸取了慧能定慧不二之主张，不仅在语言形式及论证方法上类似，在深层思想上二者也大同小异。

第四节 “致良知”与佛教

一 “致良知”的儒学内涵

从龙场大悟圣人之道到晚年始揭“致良知”之教，在这十几年里，阳明经历了平定宸濠叛乱、奸臣猜忌陷害等事变，此系列遭遇让阳明愈发成熟冷静。反观其学术，“致良知”说同样体现了阳明思想上的进步。据《年谱》载，阳明提出此说是在正德十六年（1521），而据阳明所言，正德十五年（1520）于虔州时即已提出。

在许多场合，阳明视“致良知”说为他最成熟的理论，尝自谓：“我这个话头，自滁州到今，亦较过几番，只是致良知三字无病。医经折肱，方能察人病理。”[③] 又云：“圣贤论学，无不可用之功，只是

① （明）王守仁：《与陆原静》，《王阳明全集》卷5，第210页。
② （明）王守仁：《王阳明全集》卷32，第1331页。
③ （明）王守仁：《传习录》（下），《王阳明全集》卷3，第119页。

致良知三字，尤简易明白，有实下手处，更无走失。”① 再云：“吾平日讲学，只是‘致良知’三字。”② 还曰：“吾讲学亦尝误人，今较来较去，只是致良知三字无病。”③ 这样的言论比比皆是，体现出“致良知”说简易直接之特点。

阳明还把“致良知”比作“圣门正法眼藏”，在给弟子邹守益（1491—1562）的信中，阳明有言：“近来信得‘致良知’三字，真圣门正法眼藏。往年尚疑未尽，今自多事以来，只此良知无不具足。譬之操舟得舵，平澜浅濑，无不如意，虽遇颠风逆浪，舵柄在手，可免没溺之患矣。”④ “正法眼藏”乃佛教术语，又称清净法眼，禅家以之为教外别传之心印，再加上“舵柄”之喻，可见“致良知”在阳明思想体系中之心学特征及核心地位。

具体而言，阳明对“致良知”的阐释是有变化的，早年在论述良知时他谈及：

> 知是心之本体。心自然会知：见父自然知孝，见兄自然知弟，见孺子入井自然知恻隐，此便是良知，不假外求。若良知之发，更无私意障碍，即所谓‘充其恻隐之心，而仁不可胜用矣’。然在常人不能无私意障碍，所以须用致知格物之功。胜私复理，即心之良知更无障碍，得以充塞流行，便是致其知。知致则意诚。⑤

阳明认为，良知虽然人人具有，但因为“私意”的蒙蔽，各人良知保持、显露的程度是不同的。要想使良知得以显露，就必须清除人心之私欲，只要不断地“致知格物”“胜私复理”，做到“必欲此心纯

---

① （明）王守仁：《与陈惟浚》，《王阳明全集》卷6，第247页。
② （明）王守仁：《寄正宪男手墨二卷》，《王阳明全集》卷26，第1092页。
③ 《年谱附录一》，《王阳明全集》卷36，第1482页。
④ 《年谱二》，《王阳明全集》卷34，第1411—1412页。
⑤ （明）王守仁：《传习录》（上），《王阳明全集》卷1，第7页。

乎天理，而无一毫人欲之私”①，这就达到了做圣贤的境界。显然，阳明把格物之功视作良知得以显现的必要前提。

正德十三年（1518）七月，阳明刻古本《大学》，对格物问题进行了重新阐释，遭到罗钦顺（1465—1547，字允升，号整庵）的质疑。罗钦顺恪守朱熹理一分殊之说，认为程朱对《大学》格物的诠释是正确的，而阳明专教人向内作功夫的诚意说则是对经典的曲解，他反问阳明："如必以学不资于外求，但当反观内省以为务，则正心诚意四字，亦何不尽之有？何必于入门之际，便困以格物一段功夫也？……兹惟《大学》之始，苟能即事即物，正其不正以归于正，而皆尽夫天理；则心亦既正矣，意亦既诚矣。继此诚意、正心之目，无乃重复堆叠而无用乎？"②

对此，阳明否认自己的格物论是求之于内而遗其外的，他在《答罗整庵少宰书》中反复申明其格物致知说：

> 夫正心、诚意、致知、格物，皆所以修身，而格物者，其所用力日可见之地。故格物者，格其心之物也，格其意之物也，格其知之物也；正心者，正其物之心也；诚意者，诚其物之意也；致知者，致其物之知也：此岂有内外彼此之分哉？理一而已。以其理之凝聚而言，则谓之性；以其凝聚之主宰而言，则谓之心；以其主宰之发动而言，则谓之意；以其发动之明觉而言，则谓之知；以其明觉之感应而言，则谓之物。故就物而言谓之格，就知而言谓之致，就意而言谓之诚，就心而言谓之正。正者，正此也；诚者，诚此也；致者，致此也；格者，格此也。皆所谓穷理以尽性也。天下无性外之理，无性外之物。③

① （明）王守仁：《答陆原静书》，《王阳明全集》卷2，第74页。

② （明）罗钦顺：《与王阳明书》，《困知记》附录，中华书局1990年版，第108—109页。

③ （明）王守仁：《传习录》（中），《王阳明全集》卷2，第86—87页。

虽然阳明曾提醒弟子“人须在事上磨炼做功夫乃有益，若只好静，遇事便乱，终无长进”①，但在他看来，一切外物都必须符合人的价值评判标准才有其存在之意义，故阳明的物离不开心和意，其格物即为正心、正念。

事实上，阳明《大学》古本对诚意的突出，是为了矫正朱熹改本对“格物致知”的强调。在答复罗钦顺时，阳明谈道：“《大学》古本乃孔门相传旧本耳。朱子疑其有所脱误，而改正补缉之。在某则谓其本无脱误，悉从其旧而已矣。”② 在阳明看来，心无不善，动而后有不善，诚意即去恶归善，以复心之本体。格物如不以诚意为旨归，就容易陷于物上求理，难免支离琐碎，朱熹的改本正有此弊。

嘉靖三年（1524）左右，阳明在与友人顾东桥讨论格物宗旨时，明确谈到“致良知”：

> 若鄙人所谓致知格物者，致吾心之良知于事事物物也。吾心之良知，即所谓天理也。致吾心良知之天理于事事物物，则事事物物皆得其理矣。致吾心之良知者，致知也。事事物物皆得其理者，格物也。是合心与理而为一者也。③

阳明认为“良知”即是天理，通过“致”使物得其理，即“格物”，这就统合心、理为一体了。与此前把格物之功视作良知得以“充塞流行”的前提不同，这次，阳明把格物直接视作“致良知”功夫的本身，如此一来，格物致知就被纳入其“致良知”的体系中。至此，阳明形成了自己的“致良知”体系。

嘉靖六年（1527），阳明征思恩、田州前，授《大学问》，弟子钱

① （明）王守仁：《传习录》（下），《王阳明全集》卷3，第104页。
② （明）王守仁：《传习录》（中），《王阳明全集》卷2，第85页。
③ （明）王守仁：《答顾东桥书》，《王阳明全集》卷2，第51页。

德洪受而录之。这次，阳明对“致良知”的阐发更加清晰全面：

> 故欲诚其意者，必在于致知焉。……“致知”云者，非若后儒所谓充广其知识之谓也，致吾心之良知焉耳。……然欲致其良知，亦岂影响恍惚而悬空无实之谓乎？是必实有其事矣。故致知必在于格物。物者，事也，凡意之所发必有其事，意所在之事谓之物。格者，正也，正其不正以归于正之谓也。正其不正者，去恶之谓也。归于正者，为善之谓也。夫是之谓格。①

阳明提出，“诚意”在于“致知”，“致知”在于“格物”。进一步，阳明把“格”解释为“正”，“格物”即去恶为善之“正物”也。就这样，阳明在“正心”的基础上，把“修身”“诚意”“格物”统一起来了，正心可以说是“致良知”之同义语。

接着，阳明指出“致良知”不是一句空话，致知、诚意必须落实到具体的事情或行动上：

> 良知所知之善，虽诚欲好之矣，苟不即其意之所在之物而实有以为之，则是物有未格，而好之之意犹为未诚也。良知所知之恶，虽诚欲恶之矣，苟不即其意之所在之物而实有以去之，则是物有未格，而恶之之意犹为未诚也。今焉于其良知所知之善者，即其意之所在之物而实为之，无有乎不尽。于其良知所知之恶者，即其意之所在之物而实去之，无有乎不尽。然后物无不格，而吾良知之所知者无有亏缺障蔽，而得以极其至矣。②

---

① （明）王守仁：《大学问》，《王阳明全集》卷26，第1070—1071页。
② （明）王守仁：《大学问》，《王阳明全集》卷26，第1071页。

仅是知善知恶是不行的，更重要的是在行动上为善去恶，唯其如此，诚意、正心才能落到实处。换言之，“致良知”须在格物上用功，这是根本的学问。

如以阳明晚年撰写的《大学问》与其中年对《大学》的阐释相比，最大的不同在于，中年阳明作《古本大学傍释》是为了恢复古本，调整结构，以此突出诚意的位置。晚年作《大学问》则是对格物、致知、诚意、正心重新进行了解释，用“致知”代替了“诚意”。这时，阳明已经形成了完整的“致良知”思想。

对阳明与《大学》古本的关系，沈善洪、钱明在《论王阳明大学观的演变》一文中谈道：

> 王阳明中后期的大学观有明显不同。中期是从37岁的“龙场悟道”到49岁的“宸濠忠泰之变”，这一时期，他主要是按照古本对《大学》中诸工夫的先后次序作了重新排列，以揭示圣学简易明白的“诚意”之教和“知行合一”之说；后期从“宸濠忠泰之变”开始，这一时期，他主要是运用“良知”与“致良知”学说来重新解释《大学》，从而在程朱以外，另辟《大学》研究之蹊径。因此，倘若说阳明中期的大学观主要是以恢复古本《大学》为己任的话，那么后期的大学观则主要以发挥自己的“致良知”学说为目的。[①]

不难发现，阳明对《大学》的解说，实际上是对“致良知”这一命题的发挥。他把格物致知纳入“致良知”体系，在认识论和修养论上统合了二者。总体上看，阳明“致良知”说包括本体与功夫两方面。一方面，“良知”是心之本体，另一方面，“致”则指人们的认识

① 沈善洪、钱明：《论王阳明大学观的演变》，《学术月刊》1989年第11期。

和修养。“致”字有扩充之意，远比“行”字内涵丰富，它统一了功夫的内外两面，不仅消除了此前学者们对“知行合一”说的误解，还突出了随事践履的特征。

对“致良知”，明人施邦曜（1585—1644）给予了高度评价：“惟用功不息，方谓之致。孔子到从心不逾矩，亦不过是致此知。”① 用陈来的话说，“致良知”即为“充扩自己发见于日常意识中的良知，使阻碍良知的‘私意’全部去除，使良知全体得以充塞流行、毫无滞碍”② 之意。从实际情况来看，致良知说合本体与功夫为一，是诚意说的深化和发展，真正达到了心即理、知行合一的高度，集中体现了阳明心学的实质。

二　“致良知”的佛禅因素

阳明对《大学》古本“致知格物”的重新阐释，曾遭到朱学学者陈建（1497—1567）的驳斥。陈建认为，阳明“致良知”说吸取了佛禅的内容，于儒学终有间隔，存在着颠倒格物、致知的弊病：

> 阳明尝非朱子解格物，而别释大学古本矣。其是非子亦尝考之耶？曰常考之矣。阳明之训格物，曰：“物者，意之用也。格者，正也。正其不正，以归于正，而必尽乎天理也。”此其训与正心诚意淆复窒碍、乖经意矣。又《传习录》云：“吾心之良知，即所谓天理也。致吾心良知之天理于事事物物，则事事物物皆得其理矣。致吾心之良知者，致知也。事事物物皆得其理者，格物也。”如此言，则是先致知而后格物，盖颠倒舛戾之甚矣。阳明乃

① （明）施邦曜辑评，王晓昕、赵平略点校：《阳明先生集要》，中华书局 2008 年版，第 104 页。

② 陈来：《有无之境：王阳明哲学的精神》，北京大学出版社 2013 年版，第 165—166 页。

以此议朱子，宁不颜汗？原其失由于认本来面目之说为良知，援儒入佛，所以致此。朱子尝谓释氏之说为主于中，而外欲强为儒者之论，正如非我族类，而欲强以色笑相亲，意思终有间隔碍阻。①

接着，陈建引用了罗钦顺（1465—1547）批驳倾心于禅学之儒者的言论：

罗整庵亦云："世有学禅而未至者，略见些光影，便要将两家之说和合为一，弥缝虽巧，败阙处不可胜言。弄得来儒不儒、佛不佛，心劳日拙，毕竟何益之有？"阳明正是此病。②

罗整庵批评的学者，典型如陆象山（1139—1193）、杨简（1141—1226）、陈献章（1428—1500）、湛若水（1466—1560）。陈建指出，以阳明为代表的这些儒者沉迷于禅学，其思想言论混淆了儒、佛间之差异，也极大地威胁了儒学的纯洁性。对阳明以禅之本来面目喻儒之良知，援儒入佛的做法，陈建甚为不满。事实上，宋明理学均有禅宗色彩，如周敦颐（1017—1073）、张载（1020—1077）均受学于临济宗黄龙慧南（1002—1069）法嗣东林常总禅师（1025—1091），程颢（1032—1085）也曾与僧人在寺中讨论终日，朱熹早年也曾好佛。他们与禅师有着较频繁的联系，也吸取了佛禅的内容来建构自己的理论体系。对此，陈建并非不知，对阳明毫不留情的批判，除了出于维护朱学正统的目的外，当与心学在明代造成极大影响并产生系列流弊有关。如此看来，陈建对阳明浸淫佛禅的批判，确是有备而来。

禅宗的"不思善不思恶"，被阳明弟子陆澄（字原静，又字清伯）

① （明）陈建：《学蔀通辨》卷9，第126页。
② （明）陈建：《学蔀通辨》卷9，第126—127页。

视作不睹不闻、无思无虑的一种状态，在此前提下做体认和修养的功夫，就能达到宁静自在的境界。对此，阳明辨析了“良知”“致良知”与佛禅之关系，在《答陆原静书》中他谈道：

> “不思善不思恶时认本来面目”，此佛氏为未识本来面目者设此方便。“本来面目”即吾圣门所谓“良知”。今既认得良知明白，即已不消如此说矣。“随物而格”是“致知”之功，即佛氏之“常惺惺”，亦是常存他本来面目耳。体段工夫，大略相似。但佛氏有个自私自利之心，所以便有不同耳。今欲“善恶不思，而心之良知清静自在”，此便有自私自利，将迎意必之心，所以有“不思善、不思恶时用致知之功，则已涉于思善”之患。……欲求宁静，欲念无生，此正是自私自利、将迎意必之病，是以念愈生而愈不宁静。良知只是一个良知，而善恶自辨，更有何善何恶可思？良知之体本自宁静，今却又添一个求宁静；本自生生，今却又添一个欲无生；非独圣门致知之功不如此，虽佛氏之学亦未如此将迎意必也。[①]

阳明认为，佛教之“不思善不思恶时认本来面目”即为儒家之“良知”，而“致良知”之功即佛教之“常惺惺”。前者语出《坛经·行由第一》慧能所言：“不思善，不思恶，正与么时，那个是明上座本来面目？”[②] 意指既不力持趋善也不心存避恶，唯任其自然，内观心之本体；后者之“惺惺”是禅语，即时时警觉之意。就修养功夫上说，上述两者皆与佛禅较为类似。

紧接着，阳明对佛禅之自私进行了批驳，认为在“不思善不思

① （明）王守仁：《答陆原静书》，《王阳明全集》卷2，第75—76页。

② （唐）法海录，丁福保笺注：《坛经》，第28页。

恶”时用致知的功夫，已染“思善”之嫌；佛禅之求宁静、念无生，已患“自私自利”之病。与此相反的是，良知具有“善恶自辨”的功能，无须思善思恶。陈荣捷引但衡今《王阳明传习录札记》语云：“前者以清净自在为自私。此释家小乘法。阳明以大乘摄小。用以破陆某务求宁静之非。非了义也。后者只是善恶自辨，心不踰矩。而不是无善无恶可思。归到儒家本分，圆融之极。”[①] 此言可谓是也。

最后，在比较了致良知功夫与佛氏的体段功夫之后，阳明断言：“只是一念良知，彻头彻尾，无始无终，即是前念不灭，后念不生。今却欲前念易灭，而后念不生，是佛氏所谓断灭种性，入于槁木死灰之谓矣。”[②] 针对陆澄如何才能使此心“前念易灭，而后念不生”的提问，阳明认为须立足于良知本体，要求此心“前念不灭，后念不生”。表面看来，阳明的回答与佛家所谓的“不生不灭”相同，但佛家此说并非指修养一事，通常用来形容佛性的常住。阳明认为佛禅急于欲求一己之宁静无生，而不置念头于天下国家，这是其最大的危害。因此，自私自利之末，自然就陷入寂灭之弊。

此外，阳明用来形容良知的“一念”，与神会的“无念即是一念。一念即是一切智”[③] 极为相似，在“一念”的前提下，良知与南宗禅的般若智可谓无异。“彻头彻尾，无始无终”一句则暗用了神会（684—758）与慧能间关于“佛性”的问答。对此，但衡今云：“此神会所谓佛性，惠能所谓把茅盖头。犹是知解宗师门面语。”[④]《坛经·顿渐第八》载：“一日，师告众曰：吾有一物，无头无尾，无名无字，无背无面，诸人还识否？神会出曰：是诸佛之本源，神会之佛性。师曰：向汝道‘无名无字’，汝便唤作‘本源佛性’，汝向去有把茆盖头，也

① 陈荣捷：《王阳明〈传习录〉详注集评》，台湾学生书局1983年版，第229页。

② （明）王守仁：《答陆原静书》，《王阳明全集》卷2，第76页。

③ （唐）神会：《南阳和尚问答杂征义》，杨曾文编校《神会和尚禅话录》，中华书局1996年版，第97页。

④ 陈荣捷：《王阳明〈传习录〉详注集评》，第229页。

只成个知解宗徒。”[①] 神会对禅虽有解悟，却并未透彻，慧能看出了这一点，故警醒他不可妄立“本源佛性”。

《曹溪大师别传》则更详细地记录了师徒二人的这番问答：“至夜间，大师问沙弥：我打汝时，佛性受否？答云：佛性无受。大师问：汝知痛否？沙弥答：知痛。大师问：汝既知痛，云何道佛性无受？沙弥答：岂同木石？虽痛而心性不受。”[②] 与《坛经》的记载相比，神会把“佛性”等同于“心性”，甚至认为“知见”即为佛性，其《顿悟无生般若颂》云：“无念是实相真空，知见是无生般若。般若照真达俗，真空理事皆如。此为宗本也。……知即知常空寂，见即直见无生。知见分明，不一不异。动寂俱妙，理事皆如。理静处事能通，达事理通无碍。六根无染，定慧之功。相念不生，真如性净。觉灭心空，一念相应，顿超凡圣。无不能无，有不能有。行住坐卧，心不动摇。一切时中，空无所得。”[③] “知”是一种无分别的认识，一时完成，与顿悟相应。有分别的认识是渐进的，与渐悟相应。故解悟是“知”，亲证是“见”，神会的“知见”有顿悟渐修之意，在此基础上，神会又提出了“无念”的宗教修持方法。

后来，宗密（780—841）把神会“空寂之心”定义为“灵知”，其《禅源诸诠集都序》曰：“故妄念本寂，尘境本空；空寂之心，灵知不昧。即此空寂之知是汝真性。任迷任悟，心本自知；不藉缘生，不因境起。知之一字，众妙之门。”[④] 可见，“灵知”是众生本有的真性，认识这一心的体性，即为众生解决身心问题，获得解脱的门径。对神会之“知见”，阳明曾多次引用，如《别方叔贤四首》其三云：

---

① （唐）法海录，丁福保笺注：《坛经》，第161页。

② 佚名：《曹溪大师别传》，《续藏经》第146册，第485页下。

③ （唐）神会：《顿悟无生般若颂》，杨曾文编校《神会和尚禅话录》，第50—51页。

④ （唐）宗密：《禅源诸诠集都序》，《大正藏》第48册，第402页下—403页上。

休论寂寂与惺惺，不妄由来即性情。

笑却殷勤诸老子，翻从知见觅虚灵。[①]

诗歌作于离开龙场之际，阳明用融汇释、道的语言表达了对心体通脱无碍这一境界的向往。至于宗密概括的“灵知”，阳明也借用到其“良知”说中，他曾多次表示“良知是天理之昭明灵觉处，故良知即是天理”[②]“心者身之主也，而心之虚灵明觉，即所谓本然之良知也”[③]“人的良知，就是草木瓦石的良知。……盖天地万物与人原是一体，其发窍之最精处，是人心一点灵明”[④] 等。阳明认为，良知作为本体的特别之处在于，它首先表现为一种“昭（虚）明灵觉”或知觉，从这个层面上来看，良知与菏泽禅的“灵知”是极其相近的。

事实上，关于阳明“一念良知”与荷泽宗的关系，学界早已有人论及。如冯友兰先生认为阳明良知说与宗密之“觉诸相空，心自无念；念起即觉，觉之即无。修行妙门，唯在此也”[⑤] 颇为相同，只是阳明专就道德之“知”言之。[⑥] 乐九波在《论神会的佛学思想》一文中，考察了禅宗神会的思想与阳明心学间的渊源关系，认为神会学说的理论基石是以能知为“空寂之心”的本性，阳明揭示心体本性的“良知者，心之本体”的命题，正是在此基础上建立的。[⑦] 显然，阳明吸取了菏泽宗“灵知”这一概念，用以建构致良知的心性本体。不得不说，阳明于禅宗颇为熟悉，不仅借鉴神会、宗密学说之相关概念，还利用其思辨方法进一步阐释致良知说。

① （明）王守仁：《别方叔贤四首》，《王阳明全集》卷 19，第 797 页。
② （明）王守仁：《答欧阳崇一》，《王阳明全集》卷 2，第 81 页。
③ （明）王守仁：《答顾东桥书》，《王阳明全集》卷 2，第 53 页。
④ （明）王守仁：《传习录》（下），《王阳明全集》卷 3，第 122 页。
⑤ （唐）宗密：《禅源诸诠集都序》，《大正藏》第 48 册，第 403 页上。
⑥ 冯友兰：《冯友兰文集》（第三卷），长春出版社 2008 年版，第 180—181 页。
⑦ 乐九波：《论神会的佛学思想》，《世界宗教研究》1988 年第 3 期。

阳明弟子徐阶（1503—1583）曾这样概括“致良知”说的要旨：“唯文成公奋起圣远之后，慨世之言致知者求知于见闻，而不可与酬酢、不可与佑神，于是取《孟子》所谓‘良知’合诸《大学》，以为‘致良知’之说。其大要以谓人心虚灵莫不有知，唯不以私欲蔽塞其虚灵者，则不假外索，而于天下之事自无所感而不通，无所措而不当。”① 在这里，“人心虚灵莫不有知”与神会“众生心即是佛心，佛心即是众生心”② 的“空寂之心”意义相近，至于众生与佛之差别，神会认为：“若约不了人论，有众生有佛；若其了者，众生心与佛心元不别。”③ 换言之，众生对本心存在着是否了悟的问题，不了悟，众生与佛就有了分别，如了悟，众生与佛本无分别。对于如何了悟，神会提倡直指佛心，见性成佛。

同理，在阳明看来，人人皆有“虚灵”之本心，如不因私欲遮蔽此心，不向外务求，则天下无不可通达之事，这也是区分凡圣的方法之一。阳明曾有言：“良知良能，愚夫愚妇与圣人同，但唯圣人能致其良知，而愚夫愚妇不能致，此圣愚之所由分也。”④ 此外，区分凡圣，还须落实到行动上，“致知之必在于行，而不行之不可以为致知也，明矣”⑤。显然，阳明在建构“致良知”的理论体系中，对禅宗的思辨方法及论证结构也有所采用。

不仅如此，在答复陆澄的信中，阳明娴熟地把“致良知”和禅宗的明镜之喻联系了起来：

> 圣人致知之功至诚无息，其良知之体皎如明镜，略无纤翳。妍媸之来，随物见形，而明镜曾无留染。所谓“情顺万事而无

---

① （明）徐阶：《王文成公全书序》，《王阳明全集》卷41，第1736页。
② （唐）神会：《南阳和尚问答杂征义》，《神会和尚禅话录》，第75页。
③ （唐）神会：《南阳和尚问答杂征义》，《神会和尚禅话录》，第75页。
④ （明）王守仁：《答顾东桥书》，《王阳明全集》卷2，第56页。
⑤ （明）王守仁：《答顾东桥书》，《王阳明全集》卷2，第56页。

> 情”也。“无所住而生其心”，佛氏曾有是言，未为非也。明镜之应物，妍者妍，媸者媸，一照而皆真，即是生其心处。妍者妍，媸者媸，一过而不留，即是无所住处。①

“无所住而生其心”源自《金刚经》：“是故须菩提，诸菩萨摩诃萨，应如是生清净心，不应住色生心，不应住声香味触法生心。应无所住而生其心。”②《金刚经》认为，唯一能使菩萨修道者达到“心清净”的办法，就是让自己的精神世界不受认识对象的支配，处于超然物外的状态。在这段经文下，宋代冶父道川禅师注曰：“山堂静夜坐无言，寂寂寥寥本自然。何事西风动林野，一声寒雁唳长天。”③ 道川禅师用偈颂的方式阐释了“无住”的含义，如能做到不执着于外事，时时注意心灵的清净，就能契悟佛性，拥有自然的快乐。阳明所要阐发的也正是此意，只有在致良知上下功夫，使心无所执着，这样才能使良知“皎如明镜”。

据《坛经·行由第一》载，五祖弘忍为六祖慧能说《金刚经》，讲到“应无所住而生其心”时，慧能一时大悟，乃言：“何期自性本自清净！何期自性本不生灭！何期自性本自具足！何期自性本无动摇！何期自性能生万法！”④ 五祖曰：“不识本心，学法无益。若识自本心，见自本性，即名丈夫、天人师、佛。”⑤ 慧能重视文句简单，透彻发挥无相、无住思想的《金刚经》，提倡单刀直入的顿教，强调众生若证见自我本性，就获得解脱成就佛果了。

在阳明看来，“良知”之心体即为明镜，镜若不明，则如妄心。“致良知”所要做的就是使“应物”的明镜“一过而不留”，这样才能

---

① （明）王守仁：《答陆原静书》，《王阳明全集》卷2，第79页。

② （明）朱棣：《金刚般若波罗蜜经集注》，第48页。

③ （明）朱棣：《金刚般若波罗蜜经集注》，第50页。

④ （唐）法海录，丁福保笺注：《坛经》，第22页。

⑤ （唐）法海录，丁福保笺注：《坛经》，第22页。

使心体“无所住处”。虽然“致良知”说的具体内容与佛禅迥异，换言之，儒禅在心性作用上虽不同，即“佛氏着在无善无恶上，便一切都不管，不可以治天下”[①]，但在本体的修养方式上，它们是一致的。陈来认为：“阳明所有关于无善无恶的思想可以归结为《金刚经》的‘应无所住而生其心’，以及《坛经》的‘无念、无相、无住’。……阳明一直致力于在儒家思想中容纳‘无情无己’、‘应无所住而生其心’的境界，并给予一个心性本体的解释。吸引阳明的不是佛教或道家讲的宗极本体的‘无’，而是精神——心理境界的‘无’。”[②] 的确如此，阳明以“私念”为住了相，那么，“无所住”即是去私念的意思，更进一步，去私念即为“致良知”。

为了达到“致良知”，在具体方法上，阳明提出两点，一者事上磨炼，二者静时存养。所谓的事上磨炼，就是要在具体的行为中贯穿良知的要求，这比下文提及的静时存养更为重要。关于静坐的问题，弟子陆澄曾请教过阳明：“静时亦觉意思好，才遇事便不同，如何?”[③] 阳明答复道：“是徒知静养而不用克己功夫也。如此，临事便要倾倒。人须在事上磨，方立得住，方能‘静亦定、动亦定。’”[④] 只静养而不做克己功夫，在处理事务时是毫无益处的，故阳明提出了事上磨炼，只有两者结合才能动静相宜。

相应地，阳明认为生活中的一切事务，皆可作为磨炼心性的机会。从他个人的仕宦经历来说，贬谪龙场等“患难忧苦，莫非实学”[⑤]，为政生涯“郡务虽繁，然民人社稷，莫非实学”[⑥]，甚至“簿书讼狱之

---

① （明）王守仁：《传习录》（上），《王阳明全集》卷1，第33页。
② 陈来：《有无之境：王阳明哲学的精神》，第208页。
③ （明）王守仁：《传习录》（上），《王阳明全集》卷1，第14页。
④ （明）王守仁：《传习录》（上），《王阳明全集》卷1，第14页。
⑤ （明）王守仁：《寄希渊》，《王阳明全集》卷4，第178页。
⑥ （明）王守仁：《答路宾阳》，《王阳明全集》卷5，第214页。

间，无非实学。若离了事物为学，却是著空”[1]。在与弟子陆澄的信中，阳明指出在有无功利之心的前提下去做实学的区别：“使在我果无功利之心，虽钱谷兵甲，搬柴运水，何往而非实学？何事而非天理？况子、史、诗、文之类乎？使在我尚存功利之心，则虽日谈道德仁义，亦只是功利之事，况子、史、诗、文之类乎？”[2] 没有功利之心的前提下，即使“搬柴运水”这类生活琐事也是实学，何况学术类的子史诗文呢？此外，阳明还引用程颐（1033—1107）的话证明如果不忘本心，举业与圣学并不矛盾：“然谓举业与圣人之学相戾者，非也。程子云：‘心苟不忘，则虽应接俗事，莫非实学，无非道也。’而况于举业乎？”[3] 显然，阳明“实学”的范围极广，上至国家大业，下至“搬柴运水”，无不囊括其中。阳明认为，只要在这些事上致其良知，那么，事事物物皆可得其理。

事实上，阳明提倡的事上磨炼与南宗禅的修行方法确有相近之处。南宗禅反对坐禅入定，反对修行出离世间，提倡在日常生活中修行。正如临济义玄（？—约866）所云：“佛法无用功处，只是平常无事。屙屎送尿，著衣吃饭，困来即卧。愚人笑我，智乃知焉。古人云：向外作功夫，总是痴顽汉。尔且随处作主，立处皆真，境来回换不得。”[4] 义玄继承并发挥了马祖道一（709—788）“平常心是道”的思想，大力提倡主体随时随地的自觉自悟，即使是痴顽汉，也有成佛的本源。和早期的洪州宗相比，临济宗“更加突出了主体的自主作用，也更加突出了在生活中随处体悟的现实性格，从而使禅宗更为大众化和生活化了”[5]。从修行方法及内容上看，这与阳明关于“实学”的言论是非常相似的。

---

① （明）王守仁：《传习录》（下），《王阳明全集》卷3，第108页。

② （明）王守仁：《与陆原静》，《王阳明全集》卷4，第186页。

③ （明）王守仁：《寄闻人邦英邦正》，《王阳明全集》卷4，第189—190页。

④ （唐）慧然：《镇州临济慧照禅师语录》，《大正藏》第47册，第498页上。

⑤ 方立天：《禅宗概要》，中华书局2011年版，第226页。

所谓静时存养，用阳明的话说，即是无事时，将好色、好货、好名、好利等私欲连根拔掉。在论及为学功夫时，阳明曾有云："教人为学，不可执一偏。初学时心猿意马，拴缚不定，其所思虑多是人欲一边，故且教之静坐、息思虑。久之，俟其心意稍定，只悬空静守，如槁木死灰，亦无用，须教他省察克治。……常如猫之捕鼠，一眼看着，一耳听着，才有一念萌动，即与克去，斩钉截铁，不可姑容与他方便，不可窝藏，不可放他出路，方是真实用功，方能扫除廓清。到得无私可克，自有端拱时在。"① 阳明肯定了静坐对初学者的好处，但也明察只"悬空静守"可能会使人形同槁木，故用猫鼠之喻提醒人们须时时"省察克治"。

关于猫鼠之喻，源自禅宗话头。据《五灯会元》卷十七《泐潭善清禅师》载，善清禅师（1057—1142）前往洪州谒见祖心晦堂禅师（1025—1100），祖心教他看风动幡动之话头，可善清仍久参不契。于是，祖心便开示道："子见猫儿捕鼠乎？目睛不瞬，四足踞地，诸根顺向，首尾一直，拟无不中。子诚能如是，心无异缘，六根自静，默然而究，万无失一也。"② 岁余，善清忽然契悟。祖心以猫抓鼠的例子开示善清，如能不受外物影响，六根自然清净，沉下心参究，就一定会证悟。这段话头也体现出祖心当机立断，开遮自在的禅法理想。阳明用此话头，是为了说明当一念之私欲萌发出来时，须练就猫抓鼠般的本领，对准目标，顷刻间把它消灭。

禅师的参话头，是一种观心方法，兼有治心作用。阳明多次以明镜喻良知，将静时存养的功夫比作磨镜扫尘，也具有观心、治心之用。如阳明在谈到圣人与常人之别时说："圣人气象自是圣人的，我从何处识认？若不就自己良知上真切体认，如以无星之称而权轻重，未开

---

① （明）王守仁：《传习录》（上），《王阳明全集》卷1，第18页。

② （宋）普济著，苏渊雷点校：《五灯会元》卷17，第1134页。

之镜而照妍媸，真所谓以小人之腹而度君子之心矣。圣人气象何由认得？自己良知原与圣人一般，若体认得自己良知明白，即圣人气象不在圣人而在我矣。”① 阳明一再强调常人须磨镜，这样才能使镜开从而具备照见的功能，换言之，要具备圣人气象，须就自己良知心体做体认之功。

《坛经》所载神秀“身是菩提树，心如明镜台，时时勤拂拭，莫使有尘埃”② 一偈，体现出北宗禅“拂尘看净”的思想。神秀强调，应拂拭排除污染心的因素，以显示出清净心的光明寂静，此乃“拂尘”。另外，众生应当观心，以直观内省的方式来觉察清净心的存在，实现心灵自觉，即为“看净”。具体言之，阳明的“磨镜”是扫除私欲，而神秀的“拂尘”是泯灭一切情欲和世俗认识，尽管内容有异，但在禅修方法上，二者是接近的。

进一步，阳明提出真诚与自信对致良知的重要性：“是故不欺则良知无所伪而诚，诚则明矣；自信则良知无所惑而明，明则诚矣。明诚相生，是故良知常觉常照。常觉常照，则如明镜之悬，而物之来者自不能遁其妍媸矣。”③ 阳明认为，“不欺”则诚，“自信”则明，而做到《中庸》所倡之“诚明”，良知就会时常显现，私欲就会无处遁形。值得一提的是，阳明对“自信”的强调与临济义玄重视“自信心”如出一辙。义玄认为人没能成佛，关键是缺乏自信心：“如今学者不得，病在甚处？病在不自信处。尔若自信不及，即便忙忙地徇一切境转，被他万境回换，不得自由。尔若能歇得念念驰求心，便与祖佛不别。”④ 同样，良知在人们心里，若能收回向外务求之心，便能致良知，具备圣人气象。

① （明）王守仁：《启问道通书》，《王阳明全集》卷2，第66页。
② （唐）慧能著，郭朋校释：《坛经校释》，第12页。
③ （明）王守仁：《答欧阳崇一》，《王阳明全集》卷2，第84页。
④ （唐）慧然集：《镇州临济慧照禅师语录》，《大正藏》第47册，第497页中。

此外，阳明提醒学者，致良知是一个渐进的过程：

> 圣人之心，纤翳自无所容，自不消磨刮。若常人之心，如斑垢驳杂之镜，须痛加刮磨一番，尽去其驳蚀，然后纤尘即见，才拂便去，亦自不消费力。到此已是识得仁体矣。若驳杂未去，其间固自有一点明处，尘埃之落，固亦见得，亦才拂便去。至于堆积于驳蚀之上，终弗之能见也。[①]

磨镜扫尘非一时之工，需时时警觉，不断打磨，才能防止污垢杂秽堆积，日久拂拭不去。这更接近北宗禅“排除俗欲，离开妄念，克尽染心，显露净心”[②] 的渐进修行方式。

值得一提的是，丁福保曾客观地评价过神会的“灵知”说：

> 神会认为“灵知之心”“知见”即佛性，神会的弟子宗密将之概括为“知之一字，众妙之门”，作为神会的根本见地。由于知之功能，本通凡圣，亦通染净，对于见性透彻者来说，视“知”为众妙之门，本来也不错。但对于未见本性者，则存在误认、误导的重大隐患。[③]

同样，关于致良知与禅学之关系，我们也必须看到，二者既有紧密的联系，也有迥异的区别，万不能迈入两个极端。

就这个问题，阳明弟子胡宗宪（1512—1565）曾指出：“良知皆实理，致知皆实学，固非堕于空灵，一与事物无干涉，如禅家者流也。然‘明心见性’与先生‘致良知’之说亦略相似，若认错本旨，则高

① （明）王守仁：《答黄宗贤应原忠》，《王阳明全集》卷4，第164页。
② 方立天：《禅宗概要》，第284页。
③ （唐）法海录，丁福保笺注：《坛经》，第162—163页。

者必以虚寂为务，而离形厌事；卑者则认知觉为性，而自信自便。此则所谓毫厘之差，千里之谬，非先生立教之本旨矣。”① 胡宗宪告诫学子要把握好良知本旨，首先要避免滑向高蹈厌世之虚寂，否则近于佛家；其次要避免陷入以见闻觉知为本性的随意妄为，否则与狂禅者无异。私以为，此言甚是。

第五节 “四句教”与佛教

一 “四句教”的儒学内涵

王阳明在其晚年，把对《大学》的解读用类似佛教偈颂的形式概括如下：“无善无恶是心之体，有善有恶是意之动，知善知恶是良知，为善去恶是格物。”② 这四句话简明扼要，意蕴丰富，涵盖了“心”“意”“知”“物”四个维度。要想致良知，需正心、诚意、格物。阳明一生以致良知为教法，所发之“四句教”实则是致良知的注脚。据《赴任谢恩遂陈肤见疏》载，嘉靖六年（1527）九月初八，阳明“扶病起程，沿途就医，服药调理，昼夜前进”③，出征广西思恩、田州。又据《王阳明全集》卷三十五《年谱三》嘉靖六年丁亥，“九月壬午，发越中”条载，在出发前，弟子王畿与钱德洪对四句教法之“心、意、知、物”的理解存在差异，分别提出“四无”和“四有”说。据《天泉证道记》载，王畿认为：“若悟得心是无善无恶之心，意即是无善无恶之意，知即是无善无恶之知，物即是无善无恶之物。盖无心之心则藏密，无意之意则应圆，无知之知则体寂，无物之物则用神。天命之性，粹然至善，神感神应，其机自不容已，无善可名。恶固本无，

① （明）胡宗宪：《重刊阳明先生文录叙》，《王阳明全集》卷41，第1769页。
② （明）王守仁：《王阳明全集》卷3，第133页。
③ （明）王守仁：《王阳明全集》卷14，第513页。

善亦不可得而有也。是谓无善无恶。”① 在王畿看来，意、知、物皆根源于心体，心体无善无恶，则意、知、物也一定是无善无恶的，此为“四无”说。钱德洪认为：“心体是天命之性，原是无善无恶的。但人有习心，意念上见有善恶在，格、致、诚、正，修，此正是复那性体功夫。若原无善恶，功夫亦不消说矣。”② 简言之，心体无善无恶，但人的习心导致意念有善有恶，为善去恶是恢复本体的功夫，即“四有”说。钱德洪以此为阳明教人之定本，认为王畿“四无”说不承认意念有善恶，也就取消了功夫的必要性。王畿所理解的心体不蕴含良知，以此为方便法，忽略了“四无”说只是“致良知”教法的向上一机。双方争执不下，于天泉桥请教于阳明。

为回应弟子的疑难，王阳明以调和的态度表达了观点，指出王畿的理解趋向悟得本体即是功夫，持论针对的是上根之人，忽视了“四无说”只能是“致良知”教的向上一机。但上根之人，世亦难遇，哪怕是颜子、明道也不敢承当，岂可轻易望人？故劝说王畿“汝中见得此意，只好默默自修，不可执以接人”③。钱德洪认为须通过功夫实践达到心之澄明本体，持论强调接引中根以下之人，阳明认为“良知本体原来无有，本体只是太虚。太虚之中，日月星辰，风雨露类，阴霾饐气，何物不有？而又何一物得为太虚之障？人心本体亦复如是。太虚无形，一过而化，亦何费纤毫气力？”④ 阳明肯定了良知作为一切存在的本体地位，强调其不沾滞于物的特点，而天地万物的运行变化是良知的发用，这是阳明在本体论上体用一原观念的体现。相应的，本体与功夫不可俱废，龙溪、德洪的理解有失偏颇，两人应互相学习以补己之短。上述是阳明在绍兴天泉桥上阐发的对两人持论的理解，史

① （明）王畿著，吴震编校：《王畿集》卷1，第1页。
② （明）王守仁：《王阳明全集》卷3，第133页。
③ （明）王守仁：《王阳明全集》卷33，第1443页。
④ （明）王守仁：《王阳明全集》卷33，第1442页。

称“天泉证道”或“严滩问答”。记载这次师生讨论的文献主要有钱德洪负责编撰的《传习录》（下）和《年谱三》，还有王畿弟子编撰的《天泉证道纪》和《刑部陕西司员外郎特诏进阶朝列大夫致仕绪山钱君行状》（以下简称《绪山钱君行状》）。目前，学界对前三种材料关注较多，对后一种关注较低，考虑到《绪山钱君行状》是王畿亲笔所写，较为真实可靠，故本节在论述过程中对上述四份材料均有引用，特此说明。

“四句教”是阳明晚年之总结，但语焉不详，首句“无善无恶是心之体”，关于心体的阐释融汇儒佛，这是引发后世质疑和批评的原因。弟子王畿与钱德洪对以“无”来描述心之本然状态存有异议，对心体的理解直接导致功夫上的弊端，那么，如何把握心体，是解读“四句教”的关键。在阳明早期谈及人性论中，对心体的无善无恶、至善无恶，有一番陈述：“无善无恶者理之静，有善有恶者气之动。不动于气，即无善无恶，是谓至善。”[①] 对至善与良知的关系，阳明《亲民堂记》阐发道：“至善也者，明德亲民之极则也。天命之性，粹然至善。其灵昭不昧者，皆其至善之发见，是皆明德之本体，而所谓良知者也。”[②] 致良知所应达到的境界是至善无恶的，这也是心体无善无恶的本然状态。阳明在《大学古本傍释》论及至善与心体的关系：“明德、亲民无他，惟在止于至善，尽其心之本体，谓之止至善。至善者，心之本体；知至善，惟在于吾心，则求之有定向。”[③] 表面上看，无善无恶、至善、良知、心之本体，似乎在特定的语境中，满足某种前提条件下可以置换，但是，严格意义上说，阳明的良知不能简单等同于心体，二者存在显隐之别。良知是有觉有照，心体则是有觉而无照。良知尚未为人所觉察时，心体尚非实有，只是一个“纯形

① （明）王守仁：《王阳明全集》卷1，第33页。
② （明）王守仁：《王阳明全集》卷7，第280页。
③ （明）王守仁：《王阳明全集》卷32，第1316页。

式”，只是“理之静”，无所谓是非善恶。[①] 当良知为人所觉察并体证后，无善无恶的良知本体才可以等同于至善的道德主体。

到阳明晚年的“四句教”中，其心体是指没有分别之心，不沾滞于具体某件事物上的心。具体来说，良知本体的定义，除了具有知善知恶的道德理性外，它更是无善无恶的超道德本体。和儒家孟子的不忍人之心相比，本体相似，却具有更高的“觉”的能力。在心体的实质内容上，阳明的心性本体是以儒家孟子学说的良知为实质内容，以至善而无善无恶为心之本体。

在传统儒学中，通过体验道德主体呈现出的美善，获得悟道之充实与喜悦，这可以说是“孔颜乐道”的人生境界。到了宋儒朱熹，如何把“乐道”的崇高美善的体验贯通在现实生活中，这是亟待解决的。朱熹认识到不能建立以道德为本的系统，强调心要开放感通，接物致知，即物穷理，在不断格致中开阔丰富自己。到了阳明，他改造了理学的外向求索倾向，将之建立在本心、良知基础上，在《与黄勉之》中提出“乐是心之本体。仁人之心，以天地万物为一体，欣合和畅，原无间隔”[②]，体现了对人性自觉与自由的追求。

四句教心、意、知、物的话头，暗含本体、功夫合一的重要性，一旦打通本体与功夫，也就进入了超然无碍的“自得”的人生境界，即《答舒国用》中所述“君子之所谓洒落者，非旷荡放逸，纵情肆意之谓也，乃其心体不累于欲，无入而不自得之谓耳”[③]。对阳明来说，最高的精神境界是“自得”，这是一种既道德又超越道德的理想境界，达到了本体与境界的合一，本体即境界，境界即本体，如阳明所言：“利根之人，直从本源上悟入。人心本体原是明莹无滞的，原是个未

① 马俊：《“无善无恶心之体”义解》，《中国哲学史》2019 年第 4 期。

② （明）王守仁：《王阳明全集》卷 5，第 216 页。

③ （明）王守仁：《王阳明全集》卷 5，第 212 页。

发之中。利根之人一悟本体，即是功夫，人己内外，一齐俱透了。”[①] 排除人欲的干扰，本心虚静，处于澄明之境的良知显现，在个体与外物交感时，良知随感而应，随物而行，自然发用。

二 “四句教”的佛禅因素

从思想层面来说，无善无恶之心体是明心见性的，与佛教禅宗有着内在的渊源。谈到良知本体时，阳明《答陆原静书》有言：“‘不思善不思恶时认本来面目’，此佛氏为未识本来面目者设此方便。‘本来面目’即吾圣门所谓‘良知’”。[②] 在《坛经·行由第一》中，也有类似的话：“不思善不思恶，正与么时，那个是明上座本来面目?”[③] 这个本体“心量广大，犹如虚空无有边畔，亦无方圆大小，亦非青黄赤白，亦无上下长短，亦无嗔无喜，无是无非，无善无恶，无有头尾”[④]。“无善无恶心之体”是王阳明晚年对心学思想的再次反思，突出了心体本身的明莹无滞，融合了禅宗内外不住、自由无碍的精神境界，呈现出无任何执着性的纯粹生命本然。显然，在本体上，王阳明彻底转向了内在。

在中国佛教哲学中，心性是抽象的概念，心性有区别，但又彼此相通。对禅宗来说，众生的本性是真正的主体和自我，“心性既离不开众生而存在，又被视为独立的绝对的实体；心性是人之为人的根据，又是人之成佛的真因”[⑤]。对真常唯心系的佛教思想而言，心性即“心真如”“心体”，指有情众生本有的体性，恒常不变，亦指未被无明、烦恼遮蔽时的本来面目，等同于“自性清净心”“本心”“本性”。唐

---

① （明）王守仁：《王阳明全集》卷3，第133页。

② （明）王守仁：《王阳明全集》卷2，第75页。

③ （元）宗宝：《六祖大师法宝坛经》，《大正藏》第48册，第349页中。

④ （元）宗宝：《六祖大师法宝坛经》，《大正藏》第48册，第350页上。

⑤ 方立天：《中国佛教哲学要义》，第274页。

代以来，义理之士用镜喻心体，佛家有慧能（638—713）的“菩提偈”以及慧能弟子南岳怀让（677—744）的“磨砖作镜”公案，宋代理学大师朱熹也常用明镜比喻心体，朱子主要从认识论上谈镜喻。阳明也有类似的比喻，《答陆原静书》曰：“良知之体皦如明镜，略无纤翳。妍媸之来，随物见形，而明镜曾无留染。所谓‘情顺万事而无情’也。‘无所住而生其心’，佛氏曾有是言，未为非也。明镜之应物，妍者妍，媸者媸，一照而皆真，即是生其心处。”[①] 这是从本体论上以镜喻心。

王阳明把处于虚灵明觉状态的心体等同于本然状态的良知，他认为：“心者身之主也，而心之虚灵明觉，即所谓本然之良知也。其虚灵明觉之良知，应感而动者谓之意。有知而后有意，无知则无意矣。知非意之体乎？意之所用，必有其物，物即事也。”[②] 在不为物欲所蔽时，心体就是本然的良知。良知之体应感而动，产生了某种观念活动或意向作用，这就是意，而意向外作用就表现为事物。相应地，心、意、知、物的关系在四句教中得到了体现。阳明对心体的定义是纯粹不滞的本然状态，进而认为太虚作为客观的具有超越性的宇宙本体，它与良知本体的心具有同一性，在其晚年致书弟子南元善时有曰：“夫惟有道之士，真有以见其良知之昭明灵觉，圆融洞澈，廓然与太虚而同体。太虚之中，何物不有？而无一物能为太虚之障碍。”[③] 这段描述概括了心体之广大，如宇宙一样，对万物无所不容，又不为万物所蔽，这与华严五祖圭峰宗密（780—841）的观点有类似处，宗密有言：“心也者，冲虚妙粹，炳焕灵明，无去无来，冥通三际，非中非外，洞彻十方。”[④] 二者都肯定本心的价值，在此价值根源的基础上展

① （明）王守仁：《王阳明全集》卷2，第79页。
② （明）王守仁：《王阳明全集》卷2，第53页。
③ （明）王守仁：《王阳明全集》卷6，第235页。
④ （唐）宗密：《大方广圆觉修多罗了义经略疏》，《大正藏》第39册，第524页上。

开论述，各自成功建立了理论体系，形式上极为相似。

王学体系中的“虚灵明觉”之心与宗密“灵知不昧”的“本觉真心”，理路也极为相同。宗密早年习儒，提倡儒释合流，在慧能、神会禅师（686—760）后，对“真心无念”和“灵知不昧”有所发挥。宗密认为：“一切有情皆有本觉真心，无始以来常住清净，昭昭不昧了了常知，亦名佛性，亦名如来藏。从无始际，妄相翳之不自觉知。”① 宗密强调“真心”就是佛性，即是本心，这是华严的思想，也是禅宗的思想。关于“无念”，《六祖坛经》和《神会禅师语录》中都有详细论述，在上述基础上，宗密提出：“觉诸相空，真心无念，念起即觉，觉之即无。修行妙门，唯在此也。故虽备修万行，唯以无念为宗。”② 显然，宗密只承认“心”是真实存在的，推崇放弃执着的无妄念。宗密认为：“疏真净心者，凡圣同依清净本源心也，即法身者。现实而言，观成时。十方如来真净身心，皆悉交彻，但言心者，此本源心，是通相也。于中含于身心二法，清净无相，即真身也。灵知不昧，即真心也。”③ 宗密的“真心”有两个特点，一是“空寂”，即本性清净；二是“知”，即灵明，从圣的角度指佛智，从凡的角度，指众生情识之所依，即心有见闻觉知的能力，有迷有悟。

阳明“四句教”的首句“无善无恶心之体”，指的是本体悟后的虚灵状态，阳明将悟心，即悟良知置于首位，足见其对心性体认的重视。只要悟得不垢不净之心体，没有产生善恶、有情无情之妄念，就可以达到“情顺万事而无情”，阳明借鉴了佛禅的“真心”“妄心”理论和“无住无念”的修炼方式。需要说明的是，在心体的实质内容上，阳明“四句教”与佛禅存在着很大差异。华严宗的“灵知说”是

① （唐）宗密：《原人论》，《大正藏》第45册，第710页。

② （唐）裴休问，宗密答：《中华传心地禅门师资承袭图》，《续藏经》第110册，第872页上。

③ （唐）宗密：《圆觉经大疏释义钞》卷11，《续藏经》第14册，第919页下—920页上。

指无挂无碍、内外明澈的自在境界，以佛教的“悟”与“解脱”为终极诉求。阳明的心性本体是以儒家孟子学说的良知为实质内容，以至善而无善无恶为心之本体。

阳明的“四句教”蕴含了心、意、知、物在分际意义上的不同教法，整体上又涵盖了四者相即不离的教法。从佛教渐、顿之说来看，阳明的“四句教”与其是互为表里的。阳明虽注重对本体的彻悟，但彻悟后的平实功夫他强调是须臾不可离的，这在他对王畿和钱德洪“四无”“四有”说争论问题上的调和态度中足见一斑。

关于顿、渐，王畿《渐庵说》认为：“顿渐一机，虚实之辨，乾坤一道，刚柔之节也。理乘顿悟，事属渐修。悟以启修，修以征悟。根有利钝，故法有顿渐。要之，顿亦由渐而入，所谓上智兼修中下也。”[①] 王畿对顿、渐的理解隐含着以悟为修的为学宗旨，接近于顿教。王畿《趋庭谩语付应斌儿》还提倡：“君子之学，以无念为宗。然此非见解所能臆测，气魄所能承当。须时时从一念入微处归根反证，不作些子漏泄，动静二相，了然不生。有事时主宰常寂，自不至逐物；无事时主宰惺惺，自不至著空。”[②] 在修养方法上，王畿强调在心上用功，本体即功夫。在论学时，钱德洪回复王畿：“吾心本与民物同体，此是位育之根，除却应酬更无本体，失却本体便非应酬。苟于应酬之中，随事随地不失此体，眼前大地何处非黄金。若厌却应酬，必欲去觅山中，养成一个枯寂，恐以黄金反混作顽铁矣。”[③] 钱德洪指出需在事上磨炼正心，反对离开日用常行的静坐养心。据《绪山钱君行状》载，对王畿强调本体的做法，钱德洪驳斥道：“学者未肯实用克己功夫，未免在意见上转，遂谓本体可以径造而得，乃于随时实用功处，往往疏略而不精，流入于禅寂而不自觉。甚者恣行无忌，犹自信以为

① （明）王畿著，吴震编校：《王畿集》卷17，第500页。
② （明）王畿著，吴震编校：《王畿集》卷15，第440页。
③ （清）黄宗羲著，沈芝盈点校：《明儒学案》卷11，第233页。

本体自然。此吾党立言之过，不可以不察也。”[①] 此番言论，对悬空本体进而忽略实用功夫的人来说无疑是当头棒喝。钱德洪从实际出发，对多数非利根的人指出了向上一路，需注重日用功夫的践行。钱德洪强调功夫即本体，这即是以修为悟，接近于渐教。阳明对二人观点的调和，体现出悟修不二、本体功夫合一的立场。

华严宗圭峰宗密是南禅荷泽宗的传人，他主张顿悟渐修说，认为顿渐并不相斥，二者是互补的关系。关于悟修关系，以神会（684—758）为代表的南宗认为在顿悟之前有渐修的成分，而北宗认为，渐修与顿悟都不可偏废，强调只有通过渐修，方能证得顿悟。宗密继承了神会一派的禅法，认为在顿悟之后须渐修，关于悟修之关系，宗密对其进行了细致地划分，有如下四类：“有云先因渐修功成而豁然顿悟，有云因顿修而渐悟，有云因渐修而渐悟等者，皆说证悟也。有云先须顿悟方可渐修者，此约解悟也。故《华严》说初发心时即成正觉，然后三贤十圣次第修证，若未悟而修非真修也。有云顿悟顿修者，此说上上智根性乐欲俱胜，一闻千悟得大总持。一念不生，前后际断。”[②] 宗密认为，就修行类型看，北宗是证悟，南宗是解悟；就悟修关系看，北宗是先修后悟，以渐修顿悟、渐修渐悟为主；南宗则偏向顿，以顿悟渐修、顿悟顿修为主。故悟修关系并不对立，二者不可分。宗密在承认顿悟说的前提下，又巧妙地提出了从凡夫到佛的修行步骤。可以说，宗密的顿悟渐修说是对中国禅宗理论的一种完善，这种禅学理论既正确地表达了道有心悟，不假外求；成佛全在个人内心的一念之间，不依赖任何宗教修行的南宗禅的顿悟思想，又弥补了南宗禅否定禅定修行和经典信仰的倾向。[③]

---

① （明）王畿著，吴震编校：《王畿集》卷20，第589页。

② （唐）宗密：《禅源诸诠集都序》，《大正藏》第48册，第407页下。

③ 李富华：《宗密和他的禅学》，《宗教研究四十年：中国社会科学院世界宗教研究所成立40周年（1964—2004）纪念文集（上册）》，宗教文化出版社2004年版，第534页。

受宗密顿渐观的影响，阳明认为良知之理需顿悟，致良知之事则需渐修。在顿、渐问题上，阳明认可钱德洪的渐修渐悟，也肯定王畿的顿悟顿修，尤其强调了悟后的渐修，对此，弟子王畿《天泉证道纪》有载："吾人凡心未了，虽已得悟，不妨随时用渐修功夫。不如此，不足以超凡入圣，所谓上乘兼修中下也。"[①] 阳明曾多次提出要在功夫上去欲除蔽，恢复心体之本原，此外，还需致良知于事物上，在事上磨炼，使其合乎良知的准则。阳明通过评判弟子的争论，再次强调本体功夫相即不离的用功方法。

在打通本体功夫后所达到的"自得"精神境界上，阳明吸收了佛教禅宗"清净""无我"之境，对其个体的人格发展、内心体验、人生境界方面产生了重要影响。佛教的"清净""无我"说，最初主要是为了反对婆罗门教的"梵我一如"论而提出的。大乘佛教认为一切事物和现象本性皆空，主张人无我、法无我，强调自我主宰和解脱。关于心性如何得解脱，在鸠摩罗什所译《思益梵天所问经》中《论寂品第八》记载了佛陀的回答："善男子，譬如虚空，若受垢污无有是处。心性亦如是，若有垢污无有是处。又如虚空，虽为烟尘、云雾覆翳，不明不净，而不能染污虚空之性。设染污者不可复净，以虚空实不染污故，还见清净。凡夫心亦如是，虽邪忆念起诸烦恼，然其心相不可垢污。设垢污者不可复净，以心相实不垢污性常明净。是故心得解脱。"[②] 此经注疏较少，存世只有明代僧人圆澄的《思益梵天所问经集注》，周叔伽先生认为："此经为性宗要籍，以无古疏，世鲜研究。"[③] 该经《谈论品第七》提出"一切法空、无我，是为圣谛"，"随所有见皆为虚妄，无所见者乃名见谛"。[④]《等行品第十四》有言：

---

① （明）王畿著，吴震编校：《王畿集》卷1，第2页。

② （姚秦）鸠摩罗什：《思益梵天所问经》卷3，《大正藏》第15册，第51页中。

③ 周叔伽：《周叔伽大德文汇》，华夏出版社2012年版，第333页。

④ （姚秦）鸠摩罗什：《思益梵天所问经》卷3，《大正藏》第15册，第48页上。

"若不受一切法则随法行。于一切法无忆念、无分别、无所行，是名随法行。"① 这些观点与《金刚经》《楞伽经》等有相似处，禅宗在此基础上发展壮大，把"清净""无我"之境界发展到了极致。面对尘世外境，人追名逐欲，陷入偏执妄念，生出无尽烦恼。禅宗要人们认识自我的"本来面目"，用"平常心"对待人、事，恢复自我的清净本性。不管身处怎样的情境，价值与行为自然统一，本体功夫得到充分体现。在自然宇宙中，个体的精神境界与宇宙万物融合，人我、物我实现统一，个体与万物汇通成一个生生不息的有机体，个体最终实现了天人合一的境界。

阳明四句教打通本体功夫后达到的"自得"之境，与佛教禅宗"无我"观有着紧密联系，正如陈来在《南宋的心学与佛教》一文中所说，心学对佛家境界的这种吸收乃是整个理学发展的一个内在的主题。只是在南宋它的发展比较特异，直到明代中期阳明学中才获得了自己真正的意义。②

综上所言，阳明心学与佛禅有着紧密的联系，不管是"心即理""知行合一"还是"致良知""四句教"命题，都深深地打上了佛禅的烙印。对此，很多学者都持肯定态度，任继愈肯定了二者在思想创新性上的相似点，他指出："禅宗的大胆怀疑，独立思考，和王阳明的哲学观点基本上有类似之处。"③ 对阳明在学术思想上兼采儒佛的原因及影响，但衡今表示：

> 姚江学术，亦儒亦佛，正可依仁立德，转识成智，自立门户。乃用佛辟佛，藉与程朱门下争短长。未免胸中犹有渣滓在。而非儒

① （姚秦）鸠摩罗什：《思益梵天所问经》卷3，《大正藏》第15册，第55页下。

② 陈来：《南宋的心学与佛教》，《中国近世思想史研究》，生活·读书·新知三联书店2010年版，第337页。

③ 任继愈：《禅宗哲学思想略论》，《皓首学术随笔：任继愈卷》，中华书局2006年版，第140页。

非佛，与人口实。复世又未能平心论之。遂使其学术不明。甚有谈虎而为之色变者。要知阳明之謦欬，不同凡响。其用佛入儒，用儒入佛处，自是唐宋以来第一人。而虞廷心教，亦得赖以不坠也。[①]

此番言论，还原了阳明心学在明代的处境，可谓客观公正。至于阳明吸取佛禅的具体方式，秦家懿认为："阳明的论辩结构，得自禅宗，又有禅宗的辩证色彩。他用的譬喻与字句，也多得自禅。……阳明对于禅宗，确有亲切感。他不像韩愈一般，以异端目佛老。他的'为圣之学'，超乎门户之见。他在禅宗，也实有所得。"[②] 上述言论从不同角度对阳明哲学与佛禅之关系作了分析，高度评价了阳明学术思想的历史地位。最后，需要指出的是，阳明心学所受佛禅之影响是极为驳杂的，需要具体情况具体分析，不能一概而论。

---

① 陈荣捷：《王阳明〈传习录〉详注集评》，第 229 页。

② 秦家懿：《王阳明》，生活·读书·新知三联书店 2011 年版，第 152 页。

第四章　王阳明诗歌的佛禅意蕴

第一节　初入仕途："真同摩诘作禅僧"

一　未入仕途：爱山水

因生母郑氏早逝，祖母岑氏陪伴阳明较多，故受其信佛的影响。据此推测，阳明在少年时代就开始阅读佛书，时常出入寺庙，所以他早年所写的诗歌就带有学佛的痕迹。如阳明九岁时所写的《寓资圣僧房》：

> 人世道缘逢郡博，客途归梦借僧房。
> 一年几度频留此，他日重来是故乡。①

资圣寺位于浙江海盐，是阳明生母的家乡。在阳明年幼时，父亲王华曾在海盐任子弟师，阳明随其父在资圣寺里受学，故资圣寺对他来说，是童年纯真生活的记忆，无异于第二个故乡，诗歌语言自然老

---

① 束景南：《阳明佚文辑考编年》，上海古籍出版社 2012 年版，第 8 页。

成。对一个十岁不到的孩子来说，人生何处不相逢？人生何处非故乡？凝练的语言，表现出随缘任运的禅理。又如阳明十一岁时所写的《蔽月山房》：

> 山近月远觉月小，便道此山大于月。
> 若人有眼大如天，还见山小月更阔。①

阳明此诗直白质朴却蕴含哲理。在表达禅理上，与两年前的旧作相比，显然更为成熟更为豁然，如禅家说禅，可见其少时近佛心态之流露。

弘治二年（1489），阳明迎夫人诸氏归余姚，途中拜访了吴与弼的弟子娄谅（1422—1491），娄氏告诉他，圣人可以通过不断的学习从而达到，阳明深契之。其实，娄谅讲格物穷理，是为了扩充吾心之“已见”，提出“以收放心为居敬”之类的心内功夫。罗钦顺就曾评价过娄谅与陈宪章“近禅”，二人之学问与其师吴与弼“兼采朱陆说”最为接近。

此外，阳明26岁写下的《兰亭次秦行人韵》云：“茂林有竹啼残鸟，曲水无觞见落花。野老逢人谈往事，山僧留客荐新茶。”② 在山寺里，和野老秉烛夜谈，热情的僧人用新茶招待来客，全诗用语清新自然，借竹林、山鸟、流水、落花等意象，勾勒出一幅颇具禅情画意的山居图。弘治十一年（1498）春，阳明在北赴京师的途中，游会稽县东南的秦望山，夜宿云门僧舍时写下两首诗：其一《登秦望山用壁间韵》：

① 束景南：《阳明佚文辑考编年》，第12页。
② 束景南：《阳明佚文辑考编年》，第40页。

长啸归来景渐促，山鸟山花吟不足。
夜深风雨过溪来，小榻寒灯卧僧屋。[①]

寂静的山夜，冒着风雨踏溪而来，一张竹榻，一盏寒灯就足以安眠。尽管奔走于凡尘俗世，可一旦回归山林，阳明心中就涌起一股难以自抑的满足感。其二为《登峨嵋归经云门》：

一年忙里过，几度梦中游。
自觉非元亮，何曾得惠休。
乱藤溪屋邃，细草石池幽。
回首俱陈迹，无劳说故丘。[②]

渊明性癖田园，惠休酷爱山林，游学于京师的阳明，对山林田园的渴望并不亚于陶、汤两人。这两首诗都是途经山寺所作，可见阳明对山水自然的喜好和留念。此外，阳明还写有《留题金粟山》：

独上高峰纵远观，山云不动万松寒。
飞霞泻碧雨初歇，古涧流红春欲阑。
佛地移来龙窟小，僧房高借鹤巢宽。
飘然便觉离尘世，万里长空振羽翰。[③]

弘治十一年，阳明自念辞章艺能不足以通至道，求师友于天下又不数遇，心持惶惑。一日，读朱子书有感于自己读书没有循其序，但循其序，又觉物理和内心似判而为二。加上旧疾复发，偶闻道士谈养

① 束景南：《阳明佚文辑考编年》，第 42 页。
② 束景南：《阳明佚文辑考编年》，第 45 页。
③ 束景南：《阳明佚文辑考编年》，第 46 页。

身，遂有遗世入山之意。

二 初入仕途：游九华

弘治十二年（1499），阳明第三次参加会试，终于如愿以偿，考中进士。是年春会试的主考官为大学士李东阳和翰林学士程敏政[①]，在《坠马行》中，阳明表达了对李东阳赏识提拔之情的感激："西涯先生真缪爱，感此慰问勤拳情。"[②] 弘治十二年秋，阳明往濬县督造王越坟时作了《游大伾山诗》：

晓披烟雾入青峦，山寺疏钟万木寒。
千古河流成沃野，几年沙势自平端。
水穿石甲龙鳞动，日绕峰头佛顶宽。
宫阙五云天北极，高秋更上九霄看。[③]

此诗除了对秋季佛寺的描写外，结尾更洋溢着新科进士对未来的自信和乐观。弘治十三年（1500），阳明在京师与茶陵派、前七子交游唱和，写下《奉和宗一高韵》：

懒爱官闲不计升，解嘲还计昔人曾。
沉迷簿领今应免，料理诗篇老更能。
未许少陵夸吏隐，真同摩诘作禅僧。

---

① 程敏政因涉徐经、唐寅科场案，被诬"鬻题"而下狱，出狱后愤恚发痈，卒于是年。阳明早年的诗文因他本人的意愿没有得以完整保存，故他与程敏政的具体交往难以考述。但阳明此后作《朱子晚年定论》即受到程敏政《道一编》之影响。

② 束景南：《阳明佚文辑考编年》，第55页。

③ 束景南：《阳明佚文辑考编年》，第66页。

龙渊且复三冬蛰，鹏翼终当万里腾。①

宗一姓李，为李梦阳业师。阳明自喻为在家修行的居士维摩诘，表达了对未来的自信和洒脱。《注维摩诘所说经》卷第八《入不二法门品》中“垢净为二”“是动是念”“无缚无解”“于相亦不住无相”“有为无为”等不二思想，对禅宗产生了深远的影响。《坛经·行由品》曾明确指出，“佛性是不二之法”“无二之性，即是佛性”。阳明以在家修行的维摩诘为榜样，对佛禅的喜爱并未因初入仕途而有丝毫减弱。

弘治十四年（1501）秋，阳明奉命审录江北，待录囚多所平反后，遂游九华山。青阳县境内，有九十九峰，其中九峰清丽如莲花，唐代大诗人李白为此写下诗句，后称为九华山。它与五台山、峨眉山、普陀山共称为中国佛教四大名山，此外，在道教的洞天福地中，九华山是第三十九福地。

阳明此次游览，对九华山水尤为喜爱，如《芙蓉阁二首》其一：“青山意不尽，还向月中看。”② 其中，《莲花峰》的描写就体现了禅境：“夜静凉飙发，轻云散碧空。玉钩挂新月，露出青芙蓉。”③ 此诗极妙的是后一句，随着月光的移动，莲花峰慢慢显现在皎洁的夜空下，这种清、静、虚、空的境界是不可言说的。全诗勾勒出一幅静谧空灵的图景，几乎连时空的界线都泯灭了，而这正是禅修的独到功夫。

在九华山上，阳明接触了一些道教人物，如写于是年仲冬望日，即农历十一月十五的《和九柏老仙诗》：“石涧西头千树梅，洞门深锁

---

① 束景南：《阳明佚文辑考编年》，第 97 页。

② （明）王守仁：《王阳明全集》卷 19，第 740 页。

③ （明）王守仁：《王阳明全集》卷 19，第 739 页。

雪中开。寻常不放凡夫到，珍重唯容道士来。”① 此外，他与佛家禅师也有所亲近。在参访太白祠时，阳明认为对诗仙最好的纪念就是山间的一切，故对前来索诗的僧人不禁感慨：“云雨罗文藻，溪泉系梦思。老僧殊未解，犹自索题诗。”② 在无相寺居住时，清幽的环境让阳明格外留恋：“老僧岩下屋，绕屋皆松竹。朝闻春鸟啼，夜伴岩虎宿。”③ 留宿化城寺期间，在清风朗月的夜晚，与猿鹤一起，听着僧人的唱偈参禅，初入仕途的阳明心绪万千：“月明猿听偈，风静鹤参禅。今日揩双眼，幽怀二十年。”④ 有时，与僧人一起，粗茶淡饭，“僧屋烟霏外，山深绝世哗。茶分龙井水，饭带石田砂”⑤ 这样的山居生活对阳明来说是无比惬意的。有时，与老僧聊着安葬金乔觉肉身的地藏塔之遗事：“金骨藏灵塔，神光照远峰。微茫竟何是？老衲话遗踪。”⑥ 这何尝不是人生一大至乐？有时，在静谧的夜晚，“最爱山僧能好事，夜堂灯火伴孤吟”⑦ 听着僧人的吟唱，顿觉尘缘如梦。其实，入世与避世的矛盾，在阳明此次游九华时就已表现出来了。

值得注意的是，阳明在参访九华山上最为著名的地藏塔后，不禁吟诵起唐朝诗僧一夔称颂金地藏“圆寂”后被供奉在石塔中的诗：“渡海离乡国，辞荣就苦空。结茅双树底，成塔万华中。”⑧ 此诗歌咏的地藏塔在化城寺西边，法师为唐时新罗国王金宪英的近族，自幼出家，法名乔觉。其于开元七年（719），二十四岁时航海来华，在九华山上苦修七十五载，于贞元十年（794）以九十九岁跏趺示寂。时人

---

① （明）王守仁：《王阳明全集：新编本》卷 42，第 1699 页。
② （明）王守仁：《李白祠二首》其一，《王阳明全集》卷 19，第 739 页。
③ （明）王守仁：《无相寺三首》其一，《王阳明全集》卷 19，第 737 页。
④ （明）王守仁：《化城寺六首》其四，《王阳明全集》卷 19，第 738 页。
⑤ （明）王守仁：《化城寺六首》其五，《王阳明全集》卷 19，第 738 页。
⑥ （明）王守仁：《化城寺六首》其六，《王阳明全集》卷 19，第 738 页。
⑦ （明）王守仁：《化城寺六首》其一，《王阳明全集》卷 19，第 738 页。
⑧ （民国）释印光重修：《九华山志》卷 3，杜洁祥主编《中国佛寺史志汇刊》第 2 辑第 22 册，明文书局 1980 年版，第 138 页。

把他视作地藏王菩萨的化身，称其为金地藏。此后，九华山就成为佛教地藏菩萨的道场。阳明对一夔此诗颇为赏析，“苦空”二字实则揭示了佛法修行之道和世间诸法众缘和合而生之义，高度评价了金地藏东来弘法的行为，深契阳明之意。

三　告病归越：平常心

弘治十五年（1502），阳明告病归越途中，拜名刹，访佛僧，写下了许多诗，如《游北固山》：“北固山头偶一行，禅林甘露几时名。”① 《仰高亭》：“林僧定久能知客，巢鹤年多亦解禅。”② 《审山诗》：“寺僧闻客来，袈裟候庭庑。”③ 《游牛峰寺四首》其三：“偶寻春寺入层峰，曾到浑疑是梦中。”④ 其四：“一卧禅房隔岁心，五峰烟月听猿吟。”⑤ 阳明还作诗赠予禅僧，如《赠京口三山僧》⑥ 四首分别赠予金山寺僧惠钦、蒲珏、雪航及甘露寺僧性空。再如《赠芳上人归三塔》：“秀水城西久闭关，偶然飞锡出尘寰。调心亦复聊同俗，习定由来不在山。秋晚菱歌湖水阔，月明清磬塔窗闲。毗卢好似嵩山笠，天际仍随日影边。”⑦ 从诗意来看，秀水县三塔寺僧芳上人常年闭关静坐，偶出游，遇见阳明，二人畅谈甚久，阳明遂写下此诗相赠。如果说少年阳明入佛寺是无意之举，而如今的他，广泛游览各地寺庙，则更多是他有意亲近佛教的行为。

回到余姚后，筑室阳明洞，行导引术。此期的阳明，心情大为放

---

① 束景南：《阳明佚文辑考编年》，第127页。
② 束景南：《阳明佚文辑考编年》，第132页。
③ 束景南：《阳明佚文辑考编年》，第135页。
④ （明）王守仁：《王阳明全集》卷19，第734页。
⑤ （明）王守仁：《王阳明全集》卷19，第734页。
⑥ 束景南：《阳明佚文辑考编年》，第129页。
⑦ 束景南：《阳明佚文辑考编年》，第134页。

松，写下了一些无禅语禅理却蕴含禅意禅境的诗作。禅宗强调“对境无心”“无住为本”，即是对一切境遇不生忧乐悲喜之情，不沾不着，不尘不染，心念不起。世间的一切事物都是真如本性的外在显现，这种佛性不是语言所能表达的，只能靠神秘的直觉、顿悟才能把握。如《山中立秋日偶书》：“风吹蝉声乱，林卧惊新秋。山池静澄碧，暑气亦已收。青峰出白云，突兀成琼楼。袒裼坐溪石，对之心悠悠。倏忽无定态，变化不可求。浩然发长啸，忽起双白鸥。”① 面对恬淡的自然之景，诗人怡然自得的神情溢于言表。《又四绝句》其一：“翠壁看无厌，山池坐益清。深林落轻叶，不道是秋声。”② 诗人面壁问道，达到了物我两忘的境界。

此外，阳明还有一些用平淡质朴的语言描述日常生活的诗作，体现了洪州宗马祖道一所说的“平常心是道”的思想。《景德传灯录》卷二十八载江西大寂道一禅师示众云：

> 道不用修，但莫污染。何为污染？但有生死心，造作趣向，皆是污染。若欲直会其道，平常心是道。谓平常心无造作、无是非、无取舍、无断常、无凡无圣。经云：“非凡夫行，非圣贤行，是菩萨行。”只如今，行住坐卧、应机接物尽是道。③

依照禅宗的立场，舍凡取圣，即是凡夫；舍垢取净，即是污染；舍有取无，亦是着相。总之，取舍之心，皆落两边。若能以清净心，取时不作取想，舍时不作舍想，随缘取舍，无所住着，即合“无取无舍”之义。马祖的“道不用修”与禅宗的“本来清净”语异而义同。自性清净犹如明镜，不是“避相而清净”，而是“含相而清净”。既如

---

① （明）王守仁：《王阳明全集》卷19，第735页。

② （明）王守仁：《王阳明全集》卷19，第735页。

③ （宋）道原：《景德传灯录》卷28，《大正藏》第51册，第440页上。

此，就不须闭目塞听，也无须压念不起。禅的体验离不开日常生活，禅宗反对离开日用而别求妙道，主张随缘任运，将禅道落实于日常生活，正所谓日用无非道，安心即是禅。

正基于此，阳明《又四绝句》其四云："两到浮峰兴转剧，醉眠三日不知还。眼前风景色色异，惟有人声似世间。"[①] "色色"可以理解为佛经中的"外色"，指色声香味触之五境。眼前风景如世外桃源，让人远离尘世，只有偶然传来的人声提醒诗人，还身处世间。再如《夜雨山翁家偶书》：

> 山空秋夜静，月明松桧凉。
> 沿溪步月色，溪影摇空苍。
> 山翁隔水语，酒熟呼我尝。
> 褰衣涉溪去，笑引开竹房。
> 谦言值暮夜，盘餐百无将。
> 露华明橘柚，摘献冰盘香。
> 洗盏对酬酢，浩歌入苍茫。
> 醉拂岩石卧，言归遂相忘。[②]

夜色下，和山翁对酌欢唱，醉卧竟忘了归家之路。这样的山居生活，体现出的高情远韵无不印证着阳明诗歌的禅情画意。

又如《寻春》：

> 十里湖光放小舟，谩寻春事及西畴。
> 江鸥意到忽飞去，野老情深只自留。
> 日暮草香含雨气，九峰晴色散溪流。

① （明）王守仁：《王阳明全集》卷19，第735页。
② （明）王守仁：《王阳明全集》卷19，第736页。

吾侪是处皆行乐，何必兰亭说旧游？①

据《景德传灯录》卷四载，四祖道信在谈到“佛”时，和法融有一段对话：“汝但任心自在，莫作观行，亦莫澄心，莫起贪嗔，莫怀愁虑。荡荡无碍，任意纵横。不作诸善，不作诸恶。行住坐卧，触目随缘，总是佛之妙用，快乐无忧。故名为佛。”② 的确，行住坐卧，皆为道场，皆可达到至乐，何必一定要游兰亭呢？诗歌语言平淡质朴，率性适意，体现出存在即超越的禅意。

再如《又四绝句》其二：“人间酷暑避不得，清风都在深山中。池边一坐即三日，忽见岩头碧树红。”③ 诗歌模仿黄庭坚在黄龙晦堂处“闻香悟道”这则公案的颂古：“渠侬家住白云乡，南北东西路渺茫。几度欲归归未得，忽闻岩桂送幽香。（石溪月颂）”④ 池边苦坐多日，百思不得其解，忽然间，看见岩头碧树上一抹红，心中所困随着悟道顿时烟消云散。体现出禅宗诗歌美学境界之现量境。

综观此期的阳明，童年时受家庭奉佛氛围的浸润，少年时跟随在海盐县任子弟师的父亲于资圣等佛寺受学。稍年长，又随祖父王伦进京师陪伴父亲，因逗留京师日长，接触人事增多，这就为他与佛教的进一步接触提供了更多机会。从少年时对佛书的一知半解，到青年时入京师准备科考，再到因初入仕及身体的双重不适而产生归乡愿望，在诸种因缘的聚合下，阳明在习染佛禅的道路上有了较大进步，佛学修养也得到了提高。反映在诗歌创作中，从提及佛寺禅僧的参访，到颂赞苦行的金地藏，再到具有禅意禅境诗语的呈现，不难看出其对佛禅的态度，已从外在的求索开始转入内在的探寻。

---

① （明）王守仁：《王阳明全集》卷19，第736页。

② （宋）道原：《景德传灯录》卷4，《大正藏》第51册，第227页上。

③ （明）王守仁：《王阳明全集》卷19，第735页。

④ （宋）法应集，（元）普会续集：《禅宗颂古联珠通集》卷39，《续藏经》第115册，第495页下。

第二节　贬谪龙场:“况闻休远悟禅机”

一　贬谪龙场前：不忘用世

据《全集》年谱载，弘治十六年（1503），阳明复思用世之志，移疾钱塘西湖，往来南屏、虎跑诸刹。见一禅僧坐关三年，不语不视，阳明喝斥使之惊醒。受阳明爱亲乃本性之启发，遂去。阳明虽学佛习禅，却一直持批判佛教遗弃人伦之观点，认为佛禅割裂了人的精神生活和社会伦理，有其“自私自利”之处。可见，阳明对佛禅是有选择性的吸收，但这并不妨碍他创作禅诗的兴趣。这一年，抱病归隐的阳明平静了一阵子，又不忘用世之心，矛盾纠结的他频繁出入佛寺，写下了《本觉寺》、《圣水寺》（二首）、《曹林庵》、《惠济寺》、《觉苑寺》、《胜果寺》、《春日宿宝界禅房赋》、《无题》、《西湖》等诗。

相较之前的禅诗，上述诗歌体现出阳明对出世入世的两难心理。如《圣水寺》二首：

拂袖风尘尚未能，偷闲殊觉愧山僧。
杖藜终拟投三竺，裘马无劳说五陵。

长拟西湖放小舟，春山随意逐春流。
烟霞只作鸥凫主，断却纷纷世上愁。①

第一首诗直接表明了对俗世的未能忘怀，因此愧对山僧。但阳明

① 束景南：《阳明佚文辑考编年》，第145页。

又表示，虽心系世事，但仍然把山林作为自己的最终归宿。第二首诗描写了阳明适意自得的归隐生活，希望自己能够完全断绝现实烦恼。类似的诗歌还有《惠济寺》："停车古寺竹林幽，石壁烟霞澹素秋。趺坐观心禅榻静，紫薇花上月华浮。"① 据束景南先生考证，此诗应是阳明移疾钱塘，归山阴时途经萧山而作。阳明暂时忘怀了世事，在古寺静穆的环境里习禅打坐，净心静虑。对没有足够阅历的年轻人来说，要想真正忘怀尘事是不容易的，阳明的《无题》就表现出这样的矛盾：

> 江上月明看不彻，山窗夜半只须开。
> 万松深处无人到，千里空中有鹤来。
> 受此幽居真结托，怜予游迹尚风埃。
> 年来病马秋尤瘦，不向黄金高筑台。②

值得一提的是《曹林庵》："好山兼在水云间，如此湖须如此山。素有卜居阳羡兴，此身争是未能闲。"③ 曹林庵位于萧山，阳明早年就有卜居萧山之意，惜未成。诗歌化用了梁代吴均《续齐谐记》中阳羡书生鹅笼寄居的故事，而此故事又源于《维摩诘》等佛经"芥子纳须弥"的圆融互摄理论。有隐居之愿，也有隐居之地，无奈的却是系怀功业之心未曾放下。从阳明的诗歌看，出入世的矛盾心态贯穿其一生，在初入仕之期，较为突出。

经过一番内心挣扎，此后的阳明算正式进入仕途。弘治十七年（1504）秋，阳明主考山东乡试结束后，往游泰山，途经灵岩寺写下《游灵岩次苏颍滨韵》："客途亦幽寻，窅窱穿谷底。尘土填胸臆，到

① 束景南：《阳明佚文辑考编年》，第150页。
② 束景南：《阳明佚文辑考编年》，第154页。
③ 束景南：《阳明佚文辑考编年》，第148页。

此乃一洗。……梵语过岩壑，檐牙相角抵。山僧出延客，经营设酒醴。……石田惟种椒，晚炊仍有米。临灯坐小轩，矮榻便倦体。”① 灵岩寺，在泰山下，位于济南长清县东南方。北魏正光初年，法定禅师创建，其地曾为梵僧佛图澄立锡杖涌出清泉之处。阳明所到之处，逢山寺必亲近，此诗不仅描绘了寺庙周围清幽的山林景色，还对暂栖其间，简朴自然的僧斋生活进行了刻画，俨然一个习禅的僧人。弘治十八年（1505），阳明于京师授徒讲学，教人立圣人之志，使知有身心之学。是年，刑部员外郎龙霓出任浙江按察佥事，李梦阳、何景明、边贡及阳明等二十二人，在京师聚文会相送。浙派画家吴伟作《文会赠言图》，阳明撰题画诗《西湖》留别。除了与茶陵派、前七子这样的文学集团交游唱酬外，阳明还结识了白沙弟子湛甘泉，两人相与论学，一见定交。受湛氏“自得”之学影响，阳明坚定了“向内用功”的方向。

正德元年（1506）起，朝臣大学士刘健、谢迁，户部尚书韩文，给事中戴铣等人陆续上疏，揭发刘瑾不法事，十二月，阳明上封事，下锦衣狱。狱中的生活，让他常怀念余姚的山水和至亲，如《岁暮》“兀坐经旬成木石，忽惊岁暮还思乡”② 就表达了居狱的感受。远离家乡，内心孤苦，希望借由习禅打坐获得内心的平静，却忽然惊悟时光流逝，反而倍加思念亲人。

二 贬谪龙场：洗心之旅

正德二年（1507），阳明辞别京师朋友，开始了奔赴贵州，在龙场任驿丞的贬谪生涯。这一年，阳明写下许多诗歌，如《游海诗》其一：“学道无闻岁月虚，天乎至此欲何如？”③ 其二：“满腹文章方有

---

① 束景南：《阳明佚文辑考编年》，第 189 页。

② （明）王守仁：《王阳明全集》卷 19，第 747 页。

③ 束景南：《阳明佚文辑考编年》，第 234 页。

用，百年臣子独无惭。”① 这两句诗表达阳明身陷绝境、心志未竟却又乐观自信、豪迈洒脱的复杂感受。沿途，阳明游历佛寺每作诗语，如《大中祥符禅寺》：“漂泊新从海上至，偶经江寺聊一游。老僧见客频问姓，行子避人还掉头。”②《舍利寺》之“经行舍利寺，登眺几徘徊。峡转滩声急，雨晴江雾开”③，《题兰溪圣寿教寺壁》之“潭沉秋色静，山晚市烟深。更有枫山老，时堪杖履寻”④，《南屏》之“花竹日新僧已老，湖山如旧我重来”⑤，《醴陵道中风雨夜宿泗州寺次韵》之“水南昏黑投僧寺，还理羲编坐夜长”⑥，《游岳麓书事》之“橘洲僧寺浮江流，鸣钟出延立沙际……浮屠观阁摩青霄，盘据名区遍寰宇”⑦ 等等。

值得一提的是，还有被归类于赣州诗的《栖禅寺雨中与惟乾同登》：

> 绝顶深泥冒雨扳，天于佳景亦多悭。
> 自怜久客频移棹，颇羡高僧独闭关。
> 江草远连云梦泽，楚云长断九疑山。
> 年来出处浑无定，惭愧沙鸥尽日闲。⑧

据梁颂成先生考证，此诗原名为《桃源东禅寺》，写在溯沅江而上经过桃源奔赴龙场的途中。⑨ 在此，笔者取梁先生意，游览佛寺、参访僧人、亲近山水，这是阳明少时的喜好，一直保持到如今，从侧

---

① 束景南：《阳明佚文辑考编年》，第 234 页。
② 束景南：《阳明佚文辑考编年》，第 253 页。
③ 束景南：《阳明佚文辑考编年》，第 255 页。
④ 束景南：《阳明佚文辑考编年》，第 256 页。
⑤ （明）王守仁：《王阳明全集》卷 19，第 756 页。
⑥ （明）王守仁：《王阳明全集》卷 19，第 761 页。
⑦ （明）王守仁：《王阳明全集》卷 19，第 763 页。
⑧ （明）王守仁：《王阳明全集》卷 20，第 826 页。
⑨ 梁颂成：《王守仁在常德的诗歌创作》，《常德师范学院学报》（社会科学版）2001 年第 1 期。

面证明了阳明与佛禅的不解之缘。

除了以佛寺、僧人及相关内容为题材外，皆有儒佛二意之“洗心”一词频繁出现，成为阳明此期具有佛禅意蕴诗歌之一大特色。

如于牢狱中写就的《读易》：“囚居亦何事？省愆惧安饱。瞑坐玩羲《易》，洗心见微奥。乃知先天翁，画画有至教。……《遁》四获我心，《蛊》上庸自保。俯仰天地间，触目俱浩浩。箪瓢有余乐，此意良匪矫。幽哉阳明麓，可以忘吾老。”[①] 据《周易·遁卦》九四爻辞曰：“好遁，君子吉，小人否。”[②] 意指君子当退则退可获吉祥，小人则难以做到。《周易·蛊卦》上九爻辞曰：“不事王侯，高尚其事。”[③] 即指不从事王侯的事业，把自己抱道守志的行为看得至高无上。“瞑坐玩羲易，洗心见微奥”，在澄心静一的体悟中，《易经》的宇宙观和方法论开启了阳明的心性大门，使他在认知万事万物的基础上，对心性和物理作了较好的结合。

关于“洗心”，儒道佛三家都有言及。道家的洗心与求长生有关；儒家说洗心，多为引人向善的道德论，如《周易·系辞上》有曰：“圣人以此洗心，退藏于密，吉凶与民同患。”[④] 即指圣人用《周易》来洗濯净化其心，退而隐密深藏其功用，吉凶之事与百姓同忧患；佛家言洗心，内容较丰富，理论更精致，如《维摩诘经》先阐释“垢净”：“如佛所说，心垢故众生垢。心净故众生净。……维摩诘言，一切众生心相无垢亦复如是。唯优波离，妄想是垢，无妄想是净。颠倒是垢，无颠倒是净。取我是垢，不取我是净。”[⑤] 再说具体的洗心法：“四禅为床座，从于净命生。多闻增智慧，以为自觉音。甘露法之食，解脱味为浆。净心以澡浴，戒品为涂香。摧灭烦恼贼，勇健

① （明）王守仁：《王阳明全集》卷19，第747页。
② 黄寿祺、张善文：《周易译注》，上海古籍出版社1989年版，第276页。
③ 黄寿祺、张善文：《周易译注》，上海古籍出版社1989年版，第164页。
④ 黄寿祺、张善文：《周易译注》，上海古籍出版社1989年版，第557页。
⑤ （后秦）僧肇等：《注维摩诘所说经》卷3，第62—64页。

无能踰。"[①] 详细地阐述了"洗心"的对象和方法，这里的"洗心"即指消除污垢、摧灭烦恼。

阳明笔下之"洗心"，从诗题看，与儒家思想有关，阳明当时身陷囹圄，读《易》是为了洗心正心、修身养性。然细读全诗，"洗心"还有佛家淡泊忘忧、消除烦恼这一层面的意义。正如此，阳明才在诗尾生发出"箪瓢有余乐，此意良匪矫。幽哉阳明麓，可以忘吾老"的感慨。唐实叉难陀译《大方广佛华严经》卷七十八有云："菩提心者，犹如净水，能洗一切烦恼垢故……菩提心者，犹如龙珠，能消一切烦恼毒故；菩提心者，如水清珠，能清一切烦恼浊故。"[②] 这里的"洗心"，当指清除污垢、烦恼。又《大佛顶首楞严经会解》卷十七，佛告大众即阿难言："魔镜现前，汝不能识。洗心非正，落于邪见。或汝阴魔，或复天魔。或著鬼神，或遭魑魅。心中不明，认贼为子。"[③] 可见，佛家之"洗心"蕴含丰富，还指消除"阴魔""魑魅"等罪孽、邪见，从而获得身心的清净。关于此意，阳明在正德十三年（1518）二月的公文《牌行招抚官》中有曰："仍仰谕各新民俱要洗心涤虑，永为良善，毋得听信仇家恐吓，妄生惊疑，自取罪累。"[④]"洗心涤虑"即为消除罪孽、邪见之意。

佛家的"洗心"意，不管是消除污垢、烦恼还是邪见、罪孽，在阳明此期的诗作中出现的频率比较高。如赴谪诗《移居胜果寺二首》其一："病肺正思移枕簟，洗心兼得远尘埃。富春咫尺烟涛外，时倚层霞望钓台。"[⑤] 此处的"洗心"当指以远离世俗、忘却烦恼来求得身心的自由无碍，所以才引发了阳明的隐居期盼。又如居夷诗《送客过

① （后秦）僧肇等：《注维摩诘所说经》卷7，第145—146页。

② （唐）实叉难陀译：《大方广佛华严经》卷78，《大正藏》第10册，第429页中—430页上。

③ （唐）般刺密帝译，（元）惟则会解：《大佛顶首楞严经会解》，第194页。

④ （明）王守仁：《王阳明全集》卷16，第620页。

⑤ （明）王守仁：《王阳明全集》卷19，第756—757页。

二桥》：“小洞巧容危膝坐，清泉不厌洗心听。经过转眼俱陈迹，多少高崖漫勒铭。”[①] 用清泉“洗心”忘忧，对待被贬，阳明从容洒脱地发出功名是非转头空的人生感慨。

在黔的三年时间，是阳明生命中至关重要的转折。初来时的水土不服、与夷人语言的不通、身体的久疾等，这些对阳明来说，皆为外在的磨难。思索学问之道，形成自己的思想体系，这才是他久悬于心的人生使命。经过一段时间的调整适应，阳明发现，对得失荣辱的世俗价值已然可以超越，但还不能克服对死亡的恐惧。最后，他造了一具石墩，日夜对之端居澄默。在这种模拟生死的临界体验中，他不断思考：如果圣人处于此境，将有何作为？

忽然一夜，阳明大悟格物致知之旨，“始知圣人之道，吾性自足，向之求理于事物者误也”[②]。这就是说，所谓“道”也好，“理”也好，都不在事物中，只在我们的心里。所以格物不应到事物上去格，而应当在自己的心中去找。不管外界环境怎样，至善在我们的心上，做圣贤之志体现在自己的心性本体中。这样，阳明就提出了他的哲学命题“心即理也”“心外无理”。

从形式上看，阳明脱离外界联系，面对石棺静坐直至大悟的做法，无疑带有佛家禅悟的修行痕迹；从命题上看，“心即理也”“心外无理”虽有其早年思想积累之种种促因，但在提法上则直接取自禅宗。

唐代居士慧光集释神会《大乘开心显性顿悟真宗论》一书是当时流行的禅宗典籍之一，其中有写道：“问曰：‘云何是道？云何是理？云何是心？’答曰：‘心是道，心是理。则是心，心外无理，理外无心。心能平等，名之为理；理照能明，名之心；心理平等，名之佛心。得此理者，不见生死，凡圣无异，境智无二，理事俱融，

① （明）王守仁：《王阳明全集》卷29，第1180页。
② （明）王守仁：《王阳明全集》卷33，第1354页。

染净一如。’”[①]“心是理”，“心外无理，理外无心”，“心理平等，名之佛心”等语意指佛教的自性清净心，所悟解的是禅理。与佛教的性空之心不同，阳明的“心即理”承象山而来，“心”指主观精神及道德自律原则。可见，“心即理”的命题，非阳明所创，也非象山之发明，早在唐代，就有禅师对此进行过论述。

宋代契嵩撰《镡津文集》卷七《论原》下“治心”条目也有类似的问答：“客以见余于岩谷恬无所营，而问曰：‘子默默必何为耶？’应曰：‘无为也，吾治其心耳。’曰：‘治心何为乎？’曰：‘治心以全理。’曰：‘全理何为乎？’曰：‘全理以正人道。夫心即理也，物感乃纷，不治则汩理而役物。物胜理，则人其殆哉！理至也，心至也。’”[②]从“治心以全理”“全理以正人道”等语来看，契嵩援儒入佛，从儒家“治心”的角度阐述了“心即理”，并明确指出不“治心”的后果：“汩理”，“役物”，“人殆”。事实上，在契嵩这里，禅宗不思善、不思恶的清净无染之心，已被改造成涵括儒家伦理内容之心了。

其实，阳明“心即理”的说法，主要针对的是“至善”，即道德实践活动过程中的道德原则问题。从这点看，阳明“心即理”的命题与契嵩更为接近，不同的是，阳明“心即理”学说将天下之事理归于一心，实现了主体即本体、本体即功夫的融合，既是解释人人皆可成圣的出发点，又是他的实践与修养法的基础。

龙场悟道的重要性不言而喻，阳明弟子王畿在《滁阳会语》中有曰：“先师之学，凡三变而始入于悟，再变而所得始化而纯。其少……尝泛滥于词章……及为晦翁格物穷理之学，几至于殒，时苦其烦且难，自叹以为若于圣学无缘。乃始究心于老佛之学……及至居夷处困，动

① （唐）慧光集释：《大乘开心显性顿悟真宗论》，《大正藏》第85册，第1278页中。

② （宋）契嵩：《镡津文集》卷7，《大正藏》第52册，第680页下。

忍之余，恍然神悟……自此之后，尽去枝叶，一意本原，以默坐澄心为学的，亦复以此立教。”[①] 钱德洪在《刻文录叙说》里也称其：“少之时，驰骋于辞章；已而出入二氏；继乃居夷处困，豁然有得于圣贤之旨：是三变而至道也。”[②] 的确，以龙场悟道为转折，阳明开始建立起自己独特的心学思想体系。随着龙冈书院的落成，远近学子慕名前来求教，阳明聚众讲学，深受当地居民拥戴。次年（1509），阳明便开始在贵阳书院讲“知行合一”。此后，阳明思想上的纠结矛盾相对减少。

此阶段，阳明游览佛寺、徜徉山水写下的诗歌也不少，如居夷诗之《涵碧潭》：“岩寺逢春长不夏，江花映日艳于桃。”[③] 涵碧潭位于贵阳甲秀楼旁，南明河水在此汇集成潭，与附近的翠微园、观音寺、武侯祠、海潮寺等形成了一组风景瑰丽的建筑群。再看《泗州寺》：

> 渌水西头泗洲寺，经过转眼又三年。
> 老僧熟认直呼姓，笑我清癯只似前。
> 每有客来看宿处，诗留佛壁作灯传。
> 开轩扫榻还相慰，惭愧维摩世外缘。[④]

三年前，因赴农场时曾借宿泗州寺，如今因赶赴庐陵任知县，再次经过，心境自然不同，难怪阳明要发出“惭愧维摩世外缘”的感慨。

再如庐陵诗之《午憩香社寺》：

---

① （明）王畿著，吴震编：《王畿集》卷2，凤凰出版社2007年版，第33页。
② （明）王守仁：《王阳明全集》卷41，第1746页。
③ （明）王守仁：《王阳明全集：新编本》卷42，第1710页。
④ （明）王守仁：《王阳明全集》卷19，第793—794页。

修程动百里，往往饷僧居。
佛鼓迎官急，禅床为客虚。
桃花成井落，云水接郊墟。
不觉泥尘涩，看山兴有余。①

长途跋涉，“往往饷僧居”；看山兴致浓厚，哪管脚下泥尘？阳明对佛寺、山水的喜爱似乎是与生俱来。京师诗之《夜宿功德寺次宗贤韵二绝》其二：“水边杨柳覆茅楹，饮马春流更一登。坐久遂忘归路夕，溪云正泻暮山青。”② 此诗无一字用禅语，但却蕴含着禅宗物我皆忘、万物一体的禅意，尤其是“坐久遂忘归路夕，溪云正泻暮山青”一句，体现了诗人向自然山水敞开自己，于无我处达到了澄明之境，在看似不假思索中获得了禅悟的体验。

除了经过佛寺写下的诗歌外，阳明还有一些在日常生活中体现出高情远韵的禅诗。如南都诗之《山中懒睡四首》其一和其四：

竹里藤床识懒人，脱巾山麓任吾真。
病夫已久逃方外，不受人间礼数嗔。

人间白日醒犹睡，老子山中睡却醒。
醒睡两非还两是，溪云漠漠水泠泠。③

无拘无束的山居生活使人回归本真，是非对错皆为虚妄，阳明淡泊自守的心态在诗中表露无遗。再如《题灌山小隐二绝》：

① （明）王守仁：《王阳明全集》卷20，第796—797页。
② （明）王守仁：《王阳明全集》卷20，第797页。
③ （明）王守仁：《王阳明全集》卷20，第811页。

茆屋山中早晚成，任他风雨任他晴。
男婚女嫁多年毕，不待而今学向平。

一自移家入紫烟，深林住久遂忘年。
山中莫道无供给，明月清风不用钱。[①]

向平乃东汉高士，隐居不仕，子女婚嫁既毕，遂漫游五岳名山。“任他风雨任他晴”一句仿苏诗而来，全诗充溢着禅宗随缘任运的洒脱。禅的体验离不开朴素自然、亲切随意的山居生活，对心性回归本真的人来说，山中的一切，如明月、清风、白云、岩石等都是大自然的供给，与之作伴，也是修行悟道的一种方式。

事实上，阳明对禅典比较熟悉，“明月清风不用钱”化用了禅宗的偈颂，宋法应集、元普会续集《禅宗颂古联珠通集》卷十九“息观菴颂”下有曰：“鹤立松梢月，鱼行水底天。风光都占断，不费一文钱。”[②] 又如明代洪莲编《金刚经注解》卷二第八分“须菩提，于意云何？若人满三千大千世界七宝，以用布施，是人所得福德，宁为多不？”[③] 之经文下，宋代冶父道川禅师注曰：“事向无心得。颂曰：宝满三千及大千，福缘应不离人天。若知福德元无性，买得风光不用钱。”[④] 南宗禅反对坐禅持定，反对修行出离世间，提倡在日常生活中随处修行，即在任何地方、任何时间都不受外物人事的影响而随波逐流，心中清醒明白。阳明此类诗歌就体现了唐慧然集《镇州临济慧照禅师语录》中临济义玄“随处作主，立处皆真”[⑤] 的禅学主张。

---

① （明）王守仁：《王阳明全集》卷20，第811页。

② （宋）法应集，（元）普会续集：《禅宗颂古联珠通集》卷19，《续藏经》第115册，第235页上。

③ （明）洪莲编：《金刚经注解》卷2，《续藏经》第38册，第876页上。

④ （明）洪莲编：《金刚经注解》卷2，《续藏经》第38册，第877页下。

⑤ （唐）慧然集：《镇州临济慧照禅师语录》，《大正藏》第47册，第499页上。

第三节 平宸濠叛乱:“禅榻朝慵起”

一 平宸濠叛乱：心系归隐

正德十一年（1516）九月，南安、赣州、汀州、漳州各府爆发农民起义，阳明被兵部尚书王琼举荐，升任都察院左佥都御史，巡抚南赣汀漳等处。这次的任命造就了阳明一生政治生涯的辉煌，在繁忙的军旅生涯之余，阳明仍寄情于诗笔。仅从选录的各期诗歌看，江西诗的数量是最多的，达到了121首。[①]

正德十二年（1517）正月，阳明至赣州上任，往征闽西；四月，阳明回师闽西，驻扎上杭；还赣经江西，登于都罗田岩，谒濂溪祠[②]，并在濂溪书院讲学两日。与弟子讲学论道的日子总是欢快而短暂的，《借山亭》就记录下阳明此时的心境：“疏帘细雨灯前局，碧树凉风月下歌。传语诸公合频赏，休令岁月亦蹉跎。”[③] 六月，宁王朱宸濠派心腹刘养正赴赣州，欲使阳明依附之，阳明派弟子冀元亨随刘养正至南昌宁王府讲学，后冀元亨被宁王送回赣州。

此期阳明禅诗延续了身在仕途，心欲归隐的一贯主题，戎马倥偬的军旅生活，仕途政海的奔波疲累，身体疾病的时时发作，这些都是阳明心系归隐的原因。如赣州诗《再至阳明别洞和邢太守韵二首》其一：

> 春山随处款归程，古洞幽虚道意生。

① 上古本把《睡起偶成》判为1首，实为两首七言绝句，故笔者判《睡起偶成》为两首。

② 周敦颐曾任赣州通判，嘉祐八年（1063）初，他携众人游罗田岩，留下七绝题刻，并在此创建了传承理学的濂溪阁。

③ （明）王守仁：《王阳明全集》卷20，第823页。

涧壑风泉时远近，石门萝月自分明。
林僧住久炊遗火，野老忘机罢席争。
习静未缘成久坐，却惭尘土逐虚名。①

阳明别洞位于江西龙南县城玉石岩，上有时任赣州府知府邢珣（1462—1532）题名的“阳明小洞天”之匾号。正德十三年（1518）春，阳明征三浰，率师凯旋，回驻龙南。途经龙南城北桃江东岸的玉石岩，此岩分东、西两部分，东岩称上洞，西岩称下洞，俗称玉石岩双洞。内有一深邃大窦，日光下漏，且内外壁上存宋元以来摩岩石刻数十幅。洞景奇绝，阳明甚是喜爱，徘徊不忍去，遂寓以“阳明别洞”之号。惊喜之余，阳明作《平浰记》的摩岩刻石②，并留诗数首，同行官员也纷纷作诗附和、同镌于壁。

当时同游的有左参政邢珣，他赋诗二首，其一曰：“山县东行十里程，天留此洞待先生。重关秘秀烟霞台，一窦涵虚日月明。风蹬偶因平浰至，石床不复许人争。为公高揭阳明扁，南徼东瓯万古名。”③阳明此诗即是和邢珣韵而作。修习静坐对如今四处征战的阳明来说与前不同，即使久坐也不一定能澄心静虑，故阳明发出因逐虚名而愧对山水自然的感慨。

体现归隐情怀最为典型的一首，当数江西诗《用韵答伍汝真》：

莫怪乡思日夜深，干戈衰病两相侵。
孤肠自信终如铁，众口从教尽铄金！
碧水丹山曾旧约，青天白日是知心。

---

① （明）王守仁：《王阳明全集》卷20，第828页。

② 可参《阳明佚文辑考编年》第512页，另《王阳明全集》作《平浰头碑》，下注“丁丑”（正德十二年），笔者在此取前者纪年。

③ （明）邢珣：《邢珣诗二首》，朱思维《王阳明巡抚南赣和江西事辑》，江西人民出版社2010年版，第17页。

茅茨岁晚饶风景，云满清溪雪满岑。①

此诗道出了阳明征战后身心疲病，又遭毁谤的复杂感受。在这样的情形下，自己的一片忠贞之心唯有悠悠青天能够明鉴，相应的，对回归自然的乡居生活也愈加怀念。这样的诗句还有很多，如赣州诗“乞身已拟全师日，归扫溪边旧钓台”②“投簪最好支茅地，恋土犹怀旧钓台”③“阳明山人旧有居，此地阳明景不如”④“独夜残灯梦未成，萧萧总是故园声”⑤“一笑海天空阔处，从知吾道在沧洲”⑥“怅望衡茅无事日，漫吹松火织秋衣”⑦“何时却返阳明洞，萝月松风扫石眠”⑧等。可见，对故乡“阳明洞”的惦念已经内化成阳明的一份归隐情结长驻于心，故在其诗中频频出现。

这份归隐情结，不论是在其年轻时的初入仕途，还是中年时的宦海沉浮，抑或是不惑后的建功立业等人生阶段，阳明始终未曾放弃。如江西诗“题诗忽忆并州句，回首江西亦故园”⑨“道人莫问行藏计，已买桃花洞里春”⑩“越水东头寻旧隐，白云茅屋数峰高”⑪“若待完名始归隐，桃花笑杀武陵人”⑫“千载商山隐，悠然获我思”⑬“羡杀

① （明）王守仁：《王阳明全集》卷20，第834—835页。

② （明）王守仁：《茶寮纪事》，《王阳明全集》卷20，第827页。

③ （明）王守仁：《回军龙南小憩玉石岩双洞绝奇徘徊不忍去因寓以阳明别洞之号兼留此作三首》其一，《王阳明全集》卷20，第827页。

④ （明）王守仁：《回军龙南小憩玉石岩双洞绝奇徘徊不忍去因寓以阳明别洞之号兼留此作三首》其三，《王阳明全集》卷20，第827页。

⑤ （明）王守仁：《夜坐偶怀故山》，《王阳明全集》卷20，第828页。

⑥ （明）王守仁：《怀归二首》其一，《王阳明全集》卷20，第828页。

⑦ （明）王守仁：《怀归二首》其二，《王阳明全集》卷20，第829页。

⑧ （明）王守仁：《送德声叔父归姚》，《王阳明全集》卷20，第829页。

⑨ （明）王守仁：《寄江西诸士夫》，《王阳明全集》卷20，第831页。

⑩ （明）王守仁：《宿净寺四首》其三，《王阳明全集》卷20，第832页。

⑪ （明）王守仁：《归兴》，《王阳明全集》卷20，第832页。

⑫ （明）王守仁：《舟中至日》，《王阳明全集》卷20，第834页。

⑬ （明）王守仁：《除夕伍汝真用待隐园韵即席次答五首》其三，《王阳明全集》卷20，第838页。

山中麋鹿伴，千金难买芰荷衣”① “采芝共约阳明麓，白首无惭黄绮俦”② 等诗句。

正德十三年（1518）七月，阳明的《朱子晚年定论》（以下简称《定论》）初刻于江西，《定论》的刊刻流播在其建构心学体系的过程中起到了极为重要的作用，自序有曰：

> 早岁业举，溺志辞章之习，既乃稍知从事正学，而苦于众说之纷挠疲薾，茫无可入，因求诸老、释，欣然有会于心，以为圣人之学在此矣。然于孔子之教间相出入，而措之日用，往往阙漏无归。依违往返，且信且疑。其后谪官龙场，居夷处困，动心忍性之余，恍若有悟。体验探求，再更寒暑，证诸《六经》、四子，沛然若决江河而放之海也。然后叹圣人之道坦如大路，而世之儒者妄开窦径，蹈荆棘，堕坑堑，究其为说，反出二氏之下。宜乎世之高明之士厌此而趋彼也！此岂二氏之罪哉？③

不难看出，在内容上，阳明“朱子晚年定论”说认为农场所悟之道，虽吸取了老、释二氏之学，但与千年来儒家圣贤所说紧密相连，不经意间便树立起王学的正统。反观一般儒者，妄从支离琐碎的传统理学中另辟蹊径，他们的言论却不如老、释二氏之学系统严密。事实上，阳明希望当时的儒士吸取老、释之学为己所用，以此消减宋元以来理学上的沉疴积弊。

此外，这篇序文写于正德十年（1515）冬，在此前的四五年内，阳明收受学徒众多，而诸门生对先生“世之儒者妄开窦径，蹈荆棘，堕坑堑，究其为说，反出二氏之下”这样的说法，议论甚烈，“竞相

① （明）王守仁：《春日游齐山寺用杜牧之韵二首》，《王阳明全集》卷20，第855页。
② （明）王守仁：《游通天岩示邹陈二子》，《王阳明全集》卷20，第858页。
③ （明）王守仁：《朱子晚年定论序》，《王阳明全集》卷7，第267—268页。

非议，目以为立异好奇”[①]。众所周知，自龙场悟道以来，不管是向内求之于本心的致圣人之道，还是倡知行合一之论，阳明学说于朱子之学，难免有所冲突。经过深刻反省后，阳明强调了对朱子的尊崇和对其学有违于朱学而深感愧疚：“独于朱子之说有相牴牾，恒疚于心。”[②]为解决这个矛盾，阳明于闲暇之余，取朱子书细读之，发现其晚年有改变其说之语句，乃从《朱子文集》中抄录文字，写成《定论》一书，按自己的需要，对朱熹学说进行了修剪：

> 世之所传《集注》《或问》之类，乃其中年未定之说，自咎以为旧本之误，思改正而未及。而其诸《语类》之属，又其门人挟胜心以附己见，固于朱子平日之说犹有大相缪戾者。而世之学者局于见闻，不过持循讲习于此，其于悟后之论，概乎其未有闻。则亦何怪乎予言之不信，而朱子之心无以自暴于后世也乎?[③]

在这里，影响广泛的《四书集注》《朱子语类》等代表作成了朱子中年未定之说，而其晚年回到正途上的观点，与阳明合理与心为一的心性体验竟不谋而合，阳明此举，可谓高明。最后，阳明在文末剖析了此番编撰行为背后的心迹：

> 予既自幸其说之不缪于朱子，又喜朱子之先得我心之同然，且慨夫世之学者徒守朱子中年未定之说，而不复知求其晚岁既悟之论，竞相呶呶以乱正学，不自知其已入于异端，辄采录而裒集之，私以示夫同志。庶几无疑于吾说，而圣学之明可冀矣。[④]

---

① （明）王守仁:《朱子晚年定论序》,《王阳明全集》卷7，第268页。
② （明）王守仁:《朱子晚年定论序》,《王阳明全集》卷7，第268页。
③ （明）王守仁:《朱子晚年定论序》,《王阳明全集》卷7，第268页。
④ （明）王守仁:《朱子晚年定论序》,《王阳明全集》卷7，第268页。

虽然，明代朱学已成为国家的统治思想，但自明初到明中叶，倡言心学而调和朱陆者大有人在，对朱陆之异秉持“早异晚同”的观点，借此避免与朱学发生正面冲突。事实上，阳明强调朱子晚年定论之说，即受学者程敏政（号篁墩，1446—1499）《道一编》一书启发而来。据《年谱》载，在《与安之》一书中，阳明坦言道：“近年篁墩诸公尝有《道一》等编，见者先怀党同伐异之念，故卒不能有入，反激而怒。今但取朱子之所自言者表章之，不加一辞，虽有褊心，将无所施其怒矣。”[①] 到了阳明这里，他只取朱子晚年之语，并未与陆子之语进行比较。

与程氏调和朱陆不同，阳明利用朱子书信中相关的心性说为自己的心学思想夯实了基础。此观点一出，造成极大的影响，遂成思想史上一大公案。阳明好友罗钦顺（1465—1547）在书信中明确指出，《定论》所收朱子与何叔京之四封书信并非出于晚年，并“提醒”阳明漏选了与朱子并无抵牾甚至完全一致的论断。[②]

三十年后（1548），陈建（号清澜，1497—1567）著《学蔀通辨》对此批驳道：“程篁墩文集有《对佛问》一篇，论辩数千言，谓佛为贤知之流……昔人称吾儒左右异端者，为作法门外护，为张皇佛氏之势。若阳明良知之说，篁墩佛问之对，真所谓作法门外护，以张皇佛氏之势哉。……愚谓近日继陆学而兴者，王阳明是传法沙门，程篁墩则护法善神也。”[③] 陈氏还认为阳明之《定论》乃仿赵汸（号东山，1319—1369）《对江右六君子策》[④] 与程敏政《道一编》而来。值得一提的是，自陈建以后，攻击阳明者甚多，如明人冯柯（生卒年不详）、孙承泽（1593—1676）、陆陇其（1630—1692）等，大体持“阳儒阴

① （明）王守仁：《王阳明全集》卷33，第1385页。

② 向世陵：《理气性心之间：宋明理学的分系与四系》，湖南大学出版社2006年版，第201页。

③ （明）陈建：《学蔀通辨》卷9，第128页。

④ 对朱陆异同的问题，赵汸认为朱陆虽异，如陆不早死，则朱必晚同于陆。

释”之论点，本文暂不展开论述。

从上述材料可知，阳明为夯实自己的心学体系，在理论背景上所做出的种种努力。尽管是有意为之，甚至是无奈之举，但联系当时以朱学为官方正统思想的学术环境，对这一问题重新加以审视，就会理解阳明建构这一理论基础的苦衷。

正德十四年（1519），朱宸濠于六月十四日起兵，七月二十六日兵败被俘，短短四十二天导致军民死伤无数，之后旱灾、水灾相继爆发，村户萧条，饿殍遍野。八月，武宗在太监张忠、武将许泰的挑唆下，疑阳明参与宸濠叛乱，执意南征。九月，阳明离开南昌，赴杭州把宸濠交给尚属正直的宦官张永后，称病投宿于西湖净慈寺，写下《西湖》：

灵鹫高林暑气清，天竺石壁雨痕晴。
客来湖上逢云起，僧住峰头话月明。
世路久知难直道，此身那得尚虚名！
移家早定孤山计，种果支茅却易成。①

灵鹫一词，来源于古印度。按佛教的说法，指释迦牟尼讲说大乘经典时所住的一座山的名字，又指因为许多菩萨化身为鹰鹫前来此山听经而得名。此后，灵鹫山往往成为佛的代名词。这里的“灵鹫”指代杭州灵隐寺前的石山，即飞来峰。后两句化用了北宋林和靖隐居西湖，结庐孤山之事，阳明表达了欲在西湖隐居的夙愿。

再如《宿净寺四首》其一：

老屋深松覆古藤，羁栖犹记昔年曾。

---

①（明）王守仁：《王阳明全集》卷20，第831页。

棋声竹里消闲昼，药裹窗前对病僧。
烟艇避人长晓出，高峰望远亦时登。
而今更是多牵系，欲似当时又不能。[①]

阳明回忆了早年，即弘治十六年（1503）移疾西湖的日子，诗人当时就萌发了归隐之意。此次因病逗留，不禁又想起十多年前在虎跑寺呵斥的那个“病僧”。此禅僧坐关三年，苦受折磨，被阳明一顿呵斥惊醒，并受其爱亲本性说感悟，遂弃关返家侍亲。明代文坛盟主王世贞认为阳明写诗“少攻诗而未就”，“出之不免有意也”，但也“时有警策”语，称赞其诗如“棋声竹里消闲昼，药裹窗前对病僧”等句甚佳，“何尝不极其致”。[②] 确实，如今的诗人，服药养病，下棋闲适，坐船登山，百无聊赖，哪有当年激扬的意气再去启发禅僧呢？这句诗在貌似平静的描摹下，暗藏一种慵懒消极、避开尘寰又心有不甘的复杂情绪。

正德十四年（1519）十月，在杭州逗留了月余，阳明闻武宗南巡，已到扬州，为证明自己清白，阳明欲赶赴扬州面见武宗。在镇江金山寺留宿时，写下《泊金山寺二首》，其一云：“但过金山便一登，鸣钟出迓每劳僧。云涛石壁深龙窟，风雨楼台迥佛灯。”[③] 阳明与金山寺的佛缘可谓深厚，是其初显才华之地。在阳明十岁（明成化十七年，1481）时，父王华中进士，任职京师。第二年，王华派人迎父亲王伦进京供养，故阳明便跟随祖父竹轩公进京，在父亲身边就读。途经镇江时，当地友人设宴于金山寺，祖父与客酒酣，赋诗助兴之际，一旁的小阳明突然分别道出《金山寺》和《蔽月山房》两诗。显然，童年时的阳明已敏感地觉察出宇宙间大与小、远与近的辩证关系，其

① （明）王守仁：《王阳明全集》卷20，第832页。
② （明）王世贞：《艺苑卮言》卷6，丁福保辑《历代诗话续编》，第1050—1051页。
③ （明）王守仁：《王阳明全集》卷20，第833页。

与佛禅的渊源从中也可窥见一斑。

另据钱明先生考证，这次对政治颇为心灰意冷的阳明，在金山寺还参访了禅僧，并写下一组赠诗，如《金山赠野闲钦上人》云：

> 江净如平野，寒波浸绿苔。
> 地穷无客到，天迥有云来。
> 禅榻朝慵起，松关午始开。
> 月明随老鹤，散步妙高台。①

诗歌前部分刻画了寺庙周围的景象，空旷而幽静；后部分描述了禅僧的日常生活，闲适而高远。又如《赠蒲菊钰上人》：

> 禅扉云水上，地迥一尘无。
> 涧有千年菊，盆余九节蒲。
> 湿烟笼细雨，晴露滴苍芜。
> 好汲中泠水，飧香嚼翠腴。②

全诗用云、水、菊、蒲，这些禅宗诗歌中较为常见的意象，勾勒出僧人日常的习禅生活。前两联刻画了一个地远人稀、空灵静寂的外在环境；后两联在用字上极为锤炼，用清冷的色调烘托出禅僧高洁的精神境界。又《赠性空上人》云：

> 片月海门出，浑如白玉舟。
> 沧波千里晚，风露九天秋。

---

① （明）王守仁：《王阳明全集：新编本》卷42，第1719—1720页。
② （明）王守仁：《王阳明全集：新编本》卷42，第1720页。

寒影随杯渡，清晖共梗流。
底须分彼岸，天地自沉浮。[①]

静谧的海面，月亮升起，如同海天一线处的白色小舟。在这清寒的月夜，天地浑然一体。诗歌以自然景物入诗，暗喻禅理，世间一切事物，皆合众缘而生，性体本空。故人世间一切不可执着，免徒生痛苦。最后一首诗是《赠雪航上人》：

身世真如不系舟，浪花深处伴闲鸥。
我来亦有山阴兴，银海乘槎上斗牛。[②]

阳明受雪航之名启发，以“不系舟”为全诗寓意，除了赞誉雪航僧对逍遥适意之境的追求外，还表达了对无拘无束、自由自在生活的向往。

钱明先生是从清代庐见曾撰《金山志》卷第七发现此四诗，根据年谱的相关记录推测写于此时，并从《金山志》卷第二《碑石》中找到山南叶忠于正德十四年（1519）赋在廊壁上的和诗，以此证明阳明写于这年十月镇江金山寺之行。[③] 然而，束景南先生找到此赠诗最早出处乃明人张莱撰、顾清订《京口三山志》（十卷）之卷五，根据书序得知此书刻于正德七年（1512），联系阳明此前的行踪，束先生认为此组赠诗作于弘治十五年（1502）八月阳明从京师告病归越，途经镇江之时。束先生还指出，性空上人乃北固山甘露寺僧，其余三上人皆金山寺僧。

---

① （明）王守仁：《王阳明全集：新编本》卷42，第1720页。

② （明）王守仁：《王阳明全集：新编本》卷42，第1721页。

③ 钱明：《〈王阳明全集〉未刊散佚诗文汇编及考释》，《阳明学的形成与发展》附录，江苏古籍出版社2002年版，第274页。

需要补充的是，据笔者查证如下：从时间上看，张莱卒于正德十二年（1517），故阳明断不会作于正德十四年（1519）。此外，“乘槎”一语典出晋代张华《博物志》卷十，据说旧时天河与海水相通，有海岛居民每年八月乘槎来往于天河与海水间，从不间断，故也称“八月槎”，指代传说中八月里按期通往天河的船筏。此后，文人移用于诗作中，称“客槎”“犯斗槎”等，泛指远行、游仙、升天所乘之舟。故可间接得知，诗歌写于8月，而这与弘治十五年（1502）八月阳明告病归越的时间契合。从语词上看，赠诗带有阳明早期讲究辞章、锤炼字句的痕迹，如“湿烟笼细雨，晴露滴苍芜”“寒影随杯渡，清晖共梗流”等句。从内容上看，“我来亦有山阴兴”一句的“山阴”当指晋王羲之的会稽兰亭之游，也透露出阳明对即将归余姚养病的平静生活的期待。再通读全诗，阳明情绪较为平静，无法看出平宸濠后遭诬陷的心灰意冷及对军马生涯的疲累，与此期其他诗作相比，这点尤为明显。故笔者赞同束先生的观点，此四篇赠诗当写于阳明早年，即弘治十五年（1502）。

时大学士杨一清（1454—1530）致仕，居于镇江家中，闻之固劝止，阳明遂打消见武宗的念头。对此次二人的见面，阳明有诗《杨邃庵待隐园次韵五首》作为纪念，歌咏了友人的隐居生活，并表达了自己的隐居之志。恰逢奉敕兼巡抚江西，阳明遂于十一月从镇江乘船，沿长江经南京、彭泽、湖口、南康、九江归南昌。一路上，阳明也写下了许多诗作。如经过彭泽时所写《登小孤书壁》，此诗仿李白《蜀道难》，对小孤山及周边环境进行了描绘，最后感慨：“奇观江海讵为险？世情平地犹多艰。呜呼！世情平地犹多艰，回瞻北极双泪潺！”[①]的确，比奇峰更为险峻的是政海风波、人情世故，铁汉般的阳明也有内心脆弱的一面。

① （明）王守仁：《登小孤书壁》，《王阳明全集》卷20，第837页。

时张忠、许泰已先到南昌，因嫉恨阳明功劳，诬陷其为逆党并借机大肆诛杀无辜，放纵京军骚扰地方军。阳明顶住谩骂指责，“乃传示内外，谕北军离家苦楚，居民当敦主客礼。每出，遇北军丧，必停车问故，厚与之榇，嗟叹乃去。久之，北军咸服”①。正德十四年（1519）冬至，为配合斋官的修斋之举，阳明作《罢兵济幽文》布告军民：

伏以乾坤世界，沧海桑田，一日十二百刻时，自古有生有死……千金财主创成家业，化为灰尘。侯门宰相也悽惶，柳巷花街浑冷落。浮生若大梦，看来何用苦奔忙；世事如浮云，得过何须尽计较。难免无鉴察，何用罪孽可逃？木有根，水有源，谁念门中之宗主；阳为神，阴为鬼，孰怜境上之孤魂？三年两不收，倾沟壑岂无饿殍；十去九不回，溺江湖亦有英雄。并山川草木之精灵，及贫穷鳏寡之孤独，怆惶悽惨，寂寞萧条。几个黄昏几个夜，吊祭有谁；一番风雨一番沙，超生无路。幸斋官建坛而修水陆，为汝等施惠而修斋，因重上君子堂，即请朝于我佛，便是神仙境，何须更问妙严宫。一段因缘，无边光景。②

文中的“斋官建坛而修水陆”，是指修水陆道场，即施斋食供养水陆有情，以救拔诸鬼之法会，又叫水陆会、水陆斋、悲济会等，是中国佛教经忏法事中最隆重的一种。据南宋宗鉴集《释门正统》卷四载：

又有所谓水陆者，取诸仙致食于流水，鬼致食于净地之义。亦因武帝梦一神僧告曰：“六道四生，受苦无量，何不作水陆，普济群灵？诸功德中最为第一。”……于是搜寻贝叶，置法云殿，

① （明）王守仁：《王阳明全集》卷34，第1401页。
② 束景南：《阳明佚文辑考编年》，第593—594页。

> 早夜披览，及详阿难遇面然鬼王，建立平等斛食之意，用制仪文，三年乃成。遂于润之金山寺修设，帝躬临地席，诏祐律师宣文。[①]

从上述材料可知，水陆法会的形成似与梁武帝萧衍有关，但据李小荣先生考证，水陆法会形成的时间实非萧梁，而是在唐实叉难陀译出《救面然饿鬼陀罗尼神咒经》之后，且水陆仪文也是唐代僧人在糅合相关密典及密教冥道无遮斋会而成。[②] 此后，水陆法会流行于宋代，很快普及于全国，尤其在战争以后使用更多，成为朝野经常举行的一种超度法会。直至元、明、清三代，水陆法会深受朝野的欢迎。

阳明此文写得至情至性，对失去亲人的家庭和在外出征的士兵来说，无疑是有力的精神慰藉。此榜文一发，“时新经濠乱，哭亡酹酒者声闻不绝。北军无不思家，泣下求归”[③]。张忠、许泰怀着对阳明的嫉恨，不得已班师回朝。从生生运转的宇宙、时辰，谈到生死的轮回、化为灰烬的财富及过眼的权势，真可谓“浮生如梦，世事如云”，一切转头成空。水陆法会的举办，在超度孤魂的同时，也使活着的人借追悼亡灵、寄托哀思得以疏解对亲人的怀念、愧疚等各种复杂的情感。从《罢兵济幽文》的发放，可见阳明对佛教十分熟悉，充分利用了其安抚人心的一面，其实，“济幽”不是重点，“罢兵”才是目的。

二　避谗游九华：“随处看山随处乐”

正德十五年（1520），阳明于“正月，赴召次芜湖。寻得旨，返江西。忠、泰在南都谗先生必反，惟张永持正保全之。武宗问忠等曰：‘以何验反？’对曰：‘召必不至。’有诏面见，先生即行。忠等恐语相

---

① （南宋）宗鉴集：《释门正统》卷 4，《续藏经》第 130 册，第 802 页上。

② 李小荣：《水陆法会源流略说》，《法音》2006 年第 4 期。

③ （明）王守仁：《王阳明全集》卷 34，第 1401 页。

违，复拒之芜湖半月。不得已，入九华山，每日宴坐草庵中。”[①] 张忠、许泰向武宗进谗阳明有谋反之心，阳明遂顶着压力赴见武宗，在此过程中，却因张、许二人的阻拦滞留安徽。在芜湖逗留的这半月，是阳明第三次游九华。

此前，关于阳明游九华的具体时间，20 世纪 80 年代以来，学术界的争议点主要围绕在弘治十四年（1501）和弘治十五年（1502）间，而对阳明正德十五年（1520）游九华则基本没有异议。推其原因，是年谱记载模糊造成了大家理解不一。如张立文认为阳明在弘治十四年、十五年两次游九华，[②] 对此，陈来力主阳明在弘治十五年春游九华。[③] 诸焕灿提出阳明一生三游九华，第一次在弘治十五年，第二次在正德十五年，第三次在正德十六年。[④] 钱明表示年谱记载虽不详，但阳明确是在弘治十四年游九华。[⑤] 尹文汉则指出阳明第一次游九华，是在弘治十四年底到弘治十五年春。第二次游九华是在正德十五年一月、二月底至三月初，因间隔时间短而记为一次。[⑥] 华建新的看法是阳明第一次游九华应在弘治十五年春，第二次游九华在正德十五年一月下至三月间。[⑦] 与上述诸家观点稍异，束景南论证了阳明在弘治十四年秋和弘治十五年春，一来一归两次游九华，认为亦可谓“一次”也；至于正德十五年游九华，亦是一来一归两游九华。[⑧]

凡此，都给予笔者良多启示，尤其是尹先生和束先生的观点。不过，笔者更倾向于结合具体的诗文作品来检讨阳明游九华山的时间及

---

① （明）王守仁：《王阳明全集》卷 34，第 1401 页。

② 张立文：《宋明理学研究》，第 507—508 页。

③ 陈来：《有无之境：王阳明哲学的精神》，第 314—315 页。

④ 诸焕灿：《吾心自有光明月——王阳明行迹考察散记》，《浙江学刊》1990 年第 3 期。

⑤ 钱明：《阳明学的形成与发展》，江苏古籍出版社 2002 年版，第 268 页。

⑥ 尹文汉：《王阳明游九华山综考》，《池州师专学报》2006 年第 2 期。

⑦ 华建新：《平生山水最多缘，独此相逢容有数——王阳明九华山山水诗论析》，《宁波广播电视大学学报》2008 年第 2 期。

⑧ 束景南：《阳明佚文辑考编年》，第 115—117 页。

次数，兹补充谈两方面的问题，不当之处，恳请方家指正。

（一）弘治年间阳明游九华的诗文：跨越秋、冬、春三季

据《年谱》载，“十有四年辛酉，先生三十岁，在京师。奉命审录江北。先生录囚多所平反。事竣，遂游九华，作《游九华赋》，宿无相、化城诸寺。……十有五年壬戌，先生三十一岁，在京师。八月，疏请告。是年先生渐悟仙、释二氏之非。先是五月复命，京中旧游俱以才名相驰骋，学古诗文。先生叹曰：‘吾焉能以有限精神为无用之虚文也！’遂告病归越，筑室阳明洞中，行导引术。”① 显然，到弘治十五年五月，阳明才回京复命，且阳明录囚之具体事竣时间并未告知，年谱所说实是模糊。

弘治十五年八月，阳明在《乞养病疏》中谈到录囚一事：“弘治十四年八月奉命前往直隶、淮安等府会同各该巡按、御史审决重囚……切缘臣自去岁三月，忽患虚弱咳嗽之疾，剂灸交攻，入秋稍愈。……及奉命南行，渐益平复。……及事竣北上，行至扬州，转增烦热，迁延三月，尪羸日甚。”② 据此可知，弘治十四年八月阳明视谳江北，是负疾行使朝命。及事竣北上，阳明又因病情加重在扬州耽搁了三月，直至第二年五月才回到京城，但具体事竣时间还是不得而知。

检阅弘治年间阳明游九华的诗文，有记录弘治十四年秋游九华的，如《化城寺六首》其一“天外清秋度明月，人间微雨结浮阴”③、其二“高林日出三更晓，幽谷风多六月秋”④、《云门峰》“云门出孤月，秋色坐苍涛”⑤。有写于弘治十四年冬的，如《和九柏老仙诗》落款即有“弘治辛酉仲冬望日”的标志，再看诗歌内容：“石涧西头千树梅，洞

① （明）王守仁：《王阳明全集》卷33，第1350—1351页。

② （明）王守仁：《王阳明全集》卷9，第322—323页。

③ （明）王守仁：《王阳明全集》卷19，第738页。

④ （明）王守仁：《王阳明全集》卷19，第738页。

⑤ （明）王守仁：《王阳明全集》卷19，第740页。

门深锁雪中开。……风乱细香笛无韵，夜寒清影衣生苔。”[①] 也有写于弘治十五年春的，如《夜宿无相寺》“春宵卧无相，月照五溪花”[②]、《无相寺三首》其一“朝闻春鸟啼，夜伴岩虎宿”[③]、《九华山赋小序》：“壬戌正旦，予观九华，尽得其胜”[④]。“正旦”乃正月初一，从内容上看，此赋虽有描写秋景的句子：“回澄秋于枕月，建少微之星旐”[⑤]，也有“迥高寒其无寐，闻冰壑之洞箫”[⑥] 描写冬景的句子，但大部分是描写春景的，如“试明茗于春阳，汲垂云之渊湫”[⑦] “鸟呼春于丛篁”[⑧] “席弘潭以濯缨，浮桃泻而扬缟”[⑨] “杂精苓之春苗”[⑩] 等。

在这些跨越秋、冬、春三季的诗文中，写春景的最多，秋景和冬景则较少。照此推算，阳明第一次游九华，是在弘治十四年八月奉命前往江北录囚事竣以后，可能在九月，逗留时间较短；第二次游九华，当在弘治十四年仲冬望日之前几日到达，这次停留时间较长，至少到弘治十五年正月初一，阳明应还在九华山上。

（二）正德年间阳明游九华的诗歌：三游九华

笔者找到三条材料可旁证阳明游九华的时间和次数：

第一条是《重游化城寺二首》其二：“山寺从来十九秋，旧僧零落老比丘。……年来别有闲寻意，不似当时孟浪游。”[⑪] 此诗写于正德十五年（1520）春，相隔十九年再游化城寺，故可间接推出阳明初次游九华当在 1501 年，即弘治十四年，这与年谱的记载相符。

---

① （明）王守仁：《王阳明全集：新编本》卷 42，第 1699 页。
② （明）王守仁：《王阳明全集》卷 19，第 737 页。
③ （明）王守仁：《王阳明全集》卷 19，第 737 页。
④ （明）王守仁：《王阳明全集：新编本》卷 43，第 1760 页。
⑤ （明）王守仁：《王阳明全集》卷 19，第 728 页。
⑥ （明）王守仁：《王阳明全集》卷 19，第 729 页。
⑦ （明）王守仁：《王阳明全集》卷 19，第 728 页。
⑧ （明）王守仁：《王阳明全集》卷 19，第 728 页。
⑨ （明）王守仁：《王阳明全集》卷 19，第 728 页。
⑩ （明）王守仁：《王阳明全集》卷 19，第 729 页。
⑪ （明）王守仁：《王阳明全集》卷 20，第 852 页。

第二条是《江上望九华不见》："五旬三过九华山，一度阴寒一度雨。……平生山水最多缘，独此相逢容有数。"① 此诗写于正德十五年春，时阳明 49 岁，是接近五旬的年纪，故阳明称"五旬"。"三过"当指截止到阳明写此诗时，他曾三次游历过九华山。依此推算，阳明之前必曾两游九华。

第三条是《弘治壬戌尝游九华，值时阴雾竟无所睹，至是正德庚辰复往游之，风日清朗，尽得其胜，喜而作歌》："昔年十日九华住，云雾终旬竟不开。有如昏夜入宝藏，两目无睹成空回。"② 仅从诗题看，即可得知阳明确实在弘治壬戌年（1501）游过九华。

综上所述，笔者个人认为，阳明游九华山，第一次当在弘治十四年秋，时间短暂；第二次在弘治十四年冬末到弘治十五年初春，历时稍长；第三次则在正德十五年春。

阳明对九华山的感情尤为深厚，因为在中国四大佛教名山中，九华山是唯一一座聚集佛道儒三家文化的名山。在佛教中，九华山是地藏菩萨的道场；在道教中，它是洞天福地之第三十九福地；在儒家中，从唐宋以来，历经元明清的诗人如李白、杜牧、苏轼及理学家朱熹、二程、湛若水、汤显祖、袁枚、魏源等或居住或游历皖南，而九华山因阳明的三次游访及好友湛若水的讲学，更使它成为皖南儒学士子聚集的一个重要场所。

此次是阳明第三次游九华。年轻时游九华是寻仙访道，实属个人兴趣，如今游九华则是为了避祸保身，实属不得已。时隔近二十年，阳明心境与前大不相同，但唯一不变的，是对山水佛寺的喜爱及参禅访道的兴致。如果说仕途的险恶让尘世中的人欲归隐而不能，那当下可做的似乎就只能是寄情于山水自然。不管是官宦还是军旅生涯，

① （明）王守仁：《王阳明全集》卷 20，第 846 页。
② （明）王守仁：《王阳明全集》卷 20，第 852 页。

对佛寺山水的感情已深深地铭刻在其心里，成为阳明精神的另一个出口。

如《游九华道中》："此中那得有人家？恐是当年避秦者。……世途浊隘不可居，吾将此地营兰若。"① "兰若"即梵语"阿兰若"的省称，指僧人静修之地；"避秦者"引用了陶渊明《桃花源记》中武陵渔人的故事，描绘了微雨山路中所见之景，阳明避世之心可见一斑。到了九华山，阳明心情好转，《游九华》曰："乘兴未甘回俗驾，初心终不负灵均。……幽梦已分尘土累，清猿正好月中闻。"② 阳明把此番九华之行视作上天遨游，和《离骚》中屈原上天神游时因回头看了一眼故乡就匆匆返回尘世不同，阳明决意暂时卸下尘世之包袱，心无挂牵地畅游一番。

在参访佛寺，寻僧问道的短暂停留中，阳明失意的精神得到了抚慰。如《重游无相寺次韵四首》其一："游兴殊未尽，尘寰不可留。山青只依旧，白尽世间头。"③ 物是人非，只有山青依旧；年华易逝，黑发变成了华发。其三："拔地千峰起，芙蓉插晓寒。当年看不足，今日复来看。"④ 对佛寺清幽环境的依恋，对山水自然的喜爱，这份癖好使阳明从"当年"看到了"今日"。其四："瀑流悬绝壁，峰月上寒空。鸟鸣苍涧底，僧住白云中。"⑤ 秀丽、空灵的禅寺景色让人忘却尘世之烦恼，心灵得以洗涤、精神得以净化，而远离尘寰、高住白云层上的禅僧则是阳明心底深处对自我形象的外化，是一种悠然自在的禅意象征。僧与云同时出现的诗歌还有《又次壁间杜牧韵》："春山路僻问归樵，为指前峰石径遥。僧与白云还暝壑，月随沧海上寒潮。世情老去浑无懒，游兴年来独未消。回首孤航又陈迹，疏钟隔

① （明）王守仁：《王阳明全集》卷20，第847页。
② （明）王守仁：《王阳明全集》卷20，第852页。
③ （明）王守仁：《王阳明全集》卷20，第848页。
④ （明）王守仁：《王阳明全集》卷20，第848页。
⑤ （明）王守仁：《王阳明全集》卷20，第848页。

渚夜迢迢。”[①] 诗中的“云”“钟”是两个常见的禅宗诗歌意象，清晰地勾勒出诗人在春夜借宿于灵山寺的所见所闻所感，非常有画面感。具体来说，“云”意象暗指舒卷自如无所滞碍的禅趣，“钟”意象则在孤寂夜晚的烘托下，催人生发今昔有别的时空之慨。

除了“云”意象外，阳明还以“莲”“镜”等禅宗意象入诗，如《无相寺金沙泉次韵》：“潭净长开镜，池分或铸莲。……纵有贪夫过，清风自洒然。”[②] 前一句以佛教中典型意象“镜”“莲”入诗，比喻新奇妥帖，用语凝练精巧，自然地衬托出佛寺庄重森严的气象。末尾一句以口语入诗，具有禅家精神的随意洒脱。

在第三次游九华的过程中，阳明参访佛寺所写的诗歌，除了自然嵌入常见的禅宗意象外，还巧妙地运用与禅宗有关的比喻和术语，如《重游化城寺二首》其一：“爱山日日望山晴，忽到山中眼自明。……会心人远空遗洞，识面僧来不记名。”[③] 在俗世中，诗人对身边的景象视而不见，犹如眼盲；到了山中，在身心自由的情况下，眼豁然明朗。这让人想起《金刚经》中关于“菩萨心住法而行布施”和“菩萨心不住法而行布施”的比喻：“如人入暗，即无所见……如人有目，日光明照，见种种色。”[④] 一暗一明中，尘寰和山林对诗人的重要性不言而喻。阳明借巧妙的比喻表达了对九华山及佛寺的挚爱，这份欲投身于山水，放下世俗之务的迫切心情可谓达到了顶峰。

又如《江边阻风散步至灵山寺》：“归船不遇打头风，行脚何缘到此中？幽谷余寒春雪在，虚檐斜日暮江空。林间古塔无僧住，花外仙源有路通。随处看山随处乐，莫将踪迹叹萍蓬。”[⑤] 灵山寺位于安徽芜

---

① （明）王守仁：《王阳明全集》卷20，第841页。另《王阳明全集：新编本》作《灵山寺》，第1729页。《阳明佚文辑考编年》也作《灵山寺》，第604页。

② （明）王守仁：《王阳明全集》卷20，第850页。

③ （明）王守仁：《王阳明全集》卷20，第851页。

④ （明）朱棣：《金刚般若波罗蜜经集注》，第161页。

⑤ （明）王守仁：《王阳明全集》卷20，第845页。

湖市繁昌县，正德十五年（1520）三月，阳明赴召前往南都，经繁昌、芜湖往游灵山寺。

“行脚”乃禅宗术语，因为禅宗在各处都有传法，每处的人数较多，为解决生存的需要，就形成一种到处流动的“行脚参访”的风气。《祖庭事苑》卷八“行脚”就有载：“行脚者，谓远离乡曲，脚行天下。脱情捐累，寻访师友，求法证悟也。所以学无常师，遍历为尚，善财南求，常啼东请，盖先圣之求法也。”[①] 如上所述，学禅者往往不辞千里，游州猎县，过夏经冬，既可游览山水，也可取得供养。吕澂先生认为“行脚”的风气是促使禅宗在实践、体验上产生新形式如“机锋”“机用”，甚至后来的“语录”“公案”的诱因。[②]

官宦生涯中，只要有机缘，阳明就会游寺问禅，和僧人进行语用机锋的交流，这种方式确实具有禅僧行脚参访的意味。“随处看山随处乐”一句，流露出阳明随缘任运的心态，这也是其为保持出入世二者平衡的一种圆融方式。

此外，阳明还有一些充满了禅意禅趣的诗歌，如《登莲花峰》：“莲花顶上老僧居，脚踏莲花不染泥。夜半花心吐明月，一颗悬空黍米珠。”[③] 此诗乃阳明平宸濠后，虑谗避居九华山所写。僧屋高居莲花峰顶，远离尘寰，静谧高洁；夜空下，如绽放的莲花，与明月相映成趣。诗歌用象征手法表达了禅僧中夜悟道的体验，“莲花”“僧居”“不染泥”“花心”“明月”等词共同创造出佛教圣洁的氛围，而诗题的“登”字和诗句的“顶”字让人联想起僧人求道悟道的曲折过程。

结尾的“黍米珠”是道教用语，典出《灵宝无量度人上品妙经》卷一：“于是，元始悬一宝珠，大如黍米，在空玄之中，去地五丈。

---

① （宋）善卿编正：《祖庭事苑》卷 8，《续藏经》第 113 册，第 240 页上。

② 吕澂：《中国佛学源流略讲》，中华书局 1979 年版，第 241—242 页。

③ （明）王守仁：《王阳明全集》卷 20，第 848 页。

元始登引天真大神……无鞅数众，俱入宝珠之中。……元始即于宝珠之内，说经都竟，众真监度，以授于我。当此之时，喜庆难言，法事粗悉，诸天复位，倏欻之间，寂无遗响。是时天人，遇值经法，普得济度。”[①] 意指道教的元始天尊，在一颗看似半悬在空中的宝珠里，向所有神祇仙人说教之故事。此诗融汇了道释二教之思想，莲花顶上的老僧，何尝不是阳明自己呢？故秦家懿先生认为这首诗融合的许多比喻，暗示着阳明的哲学也综合了儒释道的各种思想。所以，当阳明放弃传统思想中的正统与异端的分野，把自己描写成一位住在莲花顶上的老和尚时，这也不足为奇了。[②]

避祸九华山数日后，“适武宗遣人觇之，曰：‘王守仁学道人也，召之即至，安得反乎？’乃有返江西之命。始忠等屡矫伪命，先生不赴，至是永有幕士顺天、检校钱秉直急遣报，故得实”[③]。于是，阳明踏上了从安徽返江西的路途。

正德十五年（1520）正月晦日（三十日），阳明至南康，游庐山，过开先寺，在开先寺（即秀峰寺）读书台岩下刻有记功碑，把平判之功归于明武宗的指示方略，借此保全了身家性命。阳明寄情山水，登临胜地，咏诗述怀，游览了庐山的众多寺庙：开先寺、东林寺、天池寺、太平宫等，并题识于白鹿洞书院，涉足之处，无不赋诗留念。如《游庐山开先寺》其一：“僻性寻常惯受猜，看山又是百忙来。北风留客非无意，南寺逢僧即未回。”[④]《书九江行台壁》：“眼余五老晴光碧，衣染天池积翠寒。却怪寺僧能好事，直来城市索诗刊。”[⑤]《游庐山开先寺》其二：“驱驰此日原非暇，梦想当年亦自劳。断拟罢官来驻此，

① 《道藏》第1册，文物出版社、上海书店、天津古籍出版社1988年版，第2页。
② 汤一介编，秦家懿著：《秦家懿自选集》，山东教育出版社2005年版，第322页。
③ （明）王守仁：《王阳明全集》卷34，第1401页。
④ （明）王守仁：《王阳明全集》卷20，第840页。
⑤ （明）王守仁：《王阳明全集》卷20，第843页。

不教林鹤更移文。”①

有趣的是，对山水佛寺的热爱往往与仕途的险恶形成鲜明的对比，如《夜宿天池月下闻雷次早知山下大雨三首》其三：“天池之水近无主，木魅山妖竞偷取；公然又盗山头云，去向人间作风雨。”② 庐山天池峰上有明太祖朱元璋赐名的护国寺，因寺前有天池，又称天池寺，池中之水，大旱不竭。据说文殊菩萨见灵山缺少秀水，引来圣水，注为双池，因称神泉。此泉有一神奇之处，水泛气泡，山起层云，十分灵验。王阳明借天池翻云作雨的怪异现象对陷害他的张忠、许泰含沙射影地进行了痛骂。

此期值得一提的是《太平宫白云》这首诗，此诗无一字与佛禅有关，却饱含着深深的禅意：“白云休道本无心，随我迢迢度远岑。拦路野风吹暂断，又穿深树候前林。”③ 如果只把道观附近的“白云”当作客观景物来看，不管它怎样灵动地穿梭于深林，怎样一路追随诗人，它对“我”来说，终究是外物，而佛性在诗人心里。如果把“白云”视作主观化的诗人，全诗则蕴含着一种自由无羁和闲适自在的禅意，从这个意义上来说，白云的“无心”，便体现出阳明随缘任运、通脱自由的禅宗精神。

事实上，在阳明描写山居佛寺的诗歌中，常常表现出这两方面的内容：一方面不受外界所惑，随处作主，立处皆真，在山水世界中始终保持心灵的主体性；另一方面则静心息虑，忘怀尘事，潇洒放旷地优游于山林之间。这不由让我们想到黄檗希运禅师“即心是佛，无心是道”的禅法思想。唐裴休集《黄檗断际禅师宛陵录》有云：

> 问：“如何是佛？”师云：“即心是佛，无心是道。但无生心动

① （明）王守仁：《王阳明全集》卷20，第860页。

② （明）王守仁：《王阳明全集》卷20，第850页。

③ （明）王守仁：《王阳明全集》卷20，第843页。

念有无、长、短、彼我、能所等心。心本是佛，佛本是心，心如虚空。所以云：‘佛真法身犹若虚空。’不用别求，有求皆苦。……但识自心，无我无人，本来是佛。”①

希运“心即是佛”承马祖道一“即心即佛”思想而来。从达摩到东土传法，即倡直指人心，见性成佛。自慧能起，“即心即佛”说便为天下禅人所接受。希运极力反对向外求佛，力戒对佛法求知解，视一切语言文字、分辩知解为悟道之障缘。

接着，希运提出了修行实践中的途径和方法，即“无心是道”，并反复强调“无念”“无求”，以证佛果，这就回到了《坛经》中“以无念为宗”的法门。希运还特别强调了“无心”在实际生活中的运用，他认为：“终日吃饭，未曾咬着一粒米；终日行，未曾踏着一片地。与摩时，无人我等相。终日不离一切事，不被诸境惑，方名自在人。”② 可见，“无念”“无相”“无住”为前提的行住坐卧、穿衣吃饭，虽与平常人所做的事相同，却历事不沾滞，不为事所累。这样才是于生活中修行，如过水而脚不湿，才称之为真正“自在”的人。这一思想反映了希运将禅与生活打成一片的朴实禅风，其“无心是道”的解脱观，以单刀直入的宗风为临济义玄所继承，开启了临济宗轻视经教，重视机锋棒喝之风气。

阳明的山居诗确实贯彻了希运“即心是佛”的禅学理论及“无心是道”的禅修思想，无处不体现出这样的禅境：“语默动静，一切声色，尽是佛事……山是山，水是水；僧是僧，俗是俗。山河大地，日月星辰，总不出汝心。三千世界，都来是汝个自己，何处有许多般？心外无法满目青山，虚空世界皎皎地。”③

---

①（唐）裴休：《黄檗断际禅师宛陵录》，《大正藏》第48册，第384页中。

②（唐）裴休：《黄檗山断际禅师传心法要》，《大正藏》第48册，第384页上。

③（唐）裴休：《黄檗断际禅师宛陵录》，《大正藏》第48册，第385页下。

除了《太平宫白云》一诗，颇具禅理禅趣的还有《文殊台夜观佛灯》："老夫高卧文殊台，拄杖夜撞青天开；散落星辰满平野，山僧尽道佛灯来。"[①] 诗人高卧文殊台，遥望苍穹，浮想联翩。拄杖撞天，星落平野；高处俯瞰，佛灯点点。此诗构思跳跃巧妙，气概豪迈拓达，体现了诗人的胸襟和气度，深得李白诗歌旨趣。时阳明借宿于庐山天池寺，在一个没有月光的夜里，在寺侧的文殊台附近，发现黑沉沉的山谷间，涌现荧荧火光。高者天半，低者掠地，多到数百点，犹如万盏灯火，这便是自古闻名的"天池佛灯"，传说是文殊菩萨化身现光。全国出现"佛灯"的只有三个地方：庐山的文殊台、青城山的神灯亭、峨眉山的金顶。据地理学家调查，"佛灯"可能不是民间所说之磷火，有可能是特定的地理因素使得云层对星光反射导致。[②]

正德十五年（1520）六月，阳明至江西吉安，在门生邹守益等人的陪同下游青原山。青原山在吉安府庐陵县城南，山中树木葱郁，景色秀丽宜人。玄宗开元二年（714），慧能弟子青原行思（671—740，庐陵人）从曹溪至此，于净居寺弘扬禅宗顿悟法门，宗风大盛，石头希迁、菏泽神会等纷纷诣青原参悟。后开青原一系，为云门、曹洞、法眼之祖，自此青原山名闻天下。

此次游访，阳明手书"曹溪宗派"，后置于七祖塔门额上。鉴于青原山浓厚的禅宗文化氛围，阳明向弟子提出在此举行讲会的构想，此愿望终于在十四年后（嘉靖十二年，1533），在邹守益的组织下得以实现。讲会多以书院的形式举行，在嘉靖及万历时期最为兴盛。因青原山处于吉安府的讲会中心，吉安最早的书院——青原会馆（后改名阳明书院）遂成为江右王学规模及影响最大的讲会所在地，书院还设有"五贤祠"，就是为纪念王阳明、邹守益、聂豹、欧阳德、罗洪

① （明）王守仁：《王阳明全集》卷20，第851页。

② 廉永清编：《中国地理未解之谜》，中国画报出版社2009年版，第40页。

先五人。

在青原山上，阳明兴致颇佳，作《青原山次黄山谷韵》：

衣传西竺旧，构遗唐宋材。
风松溪溜急，湍响空山哀。
妙香隐玄洞，僧屋悬穹崖。
扳依俨龙象，陟降临纬阶。
……
邈矣西方教，流传遍中垓。
如何皇极化，反使吾人猜？
剥阳幸未绝，生意存枯荄。
伤心眼底事，莫负生前杯。
烟霞有本性，山水乞归骸。①

“衣传西竺旧，构遗唐宋材”一句高度赞扬了得弘忍衣钵的慧能大师对佛教中国化所做出的贡献。的确，根据慧能言行记录下来的《六祖大师法宝坛经》为禅宗的发展奠定了理论基础：一是大胆破除佛祖的权威，不承认有所谓外在的佛，认为佛就在本心中。二是主张一切众生皆有佛性，人人都可以成佛。“妙香”“玄洞”“僧屋”“龙象”等词描述了净居寺静谧庄严的环境。“邈矣西方教，流传遍中垓”则概述了达摩所预言“一花开五叶”的禅学中国化的过程。初祖达摩从印度东渡来华后，传五代到慧能时，在其两位高徒的手上开出了“五叶”：青原行思一系下的曹洞、云门、法眼三宗，南岳怀让一系下的沩仰、临济二宗。到宋代，临济宗又发展出杨岐和黄龙两派，可谓枝繁叶茂，体系庞大。

① （明）王守仁：《王阳明全集》卷20，第858页。

接着，阳明的关注点落到自己身上：“如何皇极化，反使吾人猜?”“皇极化”指道生万物的规律，宇宙间所有的物质都来源于太一之道，无极生太极，太极化皇极，皇极化万象。表明事物经过量变后达到的一次新的质的飞跃，它既是前一阶段发展变化的结果，又是下一阶段发展变化的新开始。联系平宸濠后所受到的种种诬陷谗言，阳明希望自己的命运顺应天道，化凶险为平夷。但前途是祸是福，这又怎能预测得到呢?

对上述疑问，诗人随即作出了乐观的回答：“剥阳幸未绝，生意存枯荄。”据《周易·剥卦》之《象》曰：“‘剥’，剥也，柔变刚也。不利有攸往，小人长也。”[①]“剥阳”当指由于阴柔者的侵蚀改变了阳刚的本质，故小人势力增长，不利有所前往。“幸未绝”暗指身处这种困境，诗人始终坚信天道自然的法则。“生意存枯荄”则用干枯的草根这一简明的意象来寄托诗人顽强的志向，在寒冷的冬季，草虽然干枯却还蓄积着最后一丝力量，待来年春风掠过时再蓬勃生长。身陷困境，君子当默默忍耐、积攒力量，以不变应万变。可见，阳明吸取儒释道三家的长处为己所用，在精神上获得了极大的支撑。

正德十五年（1520）七月，阳明根据张永的口信，作《再上江西捷音疏》，闰八月，武宗在收到此疏后，在南京举行盛大的“受俘”仪式，四天后，武宗结束一年零一个月的南巡，离开南京，返回北京。阳明遂与弟子邹守益、薛侃、欧阳德、陈九川等讲学并游赣州通天岩。通天岩有唐宋时期的石龛造像和北宋以来的珍贵题刻，这些文字散刻在通天岩、翠微岩、同心岩、龙虎岩、忘归岩、观心岩各处岩洞里，是人文与自然结合的典范。阳明在岩壁上题刻下《通天岩》一诗：“青山随地佳，岂必故园好？但得此身闲，尘寰亦蓬岛。西林日初暮，

---

① 黄寿祺、张善文：《周易译注》，第197页。

明月来何早！醉卧石床凉，洞云秋未扫”[①]，表达了身处青山绿水的自由惬意，此后，和者众多。

第四节　平思田叛乱："幽意自随流水春"

一　晚年居越：悟“致良知”之教

正德十六年（1521），在综合了《孟子》的良知说和《大学》的致知功夫后，“是年先生始揭致良知之教”[②]，这是自宋代朱熹的“格物致知”后提出的新观点。[③] 阳明从三十七岁龙场悟道到五十岁始揭“致良知”之教，其间经历了十三年的探索，此学说标志其思想系统建构之完成，对整个中晚明哲学思潮的发展有着重大影响。

对阳明在龙场悟道后提出的“知行合一”“心外无理”“心外无物”“立诚”等思想进行回顾，不难发现，终是缺功夫一截。“致良知”则将“静处体悟”之本体和“事上磨炼”之功夫结合起来，具有更大的包容性。因此，阳明在与弟子的对话中给予其高度评价：

> 近来信得“致良知”三字，真圣门正法眼藏。往年尚疑未尽，今自多事以来，只此良知无不具足。……此理简易明白若此，乃一经沉埋数百年。……我此良知二字，实千古圣圣相传一点滴骨血也。……某于此良知之说，从百死千难中得来，不得已与人一口说尽。只恐学者得之容易，把作一种光景玩弄，不实落用功，负此知耳。[④]

---

① （明）王守仁：《王阳明全集》卷20，第824页。

② （明）王守仁：《王阳明全集》卷34，第1411页。

③ 关于阳明“致良知”说提出的时间，陈来认为在正德十五年（1520），见《有无之境：王阳明哲学的精神》，第148—153页。本文遵年谱说，特此说明。

④ （明）王守仁：《王阳明全集》卷34，第1411—1412页。

“正法眼藏”是禅宗用语，指“以心传心”之“心”，是获得顿悟、证入涅槃的关键。阳明以此喻“致良知”，可见对其的重视程度。“致良知”说的提出确实经历了一个思想发展过程：

> 先生自南都以来，凡示学者，皆令存天理去人欲以为本。有问所谓，则令自求之，未尝指天理为何如也。间语友人曰：“近欲发挥此，只觉有一言发不出，津津然如含诸口，莫能相度。……今经变后，始有良知之说。”①

这一年，阳明就“致良知”说与好友湛若水“随处体认天理”说展开直接论战，此时阳明思想已近大成，与甘泉之间，分歧逐渐加深。这场论争牵动了双方弟子，湛甘泉后来回忆道：“阳明公初主‘格物’之说，后主‘良知’之说；甘泉子一主‘随处体认天理’之说，然皆圣贤宗旨也。而人或舍其精义，各滞执于彼此言语，盖失之矣！故甘泉子尝为之语曰：‘良知必用天理，天理莫非良知，以言其交用则同也。’”② 阳明早年强调“天理”，但晚年用“良知”取代了“天理”，可以说，“致良知”的提出是王学最终表述之核心。黄宗羲《明儒学案》卷十“姚江学案”之《文成王阳明先生守仁》也详细展示了这一历程：“江右以后，专提‘致良知’三字，默不假坐，心不待澄，不习不虑，出之自有天则。……居越以后，所操益熟，所得益化，时时知是知非，时时无是无非，开口即得本心，更无假借凑泊，如赤日当空而万象毕照。”③

阳明此期的诗作中，“致良知”的思想也随处可见，如《次谦之韵》：

---

① （明）王守仁：《王阳明全集》卷34，第1412页。

② （明）湛若水：《阳明先生墓志铭》，《王阳明全集》卷38，第1539页。

③ （清）黄宗羲著，沈芝盈点校：《明儒学案》，第180页。

珍重江船冒暑行，一宵心话更分明。
须从根本求生死，莫向支流辨浊清。
久奈世儒横臆说，竞搜物理外人情。
良知底用安排得？此物由来自浑成。①

又如《月夜二首》其一：

万里中秋月正晴，四山云霭忽然生。
须臾浊雾随风散，依旧青天此月明。
肯信良知原不昧，从他外物岂能撄！
老夫今夜狂歌发，化作钧天满太清。②

自晚年揭“致良知”说以后，阳明表现出对心学思想的肯定和自信，这种愉悦的心情投射到诗文中，成就了一个洒脱豪迈的老年阳明形象。

正德十六年（1521）三月，明武宗朱厚照病逝。四月，在内阁首辅杨廷和的坚持下，嘉靖帝朱厚熜（1507—1567）以藩王的身份继承明室的帝统。即位之初，嘉靖便因坚持尊崇自己的生父兴献王朱佑杬（1476—1519）为“兴献皇帝”，与内阁群臣发生了激烈的冲突，开始了长达数年的反复论争，史称“大礼议”。对嘉靖帝支持最有力的官员中，席书、方献夫、黄绾、黄宗明皆为阳明高足，他们于嘉靖三年（1524）四月先后向其询问意见，阳明皆不予置答。

阳明的缄默代表了对当时政治的态度，在经历了事功政变后，阳明的政治热情退潮，只想安静地沉潜于对心学的内在探索中。写于嘉

① （明）王守仁：《王阳明全集》卷20，第864页。
② （明）王守仁：《王阳明全集》卷20，第866页。

靖三年（1524）八月的《夜坐》就体现出这样的心态：

独坐秋庭月色新，乾坤何处更闲人？
高歌度与清风去，幽意自随流水春。
千圣本无心外诀，《六经》须拂镜中尘。
却怜扰扰周公梦，未及惺惺陋巷贫。①

在儒家传统中，“周公”是制作礼乐的圣人，如今朝廷议“礼”是枝节性的问题，没必要惊动周公。身居陋巷却不改其乐的颜渊，无疑是儒家理想人格的代表，值得大家学习，阳明再次强调了“孔颜人格”的问题。

是年中秋，阳明大宴门人于天泉桥，命侍者设席于碧霞池上，有感于“大礼议”之纷争，阳明写下《碧霞池夜坐》：

一雨秋凉入夜新，池边孤月倍精神。
潜鱼水底传心诀，栖鸟枝头说道真。
莫谓天机非嗜欲，须知万物是吾身。
无端礼乐纷纷议，谁与青天扫宿尘？②

在阳明看来，个体精神的超越才是根本，远比外在规范之“礼乐”更值得追求。显然，阳明晚年最为关注的是如何以一种有效的方式总结自己的理论体系。

从表面上看，“大礼议”是“继统”与“继嗣”的礼仪之争，实则牵涉到权力及学术两方面，前者是皇权与内阁的权力之争，后者是

① （明）王守仁：《王阳明全集》卷20，第867页。
② （明）王守仁：《王阳明全集》卷20，第865页。

朱学与王学之争。站在心学家的立场上看这场论争，阳明的态度是怎样的呢？嘉靖六年（1527），在《与霍兀崖宫端》一信中，阳明才姗姗表态：

> 往岁曾辱“大礼议”见示，时方在哀疚，心善其说而不敢奉复。既而元山（按，席书）亦有示，使者必求复书，草草作答。意以所论良是，而典礼已成，当事者未必能改，言之徒益纷争，不若姑相与讲明于下，俟信从者众，然后图之。其后议论既兴，身居有言不信之地，不敢公言于朝。①

可见，对赞成嘉靖帝的霍韬、席书、黄绾等人，阳明是持肯定态度的。

对阳明在“大礼议”中的态度，章太炎则另有一番评价，其《王文成公全书题辞》曰：

> 宋儒程、杨诸师，其言行或超过文成，末流卒无以昌狂败者，则宋儒视礼教重，而明儒视礼教轻，是文成之阙也。……然大礼议起，文成未殁也，门下唯邹谦之以抵论下诏狱谪官，而下材如席书、方献夫、霍韬、黄绾争以其术为佞，其是非勿论，要之谗谄面谀，导其君以专，快意刑诛，肆为契薄。且制礼之化，流为斋醮，糜财于营造，决策于鬼神，而国威愈挫。明之亡，世宗兆之，而议礼诸臣导之，则比于昌狂者愈下，学术虽美，不能无为佞臣资，此亦文成之蔽也。②

---

① （明）王守仁：《王阳明全集》卷21，第918页。

② （明）王守仁：《王阳明全集》卷41，第1810页。

太炎先生客观指出阳明开启了明儒轻礼教之风，此一“阙”也，而阳明的另一“蔽”在于其学说被奸人假借、为权势所用。但在整篇文章中，章太炎持为阳明辩护的态度，反击自清初以来学者们对王学的批评，认为其“知行合一”说是继承了孔门大儒子路的学行。

二　平思田乱前：调和“四有”“四无”说

从嘉靖元年（1522）到嘉靖五年（1526），阳明把大部分时间和精力投入家乡附近的讲学活动中，门人日进。其间，夫人诸氏亡故，阳明续娶了张氏，一年后得子。由于诸氏没有生育，嫡子正亿的到来给阳明带来莫大的欣慰。嘉靖六年（1527）五月，朝廷任命阳明提督两广及江西湖广军务兼都察院左都御史，前往广西平定思恩、田州少数民族叛乱，阳明辞免不允。其实，对于这次出征，阳明心情极为复杂：一方面身负旧疾，甚至每况愈下；一方面幼子尚小，此去前途未卜。

嘉靖六年九月初八（10 月 2 日），临行前的晚上，阳明设宴款待前来送行的弟子。众人散去，阳明留下钱德洪和王畿，在府第内的天泉桥上回答了二人的疑问，提出著名的王门四句教，史称“天泉证道”。关于此，在上一章中已阐述，故在此不再赘述。

事实上，阳明晚年的思想有靠近佛教虚寂之倾向。在“天泉证道”中，钱德洪持“四有”说，他认为：“心体是天命之性，原是无善无恶的。但人有习心，意念上见有善恶在，格、致、诚、正、修，此正是复那性体功夫。若原无善恶，功夫亦不消说矣。”① 王畿则提出“心体既是无善无恶，意亦是无善无恶，知亦是无善无恶，物亦是无善无恶”② 的“四无”论。

---

① （明）王守仁：《王阳明全集》卷 3，第 133 页。
② （明）王守仁：《王阳明全集》卷 35，第 1442 页。

对二位弟子的分歧，阳明采取了折中调和的态度，但从个人意见上，他更倾向于王畿，据王畿《天泉证道记》载："汝中所见，我久欲发，恐人信不及，徒增躐等之病，故含蓄到今。此是传心秘藏，颜子、明道所不敢言者，今既已说破，亦是天机该发泄时，岂容复秘？然此中不可执著。"① 显然，王畿的"四无"说更契合阳明的心意。

对阳明调和钱德洪和王畿之举，东林党领袖顾宪成（1550—1612）并不看好，他认为这是白费力气的：

> 阳明曰："四无之说，为上根人立教，四有之说，为中根以下人立教。"是阳明且以无善无恶，扫却为善去恶矣。既已扫之，犹欲留之，纵曰为善去恶之功，自初学至圣人，究竟无尽，彼直见以为是权教，非实教也，其谁肯听？既已拈出一个虚寂，又恐人养成一个虚寂，纵重重教戒，重重嘱咐，彼直见以为是为众人说，非为吾辈说也，又谁肯听？夫何故欣上而厌下，乐易而苦难？人情大抵然也。②

关于心之本体，阳明早年多次提及，如"至善是心之本体"③"知是心之本体"④"定者心之本体，天理也"⑤"良知者，心之本体"⑥等。相比之下，阳明晚年提出的"四句教"及弟子王畿的"四无"说，则用佛教的性空观念诠释了心体问题，故阳明采取保留态度也是出于不欲授人以柄的考虑。

细究之，阳明也意识到过于强调本体的危害："人有习心，不教

① 吴震编校：《王畿集》，凤凰出版社2007年版，第1—2页。
② （清）黄宗羲著，沈芝盈点校：《明儒学案》卷58，第1396页。
③ （明）王守仁：《传习录》（上），《王阳明全集》卷1，第2页。
④ （明）王守仁：《传习录》（上），《王阳明全集》卷1，第7页。
⑤ （明）王守仁：《传习录》（上），《王阳明全集》卷1，第19页。
⑥ （明）王守仁：《传习录》（中），《王阳明全集》卷2，第69页。

他在良知上实用为善去恶功夫，只去悬空想个本体，一切事为俱不着实，不过养成一个虚寂。此个病痛不是小小，不可不早说破。”① 对“四无”说的局限，他也看得十分清楚：

> 若执四无之见，不通得众人之意，只好接上根人，中根以下人无从接授。……但吾人凡心未了，虽已得悟，不妨随时用渐修工夫。不如此，不足以超凡入圣，所谓上乘兼修中下也。汝中此意，正好保任，不宜轻以示人，概而言之，反成漏泄。②

“上根人”毕竟可遇不可求，即使在自己得悟的门生弟子中，也“凡心未了”，仍需继续提撕，时时修持。尽管倾心于王畿之“四无”说，但如果轻易“示人”，就会造成难以想象的后果。

如阳明担忧的一样，在其死后，王学分化，流弊日深。顾宪成就曾引用管志道（1536—1608）的言论，对此进行了批判：

> 管东溟曰：“凡说之不正，而久流于世者，必其投小人之私心，而又可以附于君子之大道者也。”愚窃谓“无善无恶”四字当之。何者？见以为心之本体，原是无善无恶也，合下便成一个空。见以为无善无恶，只是心之不著于有也，究竟且成一个混。空则一切解脱，无复挂碍，高明者入而悦之……混则一切含糊，无复拣择，圆融者便而趋之。③

换言之，如方尔加先生所说：“在阳明的‘致良知’说中，存在着一些相互矛盾的因素。其中主要是非理性主义与理性的矛盾、主观

① （明）王守仁：《传习录》（下），《王阳明全集》卷3，第134页。

② 吴震编校：《王畿集》卷1，第2页。

③ （清）黄宗羲著，沈芝盈点校：《明儒学案》卷58，第1391页。

唯心主义与循守心外道德规范的矛盾。……假若人处于不执着纲常名教的非理性状态，纯任主体的秉性，人违反纲常名教的可能性就更大。所以，对于伦理道德修养不深的人来说，非理性与理性，因任主体秉性与循守心外纲常名教处于尖锐的矛盾状态。”[①] 虽然，阳明本人是达到了这种统一，但他却没能够解决“致良知”理论上的内部矛盾。

第二日，弟子钱、王二人把阳明送到富阳严子陵钓台，一路上，师徒三人围绕“心之实幻”作了最后论证，史称“严滩问答”。对此，《传习录》下有载：

> 先生起行征思、田，德洪与汝中追送严滩，汝中举佛家实相幻相之说。先生曰：“有心俱是实，无心俱是幻；无心俱是实，有心俱是幻。”汝中曰：“有心俱是实，无心俱是幻，是本体上说工夫。无心俱是实，有心俱是幻，是工夫上说本体。”先生然其言。洪于是时尚未了达，数年用功，始信本体工夫合一。[②]

王畿此说立足于佛家实相幻相说之基础上，已经背离了儒家道统，阳明对此很清醒，故他再三嘱咐：“若吾儒指点人处，不必借此立言耳！”[③]

嘉靖六年（1527）九月二十五日，阳明出征广西，途经浙西常山，在白龙洞口进行了围绕其“四句教”的讲学活动。临结束时，阳明把前晚写就的《长生》一诗赠予参学的全体弟子：

> 长生徒有慕，苦乏大药资。名山遍探历，悠悠鬓生丝。微躯一系念，去道日远而。中岁忽有觉，九还乃在兹。非炉亦非鼎，

① 方尔加：《王阳明心学研究》，湖南教育出版社1989年版，第163—164页。
② （明）王守仁：《王阳明全集》卷3，第141页。
③ （明）王守仁：《王阳明全集》卷3，第141页。

何坎复何离；本无终始究，宁有死生期？彼哉游方士，诡辞反增疑；纷然诸老翁，自传困多歧。乾坤由我在，安用他求为？千圣皆过影，良知乃吾师。[1]

"九还"乃道教用语，也称"九转"，谓丹药的炼制有一至九转之别，而以九转为贵。"坎""离"是《周易》的两卦，"坎"卦上下为阴爻，中间为一阳爻；"离"卦上下为阳爻，中间一阴爻。道教以"坎男"代汞，"离女"代"铅"，借指人体的阴、阳两气。阳明感慨，人只要执念于永生，就离道越来越远了。其实，真正的长生在每个人身上，无须费心大炼丹药。接着，阳明提醒弟子，宇宙自然本无始终，人的生命又怎会有定数？游方之士说得天花乱坠，却令人徒然生疑。人世间长寿的老者，也各有各的原因。这些外部的因素皆不能助人永生。最后，阳明启示弟子，良知人人皆有，无须外求。

早在正德十五年（1520），陈九川（1494—1562，字惟溶，号竹亭，又号明水）前往虔州问学，阳明认为"致良知"的"诀窍"在于："尔那一点良知，是尔自家底准则。尔意念着处，他是便知是，非便知非，更瞒他一些不得。尔只不要欺他，实实落落依着他做去，善便存，恶便去。他这里何等稳当快乐。此便是格物的真诀，致知的实功。"[2] 简言之，这个"诀窍"是让人观物应物时主体一无所执。主体本身就是"良知"，就是准则。主体一无所执，"良知"才能纯真；只要达到内心的满足，就符合"良知"。于是，在阳明这里，"致良知"的形式无所不包，"坐起歌咏"是"致良知"，"饥来吃饭倦来眠"是"致良知"，"搬柴运水"也是"致良知"，这与禅宗把驴鸣狗叫、拉屎撒尿、打架斗殴都视为领悟佛性的形式别无二致。

---

① （明）王守仁：《王阳明全集》卷20，第876页。

② （明）王守仁：《传习录》（下），《王阳明全集》卷3，第105页。

三　平思田乱：追忆老友之“渴饮甘泉泉”

嘉靖七年（1528）十月，思恩、田州来服，八寨、断藤峡剿平后，阳明从广西横县返回南宁，途中他拜谒了曾在少年时代梦见并题诗的伏波庙。时隔四十余年，梦境和现实、古今之遭遇竟是如此巧合！阳明当即题诗，《谒伏波庙二首》其一云：

> 四十年前梦里诗，此行天定岂人为！
> 徂征敢倚风云阵，所过须同时雨师。
> 尚喜远人知向望，却惭无术救疮痍。
> 从来胜算归廊庙，耻说兵戈定四夷。①

伏波即以军功著名的东汉将军马援，在平定交趾叛乱后，仍奉命出征，最终病死军中，在他生前身后，遭受之谤议不断。此诗包含着阳明复杂的感受，除了对个人命运的百感交集外，阳明希望用“致良知”的方式，达到使地方百姓安居乐业的目的。对日益腐朽的朝廷，阳明也寄托了其焕发出新气象的希望。

到达广州时，阳明顺便去了增城，祭拜了死于苗难之六世祖王纲（1302—1372，字性常）。明洪武年间，任兵部郎中的王纲以逾七十之高龄偕其子王彦达，奉命赴潮州平息民变。返途中经过增城，被海盗曹真拦截，因拒绝其统帅之职遇害。《雍正广东通志》卷六十载萧鸣凤《忠孝祠记》曰：

> 时彦达亦随入贼中，奋救不能得，因哭骂求死。其魁曰：“父

① （明）王守仁：《王阳明全集》卷20，第878页。

忠子孝，杀之不祥。”戒其党毋加害，与之食，不顾。贼悯其诚，容令缀羊革裹尸而出，得归葬焉。……嘉靖戊子（1528）岁，知增城县朱道澜始立祠于城南，并置田三十九亩，图岁祀焉。①

明洪武二十四年（1391），御史郭纯以其事奏朝廷，王纲得祀广东增城。因年代久远，恐已失修，故阳明申请复建，合祀王纲、王彦达父子，在《与提学副使萧鸣凤》一信中阳明有云：

祀事毕，驻节数日，不忍去，召集诸生，讲论不辍。曰："吾祖寓此，而甘泉又平生交义兄弟，吾视增城，即故乡也。”乃题诗祠壁曰：“海上孤忠岁月深，旧壝荒落杳难寻。风声再树逢贤令，庙貌重新见古心。香火千年伤旅寄，烝尝两地叹商参。邻祠父老皆仁里，从此增城是故林。”②

阳明视增城为故乡，还因为这里是老友湛若水之故居。早在弘治十八年（1505），阳明在京师首倡身心之学、使人先立圣人之志，“然师友之道久废，咸目以为立异好名，惟甘泉湛先生若水时为翰林庶吉士，一见定交，共以倡明圣学为事”③。当时，是阳明首次与甘泉会面，思想上正处于摆脱任侠、骑射、辞章、神仙、佛氏这“五溺”，欲归于圣学的转变期。此时距离甘泉针对《大学》“格物致知”论而提出的“随处体认天理”说已有八年。相比之下，甘泉的思想更为成熟，若论及此后阳明思想体系的形成，甘泉确有开启促成之功。

弘治十九年（1506），阳明远谪贵州，在龙场悟道后对“格物致知”说提出了新见解，接着又倡导“知行合一”说，逐渐建立起了自

① 束景南：《阳明佚文辑考编年》，第924—925页。
② 束景南：《阳明佚文辑考编年》，第923页。
③ （明）王守仁：《王阳明全集》卷33，第1352页。

己的思想体系。细究之，甘泉“内外合一谓之至道，知行合一谓之至学，如是则天地、乾坤、君臣、父子、夫妇之道在我矣”① 的“知行并进”论，对阳明的影响不可谓不深。阳明回京后在《别湛甘泉序》中也谈道：“晚得友于甘泉湛子，而后吾之志益坚，毅然若不可遏，则予之资于甘泉多矣。甘泉之学，务求自得者也。世未之能知其知者，且疑其为禅。……吾与甘泉友，意之所在，不言而会；论之所及，不约而同；期于斯道，毙而后已者。”② 可见，阳明自己也承认受甘泉思想影响甚大。

阳明思想受甘泉影响，不仅在其初识阶段。正德四年（1509），阳明在《与辰中诸生》中曰：“前在寺中所云静坐事，非欲坐禅入定。盖因吾辈平日为事物纷拏，未知为己，欲以此补小学收放心一段功夫耳。”③ 对阳明纯以静坐体悟为入学的功夫，甘泉最为反对，他认为静坐只是入门途径之一，天理应随处体认。阳明后来不再单独强调静坐，指出只知道静养不知随处用克己的功夫就会坏事，“人须在事上磨，方立得住，方能‘静亦定，动亦定’。”④ 嘉靖二年（1523）阳明在《与刘元道》中更是劝说友人不要以专静为学：“且专欲绝世故，屏思虑，偏于虚静，则恐既已养成空寂之性，虽欲勿流于空寂，不可得矣。”⑤ 对此，甘泉颇觉欣慰，在《答余督学》中曰：“阳明不专于静之说，即仆之说也。……古之论学未有以静为言者，以静为言者皆禅也。故孔门之教，皆欲事上求仁，动时着力，何者？静不可以致力，才致力即已非静矣。”⑥

---

① （明）湛甘泉：《问疑录》，《湛甘泉先生文集》卷10，《四库全书存目丛书》集部第56册，第629页。

② （明）王守仁：《王阳明全集》卷7，第257—258页。

③ （明）王守仁：《王阳明全集》卷4，第162页。

④ （明）王守仁：《传习录》（上），《王阳明全集》卷1，第14页。

⑤ （明）王守仁：《王阳明全集》卷5，第213页。

⑥ （明）湛甘泉：《答余督学》，《湛甘泉先生文集》卷7，《四库全书存目丛书》集部第56册，第562页。

但自阳明提出“致良知”说，思想体系已臻大成时，两人观点之分歧亦逐渐拉大。正德十六年（1521），甘泉作《答阳明王都宪论格物》，阳明作《答甘泉》回复云：

> “随处体认天理”是真实不诳语，鄙说初亦如是，及根究老兄命意发端处，却似有毫厘未协，然亦终当殊途同归也。……致知之说，鄙见恐不可易，亦望老兄更一致意，便间示知之。此是圣学传心之要，于此既明，其余皆洞然矣。意到恳切处，不得不直，幸不罪其僭妄也！①

言语间，阳明虽客气礼貌却坚持己见，此次论战延续数年，论争激烈。晚年的阳明用“良知”取代了早年强调之“天理”，对普遍的天理与个体的吾心作了统一。甘泉认为这是阳明思想的倒退，对阳明的“四句教”，他更是严加斥责，阳明对此不作回复。对此，湛若水有云：“兄抚两广，我书三役；兄则杳然，不还一墨。及得病状，我疑乃释。”② 对阳明晚年的思想，甘泉认为已彻底走向了释家的虚妄，故才有对阳明“四句教”的更改。③

此时的阳明，已完整建立起了自己的心学体系，修正了早年所持的观点。嘉靖五年（1526），阳明在《寄邹谦之》中，对甘泉的“随处体认天理”说作了批驳：“‘随处体认天理’之说，大约未尝不是，只要根究下落，即未免捕风捉影，纵令鞭辟向里，亦与圣门致良知之功尚隔一尘。若复失之毫厘，便有千里之谬矣。”④ 二人学术思想上的

① （明）王守仁：《王阳明全集》卷5，第202—203页。

② （明）湛甘泉：《奠王阳明先生文》，《王阳明全集》卷40，第1683页。

③ 甘泉改为“有善无恶者心之体，有善有恶者意之动，知善知恶者心之神，达其知之善于意、心、身、家、国、天下，得所止者，物之格。”（明）湛若水：《附山斗会中述先生语意》，《湛甘泉先生文集》卷23，《四库全书存目丛书》集部第57册，第149页。

④ （明）王守仁：《王阳明全集》卷6，第224页。

差距，正如日本学者冈田武彦所说：“阳明的立场是在本体上讲功夫，即主张本体即功夫。相反，甘泉尽管也提倡本体功夫的浑一，但却以功夫为重点，由此而复归本体。”[1] 在甘泉看来，“若承认本体即功夫，则势必以良知为现成，以任现成良知为浑沦自得，从而求真路于当下即是；或者以无善无恶为心体，忘天理而轻功夫，终而陷于狂禅。”[2]不答复甘泉，是因为阳明清楚，自己的学说和佛禅关联甚紧，而甘泉对此是洞察于心。

至今二十多年过去，虽然在学术思想上两人从志同道合发展到分道扬镳，但还是保持了良好的关系。遗憾的是，阳明这次拜访没能见到老友，遂写下生平最后两首诗即行告辞。《书泉翁壁》云：

我祖死国事，肇礼在增城。
荒祠幸新复，适来奉初蒸。
亦有兄弟好，念言思一寻。
苍苍蒹葭色，宛隔环瀛深。
入门散图史，想见抱膝吟。
贤郎敬父执，童仆意相亲。
病躯不遑宿，留诗慰殷勤。
落落千百载，人生几知音？
道通著形迹，期无负初心！[3]

诗歌先述祭祀先祖、重修旧祠之事，又言拜访故友之行。在感慨人生短促、知己难寻后，希望与老友求同存异，唯有这样才不辜负当

① ［日］冈田武彦：《王阳明与明末儒学》，吴光、钱明、屠承先译，上海古籍出版社2000年版，第79页。

② ［日］冈田武彦：《王阳明与明末儒学》，吴光、钱明、屠承先译，上海古籍出版社2000年版，第80页。

③ （明）王守仁：《王阳明全集》卷20，第880页。

初共倡圣学的那番苦心。日本学者志贺一郎认为："甘泉的学问不一定与阳明一致，但撇开从来的记诵词章之学的话，在以成为圣人为目标所追求的自悟这一点上是一致的。"[①] 这当是阳明把甘泉视作一生挚友的最大原因。

又《题甘泉居》曰：

我闻甘泉居，近连菊坡麓。
十年劳梦思，今来快心目。
徘徊欲移家，山南尚堪屋。
渴饮甘泉泉，饥餐菊坡菊。
行看罗浮云，此心聊复足。[②]

此诗的背景，务必要在此作一交代。正德五年（1510），阳明结束龙场生活回到京师，在留官京城后，"阳明公谓甘泉子曰：'乃今可卜邻矣。'遂就甘泉子长安灰厂右邻居之。时讲于大兴隆寺，而久庵黄公宗贤会焉。三人相欢语，合意。久庵曰：'他日天台，雁荡，当为二公作两草亭矣。后合两为一焉，明道一也。'"[③] 这是阳明与甘泉感情最深、关系最密切的阶段。

此后，在给甘泉的信中，阳明也提及："西湖十居之兴，虽未能决然，扁舟往还之约却亦终不可忘也。"[④] 可见，在阳明心中，早年与旧友偕同隐居的约定一直铭记于心，如今来到甘泉故居，这个心愿似乎可以实现了。值得一提的是，"菊坡"当指南宋名臣崔与之（1158—1239，字正之，晚号菊坡，增城人），其一生屡建事功，以品德清廉著

① ［日］志贺一郎、陈辉：《王阳明与湛甘泉的友情》，《浙江学刊》1989 年第 4 期。
② （明）王守仁：《王阳明全集》卷 20，第 879 页。
③ （明）湛若水：《阳明先生墓志铭》，《王阳明全集》卷 38，第 1540 页。
④ （明）王守仁：《王阳明全集：新编本》卷 45，第 1834 页。

称。晚年请辞返粤后，过着深居简出的生活，其间，以逾七十之高龄临危受命，平息了广州叛军。此外，其词造诣颇高，开“雅健”为宗的岭南词风。其学术思想上承张九龄，下启陈献章，所创“菊坡学派”是岭南历史上第一个儒学流派。崔与之死后，增城凤凰山上建有菊坡亭和菊坡书院。

对阳明来说，如今的愿望非常简单，希望与老友毗邻而居，在凤凰山上追慕崔与之的高风亮节，在菊坡亭赏菊论学，虽远离尘世却心怀宇宙。阳明与甘泉之关系，正如钱明所言：“在明代心学史上，可以说是甘泉首先影响阳明，阳明通过甘泉而与陈献章相接，并通过甘泉而走了一条本于陆学，兼采朱学的心学路径。”①

在广州耽搁了数日后，阳明病情加重。事实上，他请求回家乡治病的上疏被桂萼（？—1531）扣留，朝廷对他的病情一无所知，也没有派新任巡抚来接替他的工作。在等待中，阳明延误了治疗，据《年谱》载：

> 是月廿五日，逾梅岭至南安。登舟时，南安推官门人周积来见。先生起坐，咳喘不已。徐言曰：“近来进学如何？”积以政对。遂问道体无恙。先生曰：“病势危亟，所未死者，元气耳。”积退而迎医诊药。廿八日晚泊，问：“何地？”侍者曰：“青龙铺。”明日，先生召积入。久之，开目视曰：“吾去矣！”积泣下，问：“何遗言？”先生微哂曰：“此心光明，亦复何言？”顷之，瞑目而逝。②

阳明终于嘉靖七年（1528）十一月二十九日，时仅五十七岁。弥

① 钱明：《王阳明湛甘泉合论》，《浙江学刊》1992 年第 1 期。
② （明）王守仁：《王阳明全集》卷 35，第 1463 页。

留之际，他关心的是弟子的学业，“此心光明”的自评概括了其人生经历和学术思想，这不禁让人想起“人人自有定盘针”（《咏良知四首示诸生》其三）这句诗，天下之公义，不在庙堂，在乎人心。

阳明逝世前的学术思想，弟子钱德洪在《讣告同门》中概括道：

> 前年秋，夫子将有广行，宽、畿各以所见未一，惧远离之无正也，因夜侍天泉桥而请质焉。夫子两是之，且进之以相益之义。冬初，追送于严滩请益，夫子又为究极之说。由是退与四方同志更相切磨，一年之别，颇得所省，冀是见复得遂请益也，何遽有是邪！呜呼！别次严滩，逾年而闻讣复于是焉，云何一日判手，遂为终身永诀已乎！①

综观阳明的诗歌，不管是贬谪龙场还是擒贼平乱，皆与其仕宦经历有关。在多变的政海中，阳明不仅得到了多方面的锻炼和成长，其学术思想也随之越发成熟。考察阳明人生各个阶段的诗歌，不仅闪耀着学思哲理的光芒，其间所蕴含的禅学意蕴也较为浓厚、突出。民国潘德衡在选录了阳明53首诗后评曰：

> 阳明胸次浩大，见理精微，诗情中含有哲意，景物里时见化机。彼常以慧眼静观万象，兴会神融，物我无间；故能诚中形外，泰然若有所得。宇宙一切，都变成美化。篇中各体俱佳，七律清俊明朗，持语痛快透辟，仿佛见其手舞足蹈之态，生意盎然之机。七古则沉酣山水之中，发兴烟霞之上，变化飘忽无定形。说理亦洞中肯要，超然矫拔于尘俗之外，有振顽起懦潜移默化之功。而其跌宕不羁，豪放飘逸处，殊类太白。读其诗，如登高山，望远

① （明）王守仁：《王阳明全集》卷38，第1599页。

海，坐清风，挹明月，快然自适，目无纤尘。[①]

可以说，阳明诗歌呈现出的各态风貌，与其浸淫佛禅大有关联。正是阳明思想中的这份佛禅因素，才让其诗“物我无间”，“泰然若有所得”，具有“矫拔于尘俗之外”的那份超然。

① 潘德衡编:《宋金元明诗评选》，大地书局 1939 年版，第 328—329 页。

第五章　儒佛融合视野中的王阳明诗歌

第一节　儒语禅意

阳明在龙场悟得致知格物之旨后，便广泛地使用“五经”中的话来印证自己的“心学”思想，对“五经”进行了详细评注，写下四十六卷《五经臆说》(《易经》《书经》《诗经》《春秋》各十卷，《礼记》六卷)。到阳明五十岁提出“致良知”后，觉其烦琐支离，故未全面刊印流通。经钱德洪搜集，《全集》只保存了其序①及零散的十三条记录②。毫不夸张地说，《五经臆说》是龙场悟道的重要成果。虽不能一览全书，但这极为珍贵的片言只语，显示出阳明把自己的心学思想纳入儒学正统的努力，也从侧面论证了此期其诗歌佛禅意蕴之新变。

此外，还有一则材料可证明该阶段阳明对儒佛的看法。据湛若水《奠王阳明先生文》载，正德九年（1514），阳明在滁州督马政，湛甘泉从安南北还，二人相会于滁州，继续儒佛是否同根的讨论。论辩中，阳明不同意甘泉认为“佛于我孔，根株咸二”③ 的看法，认为佛教境

① （明）王守仁：《王阳明全集》卷22，第965—966页。
② （明）王守仁：《王阳明全集》卷26，第1075—1082页。
③ （明）王守仁：《王阳明全集》卷40，第1683页。

界高远，与孔门圣学没根本区别。故从龙场悟道到正德十年（1515），阳明与佛禅有关的诗歌也随其儒学思想的变化而呈现出不同的风貌。

一 儒语禅意的融合

以儒家意象、典故入诗，儒禅交融，更显圆通，此为阳明龙场悟道后诗歌动态发展的概貌一。如居夷诗《诸生夜坐》：

谪居澹虚寂，眇然怀同游。
日入山气夕，孤亭俯平畴。
……
夜弄溪上月，晓陟林间丘。
村翁或招饮，洞客偕探幽。
讲习有真乐，谈笑无俗流。
缅怀风沂兴，千载相为谋。①

这首诗写于龙冈书院，记叙了阳明不拘一格的讲学活动，或讲诵、讨论、静坐，或歌咏、鸣琴、聚饮。在谪居的日子里，阳明静坐体悟虚寂；在讲习的日子里，师生谈笑有真乐，全诗体现出阳明悟道后从容自得的心态。此处的“虚寂”兼有佛道义，道家认为虚寂守静可以开发人的自然本性，求得心灵的宁静；佛家侧重于“虚无”意，认为要在人们一念升起时，立刻遏制住，保持内心的空无。

关于心性本体的“虚寂”，佛典中比比皆是，刘宋求那跋陀罗译《杂阿含经》卷三九，世尊作偈曰：“犹如空舍宅，牟尼心虚寂。于中

① （明）王守仁：《王阳明全集》卷19，第773页。

而旋转，佛身亦如是。”[①] 宋绍隆等编《圆悟佛果禅师语录》也多次出现“虚寂”，如卷八“上堂八”条下：“法法圆融，心心虚寂；大包无外，文彩已彰；细入无间，眼莫能观。所以道：‘万法是心光，诸缘唯性晓。本无迷悟人，只要今日了。’”[②] 可见，心性本体人人俱有，通过顿悟，皆可得道成佛。再如卷十四“示吴教授”条下：“佛祖以神道设教，唯务明心达本。况人人具足，各各圆成……廓彻灵明，广大虚寂。……离见超情，截却生死浮幻，如金刚王坚固不动，乃谓之即心即佛，更不外求唯了自性”[③]，则更明确地指出保持心体虚寂、空无，则可金刚不坏，见性成佛。

受佛教“虚寂”说的启发，在阳明看来，“良知”须通过机缘体认、直觉顿悟，达到本心澄明。需要注意的是，阳明摈除了佛教“虚寂”意义中心如枯井、无所作为这一消极层面，认为良知更须通过实地用功，在现实中落实。此后，在有名的“天泉证道”中，阳明警示弟子王畿曰：“人有习心，不教他在良知上实用为善去恶功夫，只去悬空想个本体，一切事为俱不着实，不过养成一个虚寂。此个病痛不是小小，不可不早说破。”[④] 显然，阳明清醒地看到，过于强调心性虚寂之“体”，忽视修习功夫，会滑向禅家心性之说。

诗歌最后，引用了孔子向弟子问志的故事，以曾点的随性狂妄来烘托儒家圣人涵容宽广的气象，并对其描绘的悠然自适之境表示赞赏。把“虚寂”“风沂兴”两词糅合在诗里，体现出阳明视浮名如飞絮、傲视磨难的超越情怀和自得心境，事实上，这也是阳明心学思想对儒佛二教吸收和改造的结果。

---

① （刘宋）求那跋陀罗译：《杂阿含经》卷39，《大正藏》第2册，第285页中。

② （宋）绍隆等编：《圆悟佛果禅师语录》卷8，《大正藏》第47册，第748页中—748页下。

③ （宋）绍隆等编：《圆悟佛果禅师语录》卷14，《大正藏》第47册，第776页上—776页中。

④ （明）王守仁：《传习录》（下），《王阳明全集》卷3，第134页。

离开龙场赴庐陵任知县的途中，阳明经过常德，写下《德山寺次壁间韵》：

乘兴看山薄暮来，山僧迎客寺门开。
雨昏碧草春申墓，云卷青峰善卷台。
性爱烟霞终是僻，诗留名姓不须猜。
岩根老衲成灰色，枯坐何年解结胎？①

常德市境内有“春申墓”“善卷台”。春申君即战国四公子之一的楚国名臣黄歇，政治上大气磅礴的他，却因为一时疏忽，被门客利用并刺杀。善卷是尧舜时代的隐士，与许由齐名。善卷在枉山（今常德德山）居住时，尧帝南巡北归时途经此地，以“北面而问”的大礼求教。此后，善卷以“帝者师”名誉天下。黄歇身为楚相，惨烈的结局让其唏嘘不已，善卷的隐居生活才是性癖山水的他所羡慕的。

然而，如今又要置身政海，阳明内心的矛盾，在诗末“岩根老衲成灰色，枯坐何年解结胎”一句中得到体现。“结胎”有道佛二义，道家有“结圣胎”之说，暗喻道教金丹；佛家则谓“结胎五位”，指人在胎位中的五种相状，在经历第五个七日后，四肢及诸根具足。此处的“解结胎”当指经过修持证得菩提。僧人于岩窟静坐敛心是为了修禅入定，而阳明对此行为的结果，即能否超凡入圣表示质疑。据《年谱》载，阳明32岁时游览于杭州西湖各佛寺，曾用临济宗“呵斥”的禅教方式警醒过一坐关三年之禅僧，对僧人静坐之行为，阳明并未否定，只是对其外人伦而遗事物的不问世事进行了批判。此次对僧人枯坐的反诘，则表现出阳明另一层面的矛盾心态：既希望像僧人那样避世隐居，又因为不忘世事而心有所系。

① （明）王守仁：《王阳明全集》卷19，第792页。

再如南都诗之《与沅陵郭掌教》：

记得春眠寺阁云，松林水鹤日为群。
诸生问业冲星入，稚子拈香静夜焚。
世事暗随江草换，道情曾许碧山闻。
别来点瑟还谁鼓？怅望烟花此送君。①

阳明此诗回忆了自龙场升任庐陵知县，途经湘西沅陵，寓虎溪山之龙兴寺讲学的情景。龙兴寺乃唐太宗于贞观二年为教化五溪蛮民而建。因沅陵当时尚无书院，故阳明就在寺庙中为弟子讲学。白日，环境静谧清幽，“松林水鹤”环绕；夜晚，师生静坐，“诸生问业”，“稚子焚香”。静坐时，师生一起沉思；讲学时，师生切磋交流。诗末还引用了曾皙鼓瑟、论其志向之儒典，这一切都显示出阳明对沅陵讲学的重视及对弟子的怀恋。

正德四年（1509），阳明在《与辰中诸生》中写道：“谪居两年，无可与语者。归途乃得诸友，何幸何幸！方以为喜，又遽尔别去，极怏怏也。绝学之余，求道者少；一齐众楚，最易摇夺。”②《年谱附录一》也载：“师昔还自龙场，与门人冀元亨、蒋信、唐愈贤等讲学于龙兴寺，使静坐密室，悟见心体。”③ 冀元亨（1482—1521，字惟乾）和蒋信（1483—1559，字卿实）是常德人，唐愈贤（生卒年不详，字子充）乃沅陵人，皆为阳明楚中王门之代表。可见，常德及沅陵的讲学，使阳明喜获一批湘籍弟子，师生论学切磋，志趣相投。

正德五年（1510），阳明自龙场赴庐陵任知县，途经沅陵，寓居龙兴寺讲学，听闻故友杨子器（？—1513，字名父，浙江慈溪人）要

---

① （明）王守仁：《王阳明全集》卷20，第816页。
② （明）王守仁：《王阳明全集》卷4，第162页。
③ （明）王守仁：《王阳明全集》卷36，第1476页。

来沅陵，而自己却要离开，无奈之下于寺壁题诗《辰州虎溪龙兴寺闻杨名父将到留韵壁间》留赠：

杖藜一过虎溪头，何处僧房是惠休？
云起峰头沉阁影，林疏地底见江流。
烟花日暖犹含雨，鸥鹭春闲欲满洲。
好景同来不同赏，诗篇还为故人留。①

虎溪山位于今湖南怀化市沅陵县城西北处，虽与庐山东林寺前的虎溪不同，但用在此处，难免让人联想起东晋慧远送别陶渊明、道士陆修静的“虎溪三笑”之典故。拄着手杖经过虎溪山头，回看龙兴寺，哪一间僧房是惠休的呢？惠休（生卒年不详），南朝僧，后奉敕还俗，与大臣徐湛之（410—453）交好，常从鲍照游，因诗歌风格相近，时称“休、鲍”。阳明笔下的惠休当指代儒士与释子间赠诗酬唱、以文相会的良好关系。阳明在此地的讲学使辰州学风渐开，民风益淳，此后，沅陵成为阳明传授“心学”的首发之地。

二　讲学诗中的禅意及禅语

讲学诗出现，心学和禅学结合，更显老成，此为阳明龙场悟道后诗歌动态发展的概貌二。要强调的是，笔者在此拈出讲学诗，主要是指阳明写给弟子且内容与讲学相关的诗作。

阳明一生最重视的是讲学布道，在家信《赣州书示四侄正思等》中曰：“读书讲学，此最吾所宿好，今虽干戈扰攘中，四方有来学者，

① （明）王守仁：《王阳明全集》卷19，第790页。

吾未尝拒之。”[①] 通过讲学的方式来宣传心学，提倡“知行合一”，“致良知”，主张“心即理”，这是阳明一生为之努力的。早在弘治十八年（1505），阳明于京师就已授徒讲学，教人立圣人之志，使知有身心之学。只是到了龙场，他才正式开设书院讲学。

阳明这类讲学诗，有情景交融的，如滁州诗《山中示诸生五首》其二云：

滁流亦沂水，童冠得几人？
莫负咏归兴，溪山正暮春。[②]

诗人把滁水视作沂水，与门生座谈歌咏，畅述“心学”。这种授业方式既有儒家雍容宽洪的气象又有禅家活在当下的洒脱。后三首诗，即其三、其四、其五一并摘录如下：

桃源在何许？西峰最深处。
不用问渔人，沿溪踏花去。

池上偶然到，红花间白花。
小亭闲可坐，不必问谁家。

溪边坐流水，水流心共闲。
不知山月上，松影落衣斑。[③]

暮春时节与弟子出游，阳明即兴写下这五首诗。师生在自然万物

① （明）王守仁：《王阳明全集》卷 26，第 1088 页。
② （明）王守仁：《王阳明全集》卷 20，第 805 页。
③ （明）王守仁：《王阳明全集》卷 20，第 806 页。

的“无心”之美中徜徉、体道，诗歌无一字用禅语，却句句饱含禅机。阳明随处点化弟子，以景语悟学人，以境界代讲学，在禅家的高情远韵中让学人自悟自得。

其次，这类讲学诗也有情景交融夹杂议论说理的，如滁州诗《山中示诸生五首》其一：

> 路绝春山久废寻，野人扶病强登临。
> 同游仙侣须乘兴，共探花源莫厌深。
> 鸣鸟游丝俱自得，闲云流水亦何心？
> 从前却恨牵文句，展转支离叹陆沉！[①]

“鸣鸟游丝俱自得，闲云流水亦何心”让人联想起《金刚经》“应无所住而生其心”[②] 这句如来藏修行要诀。据《六祖坛经》载，禅宗五祖弘忍讲说《金刚经》至此句时，惠能大悟一切万法不离自性。阳明对此予以了肯定：“‘无所住而生其心’，佛氏曾有是言，未为非也。明镜之应物，妍者妍，媸者媸，一照而皆真，即是生其心处。妍者妍，媸者媸，一过而不留，即是无所住处。”[③] 故随处体认天理，万物不累于心，便能达到灵觉莹澈的境界。用此心态去观物，自然有一种深刻而充满禅趣的洞见。

“从前却恨牵文句，展转支离叹陆沉”表明了阳明对朱、陆二人学问之态度，也教育学生要体悟自己的良知，不能拘泥于琐碎的文句。关于此，清初学者邵廷采《明儒王子阳明先生传》有曰：“顾晦庵之学，已皎然如日月之丽天。先生欲表章象山，以救词章帖括之习，使人知立本、求自得，故其言曰：‘朱、陆二贤者天资颇异，途径微分，

① （明）王守仁：《王阳明全集》卷20，第805页。
② （明）朱棣集注：《金刚般若波罗蜜经集注》，第48页。
③ （明）王守仁：《传习录》（中），《王阳明全集》卷2，第79页。

而同底于圣道则一'。"[1] 事实上，对朱陆二人，阳明并未有贬抑晦庵拔高象山之意。拈出象山之学，也只是在当时不理想的学术环境下，对士子热心于外物的穷究、沉溺于文句的烦琐之习进行点拨。

关于这一点，明代学者施邦曜在《阳明先生集要》"理学编"卷二中的评价就较为公允：

> 晦庵当五季之后，虚无寂灭之教盈于天下，患在不知穷理也，故宗程氏之学，揭主敬穷理之教，使人知所持循。文成当晦庵之后，辞章训诂之习，没溺人心，患在徒事见闻也。故明陆氏之学，揭知行合一之旨，使人知所返本。二先生以为道之苦心，不得已而为补偏救敝之微权，非文成知内而不知外也，晦庵知外而不知内也，尚安得有异同哉?[2]

确实，站在各自的社会环境下来评价朱子和阳明，不难发现，二者补偏救敝的为道苦心，施邦曜所言可谓是矣。

再次，这类讲学诗还有纯议论说理，导致了无诗趣的，如滁州诗《郑伯兴谢病还鹿门雪夜过别赋赠三首》其二：

> 濬流须有源，植木须有根。
> 根源未濬植，枝派宁先蕃?
> 谓胜通夕话，义利分毫间。
> 至理匪外得，譬犹镜本明。
> 外尘荡瑕垢，镜体自寂然。
> 孔训示克己，孟子垂反身。

---

① （明）王守仁：《王阳明全集》卷40，第1728页。
② （明）施邦曜辑评：《阳明先生集要》，第144页。

明明贤圣训，请君勿与谖。[①]

郑杰（生卒年不详，字伯兴，江苏无锡人，隐士）是阳明门人，岁末因病回湖北鹿门，辞别之际，师生讲学夜谈，对儒家道统的正源作了一番探寻。其间，阳明把良知比作镜子，认为荡涤掉外尘瑕垢后，代表良知的本心即镜体自会显现。此明镜之拂拭尘埃义乃禅宗独有，《坛经·行由第一》神秀有偈曰："身是菩提树，心如明镜台。时时勤拂拭，勿使惹尘埃。"[②] 阳明用此禅语旨在提醒学人重视静时的克念功夫。

明镜之喻，阳明屡屡提及，如滁州诗《门人王嘉秀实夫萧琦子玉告归书此见别意兼寄声辰阳诸贤》：

王生兼养生，萧生颇慕禅。
迢迢数千里，拜我滁山前。
吾道既匪佛，吾学亦匪仙。
坦然由简易，日用匪深玄。
始闻半疑信，既乃心豁然。
譬彼土中镜，暗暗光内全。
外但去昏翳，精明烛媸妍。
世学如剪彩，妆缀事蔓延。
宛宛具枝叶，生理终无缘。
所以君子学，布种培根原。
萌芽渐舒发，畅茂皆由天。
秋风动归思，共鼓湘江船。

① （明）王守仁：《王阳明全集》卷20，第808页。
② （唐）法海录，丁福保笺注：《坛经》，第14页。

湘中富英彦，往往多及门。

临歧缀斯语，因之寄拳拳。①

萧琦，即萧惠，辰州人。王嘉秀（生卒年不详，字实夫），沅陵人，是阳明在辰州虎溪讲学的弟子。阳明讲学滁州时，二人又特前来受学。在此赠别诗里，阳明对自己的心学作了非释亦非道的声明，强调了自己思想的独立性，却也未否认受佛道的影响。其次，阳明以明镜喻良知，鼓励门生注重日用功夫，即可获得良知。

又如《传习录上》："圣人之心如明镜，只是一个明，则随感而应，无物不照，未有已往之形尚在，未照之形先具者。……只怕镜不明，不怕物来不能照。讲求事变，亦是照时事，然学者却须先有个明的功夫。"② 以明镜喻良知，将其静时存养的功夫比作磨镜扫尘，显然，阳明的磨镜扫尘功夫与北宗禅法有极为相似之处。

三　以禅语入诗

以"色相""本来面目""本来无物""悟"等禅语入诗，诗歌的禅学意味愈加深入，此为阳明龙场悟道后诗歌动态发展的概貌三。

正德五年（1510），阳明赴任庐陵知县，途经辰溪县，写下《观音山》："烟鬟雾髻动青波，野老传闻似普陀。那识其中真色相，一轮明月照青螺。"③ 观音山即湖南武陵桃花源内大士阁所在之山，旧时民间称作观音堂。"色相"，指形质相状，为宇宙间一切色法的本质之一。如《大佛顶首楞严经会解》卷五："阿难！若复眼根生色相者，见空非色，色性应销，销则显发一切都无，色相既无，谁明空质？空

① （明）王守仁：《王阳明全集》卷20，第808—809页。

② （明）王守仁：《王阳明全集》卷1，第13—14页。

③ 束景南：《阳明佚文辑考编年》，第299页。

亦如是。”[①] 此外，又指色身之相貌现于外而可见者，如诸佛菩萨为方便摄化众生，而权假显现之色身相貌。唐实叉难陀译《大方广佛华严经》卷一有载：“无边色相，圆满光明。遍周法界，等无差别。演一切法，如布大云。一一毛端，悉能容受一切世界而无障碍。”[②] 从诗题和诗意看，阳明笔下的“色相”不仅指观音山之形质相状，还指菩萨变现之色身相貌，二意兼有。全诗借外在事象解悟“空”的道理，如《金刚经》曰：“一切有为法，如梦幻泡影，如露亦如电，应作如是观。”[③] 阳明在此说明了大千世界、世俗社会乃由虚象、假象合成，其本质是“空”，故人生不可执着。

居夷诗之《观傀儡次韵》：

处处相逢是戏场，何须傀儡夜登堂？
繁华过眼三更促，名利牵人一线长。
稚子自应争诧说，矮人亦复浪悲伤。
本来面目还谁识？且向樽前学楚狂。[④]

此诗是阳明观傀儡戏后所感，表达了对世人身陷名利场中身不由己、远离本心的愤慨。“本来面目”，是著名的禅宗话头，指人人本具，不迷不悟之“面目”。进一步说，乃身心自然脱落而现前之人人本具之心性。《坛经·行由第一》载：“慧能云：‘不思善、不思恶，正与么时，那个是明上座本来面目？’”[⑤] 换言之，即人人本具的佛性，顿悟成佛就是指人们当下发现自己的“本来面目”。在《答陆原静书》里，阳明进一步说道：“‘不思善不思恶时认本来面目’，此佛氏为未

① （唐）般剌密帝译，（元）惟则会解：《大佛顶首楞严经会解》卷5，第50页。
② （唐）实叉难陀译：《大方广佛华严经》卷1，《大正藏》第10册，第2页上。
③ （明）朱棣：《金刚般若波罗蜜经集注》，第240页。
④ （明）王守仁：《王阳明全集》卷19，第786页。
⑤ （唐）法海录，丁福保笺注：《坛经》，第28页。

识本来面目者设此方便。‘本来面目’即吾圣门所谓‘良知’。”[①] 基于儒禅在心性论上的同一性，阳明把“良知”和佛家的“本来面目”几乎画上了等号。

滁州诗之《送惟乾二首》其二：

> 簦笈连年愧远求，本来无物若为酬。
> 春城驿路聊相送，夜雪空山且复留。
> 江浦云开庐岳曙，洞庭湖阔九疑浮。
> 悬知再鼓潇湘柁，应是芙蓉湘水秋。[②]

其时，阳明在滁阳送别弟子冀元亨。此诗前部分回忆了在贵州时二人的论学切磋，后部分以景衬情，对以后的相聚抱以真挚美好的期待。关于这段经历，《明儒学案》卷二十八有载：“冀元亨字惟乾，号闇斋，楚之武陵人。阳明谪龙场，先生与蒋道林往师焉，从之之庐陵，踰年而归。”[③] 王阳明在龙场创办龙冈书院后，远近诸生，如贵阳的陈文学（生卒年不详，字宗鲁），湖南的冀元亨、蒋信等，纷纷负笈来学。对诸生的远来求学，阳明心生愧意，认为自己没有什么可以作为酬谢。

“本来无物”语出《坛经·行由第一》慧能“菩提本无树，明镜亦非台。本来无一物，何处惹尘埃?”[④] 一偈。意指宇宙万象系由人我之妄想分别而起，于彼此不断变化之关系中，并无独自存在之主体，故无任何一物可执着，亦无须执着任何外物。分别之际，阳明以禅语入诗相赠，除了自谦的意义外，从更深层面看，还表现出对人生的聚

① （明）王守仁：《王阳明全集》卷2，第75页。
② （明）王守仁：《王阳明全集》卷20，第805页。
③ （清）黄宗羲著，沈芝盈点校：《明儒学案》，第634页。
④ （唐）法海录，丁福保笺注：《坛经》，第20页。

散离合不可执着，也无须感伤的洒脱态度，全诗体现出师徒间亲密又默契的关系。

关于师徒二人之关系，《明史》卷一百九十五载：

> 守仁弟子盈天下，其有传者不复载。惟冀元亨尝与守仁共患难。……宸濠怀不轨，而外务名高，贻书守仁问学，守仁使元亨往。宸濠语挑之，佯不喻，独与之论学，宸濠目为痴。……宸濠败，张忠、徐泰诬守仁与通。诘宸濠，言无有。忠等诘不已，曰：‘独尝遣冀元亨论学。’忠等大喜，搒元亨，加以炮烙，终不承，械系京师诏狱。世宗嗣位，言者交白其冤，出狱五日卒。①

的确，在宸濠叛乱前后，冀元亨一直陪伴在阳明身边，出谋划策共渡难关，甚至只身赴约，用生命保全了阳明。

另外，此期阳明诗中“悟”出现了8次，具体情况如下：居夷诗2首：《春日花间偶集示门生》“改课讲题非我事，研几悟道是何人”②、《睡起写怀》“闲观物态皆生意，静悟天机入窅冥”③；滁州诗4首：《别易仲》“至道不外得，一悟失群暗”④、《送蔡希颜三首》其一“寂景赏新悟，微言欣有闻”⑤和其三“悟后《六经》无一字，静余孤月湛虚明”⑥、《游雪窦》“绝境自余麋鹿伴，况闻体远悟禅机”⑦；南都诗2首：《送刘伯光》“谩道《六经》皆注脚，还谁一语

① （清）张廷玉等：《明史》卷195，第5169—5170页。
② （明）王守仁：《王阳明全集》卷19，第788页。
③ （明）王守仁：《王阳明全集》卷19，第793页。
④ （明）王守仁：《王阳明全集》卷20，第803页。
⑤ （明）王守仁：《王阳明全集》卷20，第807页。
⑥ （明）王守仁：《王阳明全集》卷20，第807页。
⑦ （明）王守仁：《阳明佚文辑考编年》，第366页。

悟真机”[①]、《次栾子仁韵送别四首》其一“悟到鸢鱼飞跃处，功夫原不在陈编”[②]。

从佛教意义上说，“悟”乃生起真智，反转迷梦，觉悟真理实相，修行之目的即在于求开悟。从悟之程度而言，有小悟大悟。依时间之迟速，分为渐悟顿悟。依智解而言，有解悟证悟。总之，大乘之悟界乃是证见真理，断除烦恼之扰乱，圆具无量妙德，应万境而施自在之妙用。《坛经·定慧第四》曰：“迷人渐修，悟人顿契。自识本心，自见本性，即无差别，所以立顿、渐之家假名。”[③] 显然，明心见性是禅学中悟的根本任务。同样，阳明把“悟”视作他心学思想形成的关键，肯定并吸收了佛禅自由的精神境界和空灵无滞的心性修养。

禅宗的顿悟是借助禅机，刹那间彻悟，与灵感有一定的相似处。诗之“悟”与禅之“悟”是相通的，一旦“悟”由禅的领域转入艺术领域，心灵之境即转化为审美之境，意境便充满了禅的精神和意蕴。但二者有根本的区别，禅以“空”为旨归，悟后万法皆空，诗则执着于尘世，悟后万象冥会。

除了诗歌，阳明也多次提到“悟”，如：“人心本体原是明莹无滞的，原是个未发之中。利根之人一悟本体，即是功夫，人己内外，一齐俱透了。”[④] “利根”指受教修道之素质，速疾而生妙解即为利根。有“利根”者，一悟即本体，内外皆通达。

又如嘉靖四年（1525），在《与邹谦之二》中阳明谈道：“近时四方来游之士颇众，其间虽甚鲁钝，但以良知之说略加点掇，无不即有开悟，以是益信得此二字真吾圣门正法眼藏。”[⑤] “正法眼藏”为佛教

① （明）王守仁：《王阳明全集》卷20，第818页。
② （明）王守仁：《王阳明全集》卷20，第820页。
③ （唐）法海录，丁福保笺注：《坛经》，第80页。
④ （明）王守仁：《传习录》（下），《王阳明全集》卷3，第133页。
⑤ （明）王守仁：《王阳明全集》卷5，第200页。

禅宗用语，宋惠泉集《黄龙慧南禅师语录》“迁住归宗语录”条下有曰：“吾有正法眼藏，涅槃妙心，付嘱摩诃大迦叶，教外别行，传上根辈。是法非有作思惟之所能解，非神通修证之所能入，不可以有心知，不可以无心得。悟之则顿超三界，迷之则万劫沉沦。”[①]“正法眼藏”原指世尊所说之无上正法，是佛祖于教外相传之心印，在禅宗中指“以心传心”之“心”，是获得顿悟、证入涅槃的关键所在，后用来比喻一种思想或学说中的关键概念和核心思想。阳明把“悟”和“利根”“正法眼藏”等佛语相连，以此来论证良知说，认为“良知”二字为自己学问的“正法眼藏”，这明显受到禅宗“以心传心”思想形式的影响。

明代中后期，陈建《学蔀通辨》卷九对阳明含“悟”的诗句进行了抨击：“朱子尝谓以悟为则，乃释氏之法，而吾儒所无有。又谓才说悟，便不是学问，不可穷诘，不可研究。一味说入虚谈，最为惑人。阳明奈何以为至道，拾先贤所弃以自珍哉。”[②]我们暂且抛开朱学维护者陈建对陆王心学的批判，仅从上述资料看，“悟”等词确实与佛禅紧密相连。从另一个角度来说，陈建的批判恰好印证了阳明诗歌深厚的禅学内涵。

显然，在龙场悟道后，阳明在佛学和传统儒学中为自己的心学思想，如“心即理”的建立寻找到了一些共同的理论支点，并加以发挥、创造，为最终形成完整的心学系统奠定了基础。综观正德前十年阳明的诗作，不仅具有佛禅意蕴，而且随之呈现出新的特点，简言之，即援儒入禅，讲学与佛禅结合，禅学意蕴明显深入。这三点新变体现出阳明把受佛禅启发创设的心学理论纳入儒学正统的努力。

---

① （宋）惠泉：《黄龙慧南禅师语录》，《大正藏》第47册，第631页下。

② （明）陈建：《学蔀通辨》卷9，第123页。

第二节 儒佛交融

一 儒禅交汇的战争诗

阳明参与平定贼寇及宸濠叛乱的战争，此期以儒语入诗、儒禅交融的现象并不少见，这类诗歌又呈现出军旅生涯的痕迹。

先来看带有战争痕迹的儒禅交融的诗歌。如赣州诗《再至阳明别洞和邢太守韵二首》其二：

山水平生是课程，一淹尘土遂心生。
耦耕亦欲随沮溺，七纵何缘得孔明？
吾道羊肠须蠖屈，浮名蜗角任龙争。
好山当面驰车过。莫漫寻山说避名。①

诗歌用了两个儒家典故，一是“孔子问津”，《论语·微子》曰：“长沮、桀溺耦而耕，孔子过之，使子路问津焉”②，表明积极入世的孔子与隐士不同的人生追求。在此阳明欲效法沮溺二人归隐，表达了欲归隐不得的无奈。此前阳明以病疏乞致仕，未获允许，朱彝尊《跋王阳明先生家书》中也谈及此事，认为阳明“平浰贼后家书见示，定乱之顷，不矜不伐，意在乞休，足以见先生之学力，未尝与人争功能也。”③

此诗用的第二个典故是“七擒七纵”，指三国时诸葛亮出兵西南，运用此战略，使彝族首领孟获心服归顺一事。与此相比，浰头大贼首池仲容、池仲安等人不从，最后被擒获。故阳明感慨没有孔明的德行

① （明）王守仁：《王阳明全集》卷20，第828页。
② 杨伯峻：《论语译注》，中华书局香港分局1984年版，第193页。
③ （清）朱彝尊：《曝书亭集》卷53，《文渊阁四库全书》集部第1318册，第247页。

和运气，不能使其心悦诚服的归顺。“蠖屈”比喻人遇困境时，当屈居下位或退隐，至于功名都微不足道。诗歌首句和尾句，皆表明了阳明以参访佛寺、悠游山林的方式进行自我调适和安慰，从中品尝到了遁世而无闷、幽隐而闲逸之趣味。

即使是写战争诗，也杂糅有儒禅痕迹，江西诗《即事漫述四首》这一组诗体现得尤为明显，其一曰：

从来野兴只山林，翠壁丹梯处处寻。
一自浮名萦世网，遂令真诀负初心。
夜驰险寇天峰雪，秋虏强王汉水阴。
辛苦半生成底事？始怜庄舄亦哀吟。①

首联表达了对野寺山林的挚爱，颔联指出为了追逐浮名丢失了本心，颈联则记录了艰辛的平寇军旅生涯，最后一句用“庄舄越吟”的典故自况。庄舄为战国越人，仕于楚，病中思乡，呻吟作越声。反观阳明，随着巡抚南安、赣州、汀州、漳州等处后，一直奔波于繁累的军旅生活，在仕与隐这一千百年来困扰士大夫的不解情结中，阳明的故土之思日笃。

在这份故土情结背后，是对仕途人事及明武宗所作所为的无奈和无力，《即事漫述四首》其二曰：

百战深秋始罢兵，六师冬尽尚南征。
诚微未足回天意，性僻还多拂世情。
烟水沧江从鹤好，风云溟海任龙争。

① （明）王守仁：《王阳明全集》卷20，第832—833页。

他年若访陶元亮，五柳新居在赤城。[①]

正德十五年（1520）正月，武宗率领的京军到达南京。阳明希望皇上早日回銮，以免征战扰民，故一次次上疏，但都没有回音。明知武宗借南征以偿奢游之愿，可面对这样一个荒唐又无能的皇帝，不能责怪，只能发之于诗了。诗歌首句“百战深秋始罢兵，六师冬尽尚南征”间接批判了武宗好大喜功的征伐行为，最后，阳明希望像陶潜那样远离官场是非，把佛道双修的圣地——浙江天台的赤城山当作自己的归隐之地。

对自己和武宗的关系，阳明有着清醒的认识，《即事漫述四首》其四云：

茅茨松菊别多年，底事寒江尚客船？
强所不能儒作将，付之无奈数由天。
徒闻诸葛能兴汉，未必田单解误燕。
最羡渔翁闲事业，一竿明月一蓑烟。[②]

明武宗的荒淫专横、好大喜功，朝臣小人的嫉恨谗言，这一切让阳明对政治前景看得无比透彻。数次上疏归隐被拒，仍执着归隐，可见阳明归隐之心笃切，诗歌前四句就表达了这种心情。纵然自己有孔明匡复汉室的建功立业之才，在这样的政治环境里，是无法达成心中的入世目标的。自己就如同齐将田单，纵然打入燕国，助齐国收复了失地，但遭受谗言为自己辩解却徒劳无用，未必能得到齐王的信任。阳明用儒家典故暗比和武宗的微妙关系，即使向武宗表明忠心，也不

① （明）王守仁：《王阳明全集》卷20，第833页。
② （明）王守仁：《王阳明全集》卷20，第833页。

一定得其信任。诗歌最后描绘了在明月下，执一渔竿，穿一蓑衣，不问世事，悠闲自在的渔翁生活，以此重申归隐的渴望。

再来看援儒入禅的诗歌，如江西诗《庐山东林寺次韵》曰：

东林日暮更登山，峰顶高僧有兰若。
云萝磴道石参差，水声深涧树高下。
远公学佛却援儒，渊明嗜酒不入社。
我亦爱山仍恋官，同是乾坤避人者。
我歌白云听者寡，山自点头泉自泻。
月明壑底忽惊雷，夜半天风吹屋瓦。①

慧远（334—416），少通六经与老庄之学，问学于道安（312—385）门下。在住持庐山东林寺期间，慧远创“白莲社”，弘扬净土，为后世净土宗初祖。时老、庄玄学清谈风行，“道德”“虚无”“无为”之说成为社会崇尚之潮流。慧远宗道安之“般若性空本无义”说，援中国传统之儒、道思想以阐释佛学，如以《老》《庄》之“虚无”说连类般若性空，以《老》《庄》之“无为”说连类涅槃寂静，儒家之伦理纲常道德也贯穿其言论及著作中，使各阶层人士易于接受。

关于陶渊明“嗜酒不入社”一事，后世论陶诸家有两种观点：一是以此作为其反佛证明的，主要代表人物有陈寅恪、朱自清、逯钦立先生等；二是主张陶渊明有佛学思想的，代表人物有游国恩、胡小石、荣肇祖、刘大杰、萧望卿、朱光潜、丁永忠先生等。② 从阳明此诗所要表达的内容看，笔者赞成丁永忠先生的观点。丁先生在萧望卿先生的观点上，加以具体翔实的论述，认为陶渊明不入社，并非反佛，主

① （明）王守仁：《王阳明全集》卷20，第842页。

② 黄霖编，羊列荣著：《20世纪中国古代文学研究史·诗歌卷》，东方出版中心2006年版，第138—141页。

要是不愿受慧远的宗教仪式、戒律所缚：

> 慧远的佛教思想体系尽管在内容上听命于世俗社会的要求，空前地容纳了中国传统的儒家思想，但在宗教形式方面却以佛教礼制，有意识地把佛教世界与世俗社会区别开来。……慧远所坚持的这些宗教（礼制）形式，诸如“隐居修行”，“变俗达道”，“髡发投簪”，“袒服而行”等等，显然不为中土人士所广泛接受。……（陶渊明）自幼受儒家传统礼仪的熏陶，极重天伦之爱，友朋之情，且“任情率真”，“不拘俗礼”，嗜酒成癖。这样的德行和个性如何受得了“莲社”——“净土信仰”那样的宗教仪式的束缚，桎梏！……所以，陶渊明上庐山而不入莲社的根本原因，固不在慧远的宗教思想，而在其宗教形式上。①

的确，佛教发展到东晋，只事翻译、只顾吞咽的阶段已经结束，进入了消化融合的新阶段并开始创立学派，走上独立发展的道路。在这样的思想背景下，陶渊明受佛教影响自是必然。此外，陶渊明还继承了其天师道的家传信仰，与慧远一样，他的思想受儒道佛三家的影响。

显然，阳明此诗提及慧远与陶渊明，也是想表达自己对儒道释三教之融会态度。阳明这一思想特征，实则并不典型，是大部分明代文人思想之缩影。全诗中“我亦爱山仍恋官”一句就袒露了阳明的心迹：既留恋仕途欲有所作为，又心系山水欲时刻亲近佛禅。

提及慧远和陶渊明的，还有《又次邵二泉韵》。在此诗里，阳明表现出与《庐山东林寺次韵》截然不同的心境，如果说前者是恋世入

① 丁永忠：《陶渊明与慧远——陶渊明不入“莲社”之我见》，《学术月刊》1987年第10期。

世，后者就是避世出世：

昨游开先殊草草，今日东林游始好。
手持苍竹拨层云，直上青天招五老。
万壑笙竽松籁哀，千峰掩映芙蓉开。
坐俯西岩窥落日，风吹孤月江东来。
莫向人间空白首，富贵何如一杯酒！
种莲栽菊两荒凉，慧远陶潜骨同朽。
乘风我欲还金庭，三洲弱水连沙汀。
他年海上望庐顶，烟际浮萍一点青。①

此诗作于正德十五年（1520）三月，邵宝（生卒年不详，字国贤，号二泉先生，成化年间进士），阳明好友，曾较长时间在江西任职，官至南京礼部尚书。因抵制刘瑾被迫致仕，复出后又反对宁王宸濠，性格率直。原诗题于庐山东林寺壁，康熙五十一年（1712），德化县令张近光将壁字钩摩镌石，碑高丈余，迄今仍存东林寺内。

看着日趋荒败的东林寺，诗人回念生平仕宦渺若微尘，感叹身世曲折尚为虚幻，故发出“莫向人间空白首，富贵何如一杯酒”的慨叹。对功名利禄的追求让人徒生愁苦，还不如畅饮一杯酒来得痛快，至少可以暂时忘怀失意惆怅。慧远、陶潜两位先哲待过的地方，如今荒凉破败，他们的尸骨，也早已朽烂化为泥土。人生苦短，如梦如幻，诗人欲乘风到“金庭”，与天上神仙共度余生。最后一句，阳明想象自己从天上俯瞰人间，在烟雾笼罩中，庐山不过是茫茫宇宙中一抹青色的浮萍。经历繁杂的世事，看淡功名富贵后，阳明对浮生如梦有了更深刻的认识。全诗体现出阳明看透现实的低落抑郁和寻求避世的洒

① （明）王守仁：《王阳明全集》卷20，第843页。

脱豪放。

从诗句内容的分析看，全诗体现出阳明的佛教般若之智。诸法缘起，万相俱空，凡所有相，皆是虚妄，如《维摩诘经·方便品》曰："是身如幻，从颠倒起；是身如梦，为虚妄见；是身如影，从业缘现；是身如响，属诸因缘；是身如浮云，须臾变灭。"[①] 又如唐玄奘译《般若波罗蜜多心经》云："色不异空，空不异色。色即是空，空即是色。……舍利子，是诸法空相，不生不灭，不垢不净，不增不减。"[②] 宇宙万有，何其多也，然以大乘般若之智观之，则一个"空"字足矣。当阳明用般若空观去观照世事时，就会生发出人生无常、空如梦幻之感。

人生如梦的感受也体现在江西诗《过鞋山戏题》中：

> 曾驾双虬渡海东，青鞋失脚堕天风。
> 经过已是千年后，踪迹依然一梦中。
> 屈子漫劳伤世隘，杨朱空自泣途穷。
> 正须坐我匡庐顶，濯足寒涛步晓空。[③]

这首诗写于正德十四年（1519）阳明从镇江返江西的途中。鞋山，位于江西九江鄱阳湖中，庐山脚下。在韩愈《送孟东野序》一文中，因受谗被逐出郢都，却仍怀爱国之志的屈原，在十字路口哭泣，感叹走错半步就差之千里的杨朱，都被韩愈视作"善鸣者"。但在此诗里，阳明用"漫劳""空自"对杨朱、屈原进行了批判，认为千百年后世事如梦，没必要那么执着认真、感伤忧虑。最后，诗人想象自己坐在庐山顶上，在鄱阳湖的波涛中濯足。此诗体现出阳明对人生作

① （后秦）僧肇等：《注维摩诘所说经》卷2，第32—33页。
② 方广锠编：《般若心经译注集成》，上海古籍出版社1994年版，第6页。
③ （明）王守仁：《王阳明全集》卷20，第835页。

性空，对宇宙作空无观照的佛教般若之智。

二　愈发浑融的讲学诗

具有佛禅意蕴的讲学诗，在此期随着阳明心学思想的逐渐成熟也愈发浑融，更证明其心学思想的佛禅渊源。

如赣州诗《坐忘言岩问二三子》："几日岩栖事若何？莫将佳景复虚过。未妨云壑淹留久，终是尘寰错误多。涧道霜风疏草木，洞门烟月挂藤萝。不知相继来游者，还有吾侪此意么？"① 忘言岩乃赣州名胜通天岩胜境之一。正德十二年（1517）夏，阳明在平定漳寇之余，携弟子邹守益、薛侃、欧阳德、陈九川等人游通天岩，师生之间多有歌咏唱酬。这是一首师生间的讲学问道诗，开首，阳明殷切询问诸子栖居深岩，收心悟道的效果，奉劝弟子不要辜负这山中美景。接着阳明劝慰弟子不妨在此多作停留，因为一入尘世，俗务烦琐，稍有不慎，容易犯错。最后阳明以"藤萝"暗指世事纷扰，感慨志同道合的人难以寻觅，师生一起坐岩用功的日子非常难得。

佛教中常用蔓生纠缠的藤萝比喻因事物、言语的纠缠繁杂生出贪、嗔、痴种种烦恼。姚秦竺佛念译《出曜经》卷五"爱品第三"下有曰："其有众生堕于爱网者，必败正道不至究竟，是故说爱网覆也。犹如葛藤缠树至末，遍则树枯。"② 后宋代禅家把扫除纠缠烦琐的陈词滥调，谓之"打葛藤"。语言、事相本空，并非葛藤，一旦执着乃至曲解时，语言、事相才成为葛藤，须开打才能去妄遣执，得以明心见性。

江西诗《书汪进之太极岩》融汇了阳明对三教合一的看法，其一曰：

① （明）王守仁：《王阳明全集》卷20，第826页。

② （姚秦）竺佛念译：《出曜经》卷5，《大正藏》第4册，第635页中。

一窍谁将混沌开？千年样子道州来。
须知太极元无极，始信心非明镜台。[①]

此诗因以禅语“明镜台”阐述心学而广为人知，原名《题太极窝》，还曾以“濂溪图意”为题，被收录于道光二十七年邓显鹤编纂的《周子全书》附录中。[②] 汪进之，即时任永嘉县令之汪循（1452—1519），字进之，号仁峰，又号京兆，徽州休宁人。弘治间理学名儒，为捍卫程朱理学曾与阳明多次论辩，终因意见不同而渐行渐远。阳明此诗写于汪循逝世后一年，当为悼念之作。

关于太极岩，九华山上较为出名的是无极洞，而非太极洞。离九华山不远的宣城广德，倒有闻名于世的太极洞。那么，阳明笔下的太极岩究竟位于何处呢?《汪仁峰先生外集》卷一中有汪戬（汪循之子）《先公顺天府通判仁峰先生行实》：

晚复筑石岩，小隐于大丘山麓。浚流得二石，类瓶鞍，舁置于门，曰“平安石”。伐崖，见纹理圆甚，刳其里，空洞可容十余人，命曰“太极岩”。自是，即以家政付孤戬，一味杜门读书，玩心于义理之微，而放意于尘垢之外，有以自乐澹如也。[③]

《汪仁峰先生文集》卷十七“杂著”之《太极岩说》也载：“仁峰子方筑小隐于大丘也，浚流得二石，肖瓶鞍。伐石得岩，类太极。室成舁石于门，而岩适屋之东隅，乃联句于庭曰：‘门前地拥平安石，屋后天开太极岩。’”[④] 此外，笔者在《汪仁峰先生外集》卷四中发现

---

① （明）王守仁：《王阳明全集》卷20，第851页。

② 钱明：《王学在新安地区的遭遇与挫折——以王守仁与汪循关系为例》，《黄山学院学报》2008年第4期。

③ （明）汪循：《汪仁峰先生外集》卷1，《四库全书存目丛书》集部第47册，第572页。

④ （明）汪循：《汪仁峰先生文集》卷17，《四库全书存目丛书》集部第47册，第411页。

汪循《太极》一诗歌咏道："空洞仁峰石，分明太极图。无形原有象，至理古今符。"[①]

显然，太极岩是汪循在世时所筑，地处安徽休宁大丘山麓中。据此可知，阳明在正德十五年春游九华时，应是顺道前往休宁进行悼念，所题之诗除此外，还有《题仁峰精舍》（二首）。[②]

此诗前两句指开创宋代理学的道州（今湖南道县）濂溪人——周敦颐（1017—1073）吸取道家学说，糅合《周易》，初步建立了探讨宇宙本原、万物生成、封建伦常、人性等问题的理论体系。其哲学著作，有《太极图说》《易通》，后人合编为《周子全书》，为理学唯心论的形成和发展奠定了基础。第三句"太极"一词出自《周易·系辞》："是故《易》有太极，是生两仪，两仪生四象，四象生八卦，八卦定吉凶，吉凶生大业。"[③]"无极"是老子用来指称道的终极性概念，修道者都追求与道合一的境界，无极乃太极的根源。最后一句"心非明镜台"典出《坛经》慧能偈，喻万事万物的最高本体——心性。阳明此诗从理学创始人周濂溪谈起，融合道儒释三教，对下文提出"良知"说作了铺垫。

接着看《书汪进之太极岩》其二：

始信心非明镜台，须知明镜亦尘埃。
人人有个圆圈在，莫向蒲团坐死灰。[④]

唐代禅宗之成立引起慧能与神秀间关于顿悟和渐修的论争，慧能继承弘忍旨意，以《金刚经》为主，以心印传法，接着神会建立南宗

① （明）汪循：《汪仁峰先生外集》卷4，《四库全书存目丛书》集部第47册，第603页。
② （明）王守仁：《王阳明全集：新编本》卷42，第1718页。
③ 黄寿祺、张善文：《周易译注》，第556页。
④ （明）王守仁：《王阳明全集》卷20，第851页。

禅，倡顿修；神秀则继承达摩禅，以《楞伽经》为主，倡渐修。阳明以《坛经》中慧能偈和神秀偈作为诗歌第一、二句，分别指顿悟和渐修功夫，可见其对南宗禅和北宗禅都有所吸取。后两句的“圆圈”代表本体，道、释两家皆尝用之，在此当指人人具足的良知。

“蒲团”指坐禅，明云栖袾宏（1535—1615）辑《禅关策进》中“东山演禅师送徒行脚”条下载：“不可坐在无事甲里，又不可蒲团上死坐。若杂念转斗转多，轻轻放下，下地走一遭，再上蒲团。开两眼，捏两拳，竖起脊梁，依前提起话头，便觉清凉。”① 法演（？—1104）是北宋中后期临济宗杨岐派著名禅师，他告诫弟子如杂念渐多，不可于蒲团死坐，当放下，待静心息虑后再上蒲团。王门弟子初入门时出现过“心猿意马”的状况，对此，阳明建议采取“默坐澄心”的修持方式，但也同时认识到，如果拘泥于静坐，就此走入虚寂，则与其所倡导的入世精神相违背，故强调人人心中有良知，不假外求。

正德十五年（1520），阳明因平宸濠乱立下战功，遭奸臣嫉恨。武宗听信谗言让阳明朝见，以此判断阳明是否怀反叛之心。阳明赶赴途中，受奸臣阻挠，不得已改道上九华。武宗派人前往窥伺，见其于东岩日夜晏坐，潜心学道，遂放下疑心。阳明在九华山广交僧道之友，并讲学授徒。时有周经（经也作金）和尚晏坐山岩已逾三年，阳明闻之，感动之余写下《有僧坐岩中已三年诗以励吾党》，鞭策弟子潜心向学：

莫怪岩僧木石居，吾侪真切几人如？
经营日夜身心外，剽窃糠粃齿颊余。
俗学未堪欺老衲，昔贤取善及陶渔。

① （明）云栖袾宏辑：《禅关策进》，《大正藏》第48册，第1098页下。

年来奔走成何事？此日斯人亦起予。[①]

诗歌颂扬了周经和尚勇猛精进的修持之心，用其远离人世的静坐修行，和自己的弟子作对比。阳明认为门徒及多数士人，日夜思谋的都是琐碎的身外俗务；在求学问道中，也存在着向身外求索的趋向。这种求圣之道如同剽窃，所得不过是别人吃剩嚼烂的粗劣食物罢了，在周经眼里，无异于“俗学”。

和“俗学”对立的，是上古圣贤们的至善之举——“陶渔”，此词出自《孟子·公孙丑上》：

> 子路，人告之以有过，则喜。禹闻善言，则拜。大舜有大焉，善与人同，舍己从人，乐取于人以为善。自耕稼、陶、渔以至为帝，无非取于人者。取诸人以为善，是与人为善者也。故君子莫大乎与人为善。[②]

舜的德行比子路、大禹更高，不待别人进善言就主动“取诸人以为善”。从当农夫、陶工、渔夫直到成为帝王，舜把从各行各业的人那里吸取来的长处，发挥到了极致，促成了双方品德上的完善。在圣人看来，这种成己又成人的“与人为善”，才是至善之举。

阳明用此典故，是想提醒弟子，不仅要学习周经和尚的精神，而且要付诸实践，唯如此方能成就大事。最后，阳明从坐禅的周经这里受到了启发，并对近年来戎马倥偬的生涯进行了审视，希望以后不再忙于身外之俗务，不再疏于心性之修持。

值得注意的是，阳明对周经静坐行为之肯定，与其早年在杭州呵

① （明）王守仁：《王阳明全集》卷20，第854页。

② 杨伯峻：《孟子译注》，中华书局1960年版，第82—83页。

斥坐关三年的僧人相比，态度截然相反。阳明早年认为佛教外弃人伦，易遁于空无，对虎跑寺禅僧的呵斥就是这一思想的体现。晚年的阳明，虽认为静坐不能成佛，但这种苦修的磨炼对入道是必不可少的，故予以肯定，可见阳明对佛禅看法之转变。这种转变当与其心学体系的最终完成，尤其是其晚年“致良知”说的提出加以综合进行审定，在此就不再赘述。

事实上，具有佛禅意蕴的讲学诗是阳明心学思想的重要载体，《登云峰二三子咏歌以从欣然成谣二首》其一曰：

> 淳气日凋薄，邹鲁亡真承。
> 世儒倡臆说，愚瞽相因仍。
> 晚途益沦溺，手援吾不能。
> 弃之入烟霞，高历云峰层。
> 开茅傍虎穴，结屋依岩僧。
> 岂曰事高尚？庶免无予憎。
> 好鸟求其侣，嘤嘤林间鸣。
> 而我在空谷，焉得无良朋？
> 飘飘二三子，春服来从行。
> 咏歌见真性，逍遥无俗情。
> 各勉希圣志，毋为尘所萦！①

此诗写于正德年间初春游九华之时。“邹鲁”两地是孟子、孔子故乡，这里代指孔孟之道，“世儒”当指朱熹。阳明认为，先秦儒家圣贤所奠定的以德为本的“本”，就是人本身所具足的“心”“性”。在后来的发展中，逐渐舍本逐末，士子们“不务去天理上着功夫，徒

① （明）王守仁：《王阳明全集》卷20，第854页。

弊精竭力，从册子上钻研，名物上考索，形迹上比拟，知识愈广而人欲愈滋，才力愈多而天理愈蔽”[①]。对因袭宋儒，不重视根基而导致囿于“枝枝叶叶”的士子，阳明批评他们缺乏识别能力。“手援”语出《孟子·离娄上》：“（淳于髡）曰：‘今天下溺矣，夫子之不援，何也?’（孟子）曰：‘天下溺，援之以道；嫂溺援之以手。子欲手援天下乎?’”[②] 在阳明看来，朱学隔断心与理的联系，到了后学这里，已沦为见闻记诵之学。阳明表示，这种现状已非“手援”能救之，应该要用“道”来援之，才有可能解决问题。这“道”便是阳明次年（正德十六年）提出的“致良知”之教。

接下来，阳明劝慰自己放下俗学、俗务，尽情地享受当下清静的山居生活。这并非是标榜清高而远离人世，事实上，这种归依山水禅寺的生活是他一直向往的。让阳明欣慰的是，即使是避居深山，也有一群志同道合的弟子门生跟随。大家在一起切磋问学，修养心性，歌咏述怀，自得其乐。最后，阳明勉励大家要心怀圣志，不受俗学俗务所困。

这里要补充谈一点。其实，朱熹晚年察觉到很多人方向不明，吸收了陆象山的一些东西，故更多强调了“尊德性”的一面。在朱熹死后，其学说被官方化，流弊日深。朱熹后学虽也有重视“心”的，但“心”要统摄万事万物，又必须以“格物穷理”为前提，其间的矛盾难以解决，只有白沙跳出了朱熹以“格物穷理”为先的窠臼。针对程朱理学发展到明代中期带来的这种种弊端，阳明试图以“致良知”来矫正补偏。

第三节　良知本心

正德十六年（1521）四月嘉靖帝即位，六月，因阳明平定江西寇

① （明）王守仁：《传习录》（上），《王阳明全集》卷1，第32页。

② 杨伯峻：《孟子译注》，第178页。

盗及朱宸濠叛乱之功召其入朝受封。阳明走到半路，却接到不必进京的旨意，时“大学士杨廷和与王琼不相能。守仁前后平贼，率归功琼，廷和不喜，大臣亦多忌其功。会有言国哀未毕，不宜举宴行赏者，因拜守仁南京兵部尚书。守仁不赴，请归省”①。在确认自己再次成为权力斗争的牺牲品后，阳明行至钱塘，第五次上疏恳乞便道归省。自正德十一年（1516）九月离开故乡，迄今已逾五年。其间，祖母岑氏病故，父王华衰老，阳明也曾在平定四省寇贼后，连续四次上疏恳求探亲，但都未获允许。在押解宸濠于杭州献俘时，离家不远，却也没能归家。

一　以禅典入诗

此期阳明诗歌以禅语、禅典入诗愈发深入，所带的禅学意味也愈发浓厚。

江西诗之《山僧》在以禅语、禅典入诗这一特征上表现得较为典型：

> 岩下萧然老病僧，曾求佛法礼南能。
> 论诗自许窥三昧，入圣无梯出小乘。
> 高阁松风飘夜磬，石床花雨落寒灯。
> 更深月出山窗曙，漱齿焚香诵《法》《楞》。②

在《宿净寺》中，阳明有“药裹窗前对病僧”和“山僧对我笑”之言，故此诗应作于正德十四年（1519）阳明平定宸濠叛乱后，于九

① （清）张廷玉等：《明史》卷195，第5165—5166页。

② （明）王守仁：《王阳明全集》卷20，第841页。

月献俘钱塘张永，称病西湖时。诗歌展现了一个崇奉禅宗六祖慧能，以南宗倡导的“顿悟”说为佛法旨趣的僧人形象。

此“病僧”擅长写诗，论诗自许能窥“三昧”。“三昧”为梵语Samādhi的音译，意指正思维指导下的定力。佛教认为修行如能证得“三昧”，就能引发种种神通妙用。后被引申为妙处、诀窍等。论诗言“三昧”自陆游始，概指诗人之志。放翁晚年回忆其中年在地处抗金前线的南郑时，创作上发生了“诗家三昧忽见前，屈贾在眼元历历。天机云锦用在我，剪裁妙处非刀尺”[①]的巨大变化。在《示子遹》中，放翁还谈道：“元白才倚门，温李真自郐。正令笔扛鼎，亦未造三昧。诗为六艺一，岂用资狡狯？汝果欲学诗，功夫在诗外。”[②]

简言之，陆游所说的“诗家三昧”，是指受到紧张、豪宕的军营生活的激发，改变早年专以“藻绘”为工的诗风，转而追求宏肆奔放的风格。对此，清人赵翼有曰：“放翁诗之宏肆，自从戎巴、蜀而境界又一变。及乎晚年，则又造平淡，并从前求工见好之意亦尽消除，所谓‘诗到无人爱处工’者，刘后村谓其‘皮毛落尽’矣。此又诗之一变也。”[③]值得一提的是，清代王士禛也言诗歌“三昧”，却是以清远言诗，与放翁之旨大不同。照此看来，“病僧”颇为自得的“窥三昧”的论诗技巧，当指欣赏言而有物、具有雄豪开阔风格的诗歌。

此外，“病僧”引以为豪的，还有无须经过像小乘那样通过阶梯似的渐修便达到圣人之位的顿悟能力。关于小乘和大乘的关系，需要注意的是，小乘之宗要有三，即“了生死”“离贪爱”“灭尽”，而大

---

① （宋）陆游：《九月一日夜读诗稿有感走笔作歌》，《剑南诗稿》卷25，《文渊阁四库全书》集部第1162册，第423页。

② （宋）陆游：《示子遹》，《剑南诗稿》卷78，《文渊阁四库全书》集部第1163册，第225页。

③ （清）赵翼著，霍松林、胡主佑校点：《瓯北诗话》卷6，人民文学出版社1963年版，第79页。

乘之宗要也有三，“菩提心”“大慈悲”和“方便”。两相对照，如以能悟为转移，那么，小乘之宗要即为入大乘之方便门。小乘修行本以出家为宜，亦以出家为易，故出家者，本宜先修小乘之法，然后回小向大，以入大乘。因为小乘修行初则持戒，因戒而生定，再由定而生慧。具足三学，修证四果，然后由“了生死”“离贪爱”和“灭尽”转为“菩提”“慈悲”“方便”之大乘心。所以，小乘乃为入大乘之方便。

接着，阳明描绘了静夜里，从山寺飘来击磬的悠长回声。“病僧”卧在石床上，就着寒灯，伴着松风，聆听着花雨。此时，皎洁的月光投影到窗棂上，“病僧”漱口焚香，诵读起《法华》和《楞伽》两经。

对佛教徒而言，读诵佛经就好比佛祖亲自为其宣讲教义，这是信徒日常修行的重要方法。礼诵持念，种种修持，当以诚敬为主，这种不求理解经文字面意思的修行法简便易懂，长此以往有助于信徒明心见性，了解教义。诵经常伴随着焚香，这种佛教习惯一直延续到今日，诵经前要漱口、洗手，这也是佛教徒要遵守的规定。

“病僧”诵读的《楞伽经》，凡四译，今世弘传最广的是刘宋求那跋陀罗译四卷本。《楞伽经》是早期禅宗传授的、结合了如来藏和阿赖耶识思想的重要经典。达摩西来，谓唯此一经，可以印心。自达摩以至五祖，莫不以此经相传。直到五祖弘忍传法六祖慧能时，才改用《金刚经》传授。至于《法华经》，凡三译，一般而言，专指鸠摩罗什所译七卷本。此经自称是“诸经中王”，以种种譬喻方便说法，强调对开示信众的重要性，故讲、诵此经的人数最多。《法华经》是极为重要的大乘经典，为中国佛教诸宗祖师。陈、隋之际，智顗依此经立说而创天台宗。

在病中，礼佛参禅，可见山僧之虔诚。细究之，宗奉慧能、自诩论诗能“窥三昧”的禅僧，何尝不是诗人自己呢？在日本学者镰田茂雄看来，阳明的思想受禅影响处很多，此诗就是阳明“尊崇六祖的具体证据”[①]。确实，此诗可视作阳明学禅习禅的一幅自画像。

再看江西诗《远公讲经台》：

远公说法有高台，一朵青莲云外开。
台上久无狮子吼，野狐时复听经来。[②]

慧远曾于晋孝武帝太元六年（381）奉道安之命，沿襄阳、荆州东下，来到庐山宣扬佛法。为讲经说法，慧远建造了般若台，直至离开人世，他仍在孜孜不倦地讲经，其精神无不让僧徒肃然起敬。正德十五年（1520）阳明来庐山游历时，所见只是荒芜的寺院和久废的经台，昔日法会之胜已遥不可及，顿生世事无常之感，特作此诗悼念慧远大师的佛学事业。

阳明用“青莲”的圣洁肃穆来形容慧远登台讲经的场面。“狮子吼”典出刘宋求那跋陀罗译《过去现在因果经》卷一：“王太子从右胁生，堕于七宝莲花之上而行七步，举其右手而师子吼：‘我于天人之中，最尊最胜；无量生死于今尽矣，此生利益一切天人。’”[③] 意指佛陀说法毫无怖畏、声震十方，使得群魔慑伏，就如同狮子一吼百兽降伏一样，此处是比喻慧远讲经。

“野狐”即“野狐禅”，此公案出自《五灯会元》卷三“百丈怀海禅师”条下，讲的是一老人在过去世时“因学人问：‘大修行人还落因果也无?’某对云：‘不落因果。’遂五百生堕野狐身”[④]，五百年后，老人遇见百丈禅师，便向他请教：“‘大修行人还落因果也无?’师曰：‘不昧因果。’老人于言下大悟，作礼曰：‘某已脱野狐身。’”[⑤]

① ［日］镰田茂雄：《中国佛教通史》第1卷，关世谦译，佛光出版社1985年版，第15页。
② （明）王守仁：《王阳明全集》卷20，第802页。
③ （刘宋）求那跋陀罗：《过去现在因果经》卷1，《大正藏》第3册，第627页上。
④ （宋）普济著，苏渊雷点校：《五灯会元》，中华书局1984年版，第132页。
⑤ （宋）普济著，苏渊雷点校：《五灯会元》，第132页。

老人以为修行人可以“不落因果”，恰恰陷入了邪见，属于妄语，结果受了“野狐身”之报。百丈改了一个字，使老人领悟到，即使是大修行人也不能逃脱因果支配的定律，遂在第二天死去，脱离了狐狸身。故学道而流入邪僻、未悟而妄称开悟，禅家一概斥之为“野狐禅”。

在短短28字的诗句里，阳明用了两个禅家典故，意指像慧远那样的高僧已逝，无人能摧邪显正，有悖于佛经的学说大有泛滥之势，表达了对佛法凋落之感慨。对此，明末文坛领袖钱谦益（1582—1664）《紫柏尊者别集序》有云：“禅门五灯，自有宋南渡以后，石门、妙喜至高峰、断崖、中峰为一盛。由元以迄我国初，元叟、寂照、笑隐至楚石、蒲菴、季潭为再盛。二百年来，传灯寂蔑”[①]，正是直视现实之言。

有明中叶，佛教已然衰微，自宣德（1426—1435）至隆庆（1567—1572）近一个半世纪内，禅、净二宗均毫无声息，尤其是正德（1506—1521）、嘉靖（1522—1566）以来，禅道中绝。末法时代，僧品流杂，真修者少，乱真者多，他们身披袈裟，却比邪魔外道对正法危害更大，明末高僧达观真可（1543—1603）在《法语》中就斥这类人为“野狐魔子”：

> 迩来去古逾远，风俗愈薄。出家儿成群逐队，游州猎县。上则以为山水可以益道心，终年贪观无厌；中则持半扇破瓢，披一领重衲，以为如是则谓之修行矣；下则犹有不可胜言者。所谓禅之与讲，不知是何等味。又有一种野狐魔子，记得一两端因果，便谓我通讲矣；学得几句没把柄话，便谓我解禅矣。逆而推之，法门之弊，一至于此者。大抵为师者，最初一念，断不真实为生死出家；为弟子者，最初出家一念，亦必不真。上下既皆不真，

① （清）钱谦益著，（清）钱曾笺注，钱仲联标校：《牧斋有学集》卷21，上海古籍出版社1996年版，第873—874页。

岂有不真之师而能教真弟子哉？岂有不真弟子而能亲近真正之师哉？用是观之，祖道下衰，固其所也。①

明代佛教被分成“禅”“讲”“教”三类，“禅”即禅宗；“讲”即华严宗、天台宗等教下义学；“教”特指瑜伽师类，他们主要从事祈福弥灾、追荐亡灵等法事活动。禅、讲僧众既已迷失方向，更遑论瑜伽师？紫柏认为，佛教衰微的根本原因在于僧众出家念头不纯，视修道为牟利的手段。所以，再振宗风须斥邪固本、回归传统。

正德十五年（1520），阳明因陷入政治旋涡不得已避居九华山。武宗听闻，派人前往窥伺，见阳明于东岩日夜晏坐、潜心学道，遂放下其“谋反”的谗言。除了晏坐外，阳明在九华山还广交僧道之友并讲学授徒。

时有周经和尚晏坐山岩已逾三年，阳明闻之，写下《送周经和尚》一诗赠之：

岩头有石人，为我下嶙峋。足曳破履五千两，身披旧衲三十斤。任重致远香象力，餐霜坐雪金刚身。夜寒猛虎常温足，雨后毒龙来伴宿。手握顽砖镜未成，舌底流泉梅渐熟。夜来拾得过寒山，翠竹黄花好共看。同来问我安心法，还解将心与汝安。②

诗后题有以下文字：“崖僧周经，自少林来，坐石窦中且三年。闻予至，与医官陶埜来谒。经盖有道行者，埜素精医，有方外之缘，故诗及之。”③ 诗歌前半部分，阳明用“香象力”“金刚身”等佛语赞

① （明）憨山德清：《紫柏尊者全集》卷5，《续藏经》第126册，第713页下。

② 束景南：《阳明佚文辑考编年》，第624页。

③ 束景南：《阳明佚文辑考编年》，第624页。另外，《王阳明全集：新编本》卷43之《赠周金和尚诗序》即同此。

扬了周经和尚勇猛精进的精神。关于“香象”，佛家有“香象菩萨”“香象渡河”之说。据说，古印度交配期间的象会发出香气，且力气特强，性情甚为狂暴，几无法制御。如元魏吉迦夜共昙曜译《杂宝藏经》卷二“迦尸国王白香象养盲父母并和二国缘”条下就记载了关于香象的一个故事：“过去久远，有二国王，一是迦尸国王，二是比提醯国王。比提醯王，有大香象，以香象力，摧伏迦尸王军。迦尸王作是念言：‘我今云何当得香象？’”① 在此处，“香象力”暗指周经所弘扬的佛法，“金刚身”则指周经苦坐希望达到的万劫不坏之佛身。诗歌后半部分，阳明客观评价了周经三年来的苦修，并鼓励其继续坚守。“手握顽砖镜未成，舌底流泉梅渐熟”一句巧妙化用了禅宗“磨砖作镜”和“梅子熟了”的典故。

《祖堂集》卷三“怀让和尚”条下载：

> 马和尚在一处坐，让和尚将砖去面前石上磨。马师问：“作什摩?”师曰：“磨砖作镜。”马师曰：“磨砖岂得成镜?”师曰：“磨砖尚不成镜，坐禅岂得成佛也?”马师曰：“如何即是?”师曰：“如人驾车，车若不行，打车即是？打牛即是?”师又曰：“汝为学坐禅？为学坐佛？若学坐禅，禅非坐卧；若学坐佛，佛非定相。于法无住，不可取舍，何为之乎？汝若坐佛，却是杀佛；若执坐相，非解脱理也。”②

马祖道一在南岳怀让处学道时，整日静坐，怀让就“磨砖作镜”启示他。马祖醒悟，认识到要想入道，须从内心去感悟才能得到正法。坐禅只是成佛的一种手段，如果一味枯坐不能反观自心，是无法洞见

① （元魏）吉迦夜共昙曜译：《杂宝藏经》卷2，《大正藏》第4册，第456页上。

② （南唐）静、筠二禅师编撰，孙昌武、日衣川贤次、西口芳男点校：《祖堂集》，中华书局2007年版，第191页。

真如法性的。

关于“梅子熟了”，出现在宋道原纂《景德传灯录》卷七所载法常禅师和一个僧人的对话中：

> 大寂闻师住山，乃令一僧到问云：“和尚见马师得个什么便住此山？”师云：“马师向我道即心是佛，我便向遮里住。”僧云：“马师近日佛法又别。”师云：“作么生别？”僧云：“近日又道非心非佛。”师云：“遮老汉祸乱人未有了日，任汝非心非佛，我只管即心即佛。”其僧回，举似马祖，祖云：“大众，梅子熟也。”自此学者渐臻，师道弥著。①

法常曾拜马祖道一为师，听闻“即心即佛”后当下大悟，回到大梅山做住持。马祖不放心，派人前去试探，最后对法常不离心而求觉悟的心性修炼方法，抱以“梅子熟了”的称赞。

阳明化用这两则公案，是为了鼓励周经，要想入道，仅靠“磨砖作镜”式的静坐是不够的，还需结合本心的顿悟。阳明相信，如果岩僧周经能把静坐与顿悟相结合，假以时日，功夫自会渐臻佳境，故曰“梅渐熟”。

时周经已在东崖苦修三年，闻阳明至，特意下崖，与好佛求仙之医官陶埜同来拜访，阳明把二人比作唐代天台山国清寺异僧拾得和寒山。“翠竹黄花好共看”则暗喻佛法无处不在，周、陶二人此行是为了询问使心安住一处、确乎不动之“安心法”，阳明“将心与汝安”的回答，让人想起禅宗初祖达摩纳慧可为徒后，二人的一番对话：

> 可曰：“诸佛法印，可得闻乎？”祖曰：“诸佛法印，匪从人

① （宋）道原：《景德传灯录》卷7，《大正藏》第51册，第254页下。

得。”可曰：“我心未宁，乞师与安。”祖曰：“将心来，与汝安。”可良久曰：“觅心了不可得。”祖曰：“我与汝安心竟。”①

达摩“将心来”一句促使慧可去“觅心”，“觅心”不得的过程使慧可醒悟：所有的妄相执着皆由心生，没有妄想动念处才是正觉。阳明用此公案回应周、陶二人，是想启发他们，如能始终保持一颗平实不乱的真心，佛性当下就会开显。阳明暗用禅典、禅语，在《送周经和尚》一诗里表现得尤为突出，可见其融摄释典之熟练已达到较高的程度。

此外，用“睡”和“醒”这一日常简单的意象来比喻自己的学说对当时社会、学风的影响，也是此期阳明具有佛禅意蕴诗歌之特点。江西诗《睡起偶成》其一曰：“四十余年睡梦中，而今醒眼始朦胧。不知日已过亭午，起向高楼撞晓钟。”其二曰：“起向高楼撞晓钟，尚多昏睡正懵懵。纵令日暮醒犹得，不信人间耳尽聋。”② 全诗以梦作喻，无一字与佛禅有关，却充满了禅理。

在明代前期的一百多年里，虽然也有理学家对程朱理学持不同的看法，但读书人还是普遍服膺程朱理学，直至王阳明按朱熹格物致知的方法求圣人之道遭到碰壁后。自明中期后，资本主义萌芽滋长，市民阶层扩大，市民生活逐渐成为人们关注的中心。同时，统治阶级内部矛盾和社会危机不断加深，官僚大地主兼并土地、聚敛财富，农民局部起义时有发生，“存天理、灭人欲”的程朱理学已难以禁锢人心，阳明“吾性自足”的龙场悟道标志着其心学的诞生。

正德十年（1515），阳明在《紫阳书院集序》中谈道：“是故君子之学，惟求得其心。虽至于位天地，育万物，未有出于吾心之外

① （宋）普济著，苏渊雷点校：《五灯会元》卷1，第44页。

② （明）王守仁：《王阳明全集》卷20，第859页。

也。”[①] 可见，阳明更强调主体心灵的自由，反对对礼法的亦步亦趋，从批判与颠覆封建时代权威价值系统的层面上看，其思想具有冲决罗网、启迪人心的作用。对此，王畿在《重刻阳明先生文录后语》中有曰：“我阳明先师倡明圣学，以良知之说觉天下，天下靡然从之。”[②] 黄宗羲也力赞阳明揭示良知之功：“自姚江指点出‘良知人人现在，一反观而自得’，便人人有个作圣之路。故无姚江，则古来之学脉绝矣。”[③]

再如《月夜二首》其二：“举世困酣睡，而谁偶独醒？疾呼未能起，瞪目相怪惊。反谓醒者狂，群起环门争。洙泗辍金铎，濂洛传微声。谁鸣涂毒鼓，闻者皆昏冥。嗟尔欲奚为？奔走皆营营？何当闻此鼓，开尔天聪明！”[④] “洙泗”指洙水和泗水，孔子曾在洙泗之间聚徒讲学，此处指代孔子及儒家。“濂”指濂溪周敦颐，“洛”指洛阳程颢、程颐，“濂洛”指北宋理学的两派。

当时学术空虚，士风日薄，阳明对此深恶痛绝，在《传习录》之《答顾东桥书》中，他痛斥道：“圣人之学日远日晦，而功利之习愈趣愈下。……盖至于今，功利之毒沦浃于人之心髓而习以成性也几千年矣，相矜以知，相轧以势，相争以利，相高以技能，相取以声誉。”[⑤] 在这样的政治、文化环境中，阳明心学的发创便肩负着时代使命，阳明对此也寄予了较大的期望：“所幸天理之在人心，终有所不可泯，而良知之明，万古一日，则其闻吾‘拔本塞源’之论，必有恻然而悲，戚然而痛，愤然而起，沛然若决江河而有所不可御者矣！”[⑥] 邹守益在《阳明先生文录序》中大赞其师始揭良知之教：“力拯群迷，犯天下之谤而不自恤也。有志之士，稍稍如梦而觉，溯濂、洛以达洙、泗，非先

① （明）王守仁：《王阳明全集》卷7，第267页。
② （明）王守仁：《王阳明全集》卷7，第1742页。
③ （清）黄宗羲著，沈芝盈点校：《明儒学案》卷10，第178页。
④ （明）王守仁：《王阳明全集》卷20，第861页。
⑤ （明）王守仁：《王阳明全集》卷2，第63页。
⑥ （明）王守仁：《王阳明全集》卷2，第64页。

师之功乎?”①

二　归隐情结的难舍

归隐情怀，始终贯穿于阳明一生的诗歌中，但此期阳明的归隐之思愈发明显、强烈。如《归兴二首》曰：

百战归来白发新，青山从此作闲人。
峰攒尚忆冲蛮阵，云起犹疑见虏尘。
岛屿微茫沧海暮，桃花烂漫武陵春。
而今始信还丹诀，却笑当年识未真。

归去休来归去休，千貂不换一羊裘。
青山待我长为主，白发从他自满头。
种果移花新事业，茂林修竹旧风流。
多情最爱沧州伴，日日相呼理钓舟。②

踏入仕途也好，平定战乱也罢，阳明对山林自由生活的渴望是越益强烈。事功和归隐，有着巨大反差的两种追求，在阳明人生的各个阶段不时碰撞、激荡，形成一股股澎湃的明流、暗流，指引着他外在、内在的去向。

此外，《登香炉峰次萝石韵》有云：

曾从炉鼎蹑天风，下数天南百二峰。

① （明）王守仁：《王阳明全集》卷41，第1739页。
② （明）王守仁：《王阳明全集》卷20，第863—864页。

胜事纵为多病阻，幽怀还与故人同。
旌旗影动星辰北，鼓角声回沧海东。
世故茫茫浑未定，且乘溪月放归蓬。①

上述诗作中，阳明对军马生涯进行了回顾和总结，用语平和自然，相较以前对归隐的渴盼，如今的阳明，表现出水到渠成的淡定洒脱。这种悠然心态，在《夜宿浮峰次谦之韵》中表现得也较为典型：

日日春山不厌寻，野情原自懒朝簪。
几家茅屋山村静，夹岸桃花溪水深。
石路草香随鹿去，洞门萝月听猿吟。
禅堂坐久发清磬，却笑山僧亦有心。②

在描绘寺院清幽上，最后一句和晚唐姚合《过钦上人院》之“修篁半庭影，清磬几僧邻。古壁丹青落，虚檐鸟雀驯”③ 所勾勒的意境有几分相似。顺带说一下，“清磬”最早是南亚次大陆早期佛教所使用的打击发音法器，不管是瓦器、木器、铜器还是铁器，一概称作“犍椎”或“犍稚”（梵语“Ghantā”的音译），意译为“钟”或“磬”。在宋代以后，“磬”多被用于禅林中，是早晚课诵、法会读经或作法时不可或缺的法器。据白化文先生考证，此处的“磬”指唐五代以后汉化佛教创制的圆磬及手磬，而非此前所用中国传统悬挂式的扁片磬。④

正德十六年（1521）九月，王阳明回到余姚，祭奠先祖的坟墓，

① （明）王守仁：《王阳明全集》卷 20，第 868 页。
② （明）王守仁：《王阳明全集》卷 20，第 865 页。
③ （唐）姚合：《姚少监诗集》卷 8，《四库全书》集部第 1081 册，第 738 页。
④ 白化文：《汉化佛教法器服饰略说》，商务印书馆 1998 年版，第 24—30 页。

访瑞云楼，念及母生而不及养、祖母死不及殓而遗憾悲泣。随后，与亲友宴游，随地指示良知。这一年的十一月，朝廷迫于舆论的压力，因阳明平定寇贼有功，封其为新建伯。至于跟随阳明平定叛乱的官员，除了吉安知府伍文定被擢升外，其他人不仅无功，甚至被放逐、拘押。嘉靖元年（1522）正月，阳明上疏辞封爵以示对朝廷不公的抗议。二月，其父王华逝世，阳明以书干礼部尚书毛澄，欲请易名之典，毛澄在答书中摘王华科场事（受金自首），固不肯与。阳明大惭恨，在《与毛宪清书》中曰："守仁闻之，主辱臣死，亲犹君也。执事辱先君至此，守仁可以死矣。"① 事实是，阳明在父死后，奏请朝廷为父乞葬赐谥，此举让原本就忌恨他的杨廷和、费宏等朝臣愈加不满，遂翻出王华生前科场事，大加毁谤，毛与杨、费二人关系至密，此诬陷之举或为二人授意。

此时的阳明，逢旧疾缠身，对外界的种种非议，不论是视之为逆党甚至请求剥夺其封爵的，还是诋毁其讲学为伪学的，均采取了"无辩止谤"的态度。在《与陆原静》书中，阳明劝勉弟子曰：

> "无辩止谤"，尝闻昔人之教矣，况今何止于是！四方英杰以讲学异同之故，议论方兴，吾侪可胜辩乎？惟当反求诸己，苟其言而是欤，吾斯尚有所未信欤，则当务求其是，不得辄是己而非人也。使其言而非欤，吾斯既已自信欤，则当益致其践履之实，以务求于自谦，所谓"默而成之"，"不言而信"者也。然则今日之多口，孰非吾侪动心忍性、砥砺切磋之地乎！②

显然，阳明已把注意力转移到讲学上。丁忧期间，他在余姚龙泉

① 束景南：《阳明佚文辑考编年》，第738页。

② （明）王守仁：《王阳明全集》卷5，第209—210页。

山南坡的中天阁开设讲堂，每月以朔、望、初八、廿三为期，定期讲学。可仍有人对此加以忌恨，湛若水《阳明先生墓志铭》有曰："公丁父忧，而四方从学者日众。有迎忌者意，致有伪学之劾者，人其胜天乎！或以浮语沮公，六年不召。"[①] 面对这一切，阳明愈发坚定"良知"即本心对个人的重要性。"良知"乃"天命之性，吾心之本体，自然灵昭明觉者也"[②]，且"这良知人人皆有，圣人只是保全，无些障蔽"，而"众人自孩提之童，莫不完具此知，只是蔽障多"[③]，并无凡圣之别："自己良知原与圣人一般，若体认得自己良知明白，即圣人气象不在圣人而在我矣"。[④]

嘉靖二年（1523），阳明在答复弟子张元冲时，以著名的"三间屋"之比喻，表达了对儒道佛三家的看法：

> 二氏之用，皆我之用：即吾尽性至命中完养此身谓之仙；即吾尽性至命中不染世累谓之佛。但后世儒者不见圣学之全，故与二氏成二见耳。譬之厅堂三间共为一厅，儒者不知皆吾所用，见佛氏，则割左边一间与之；见老氏，则割右边一间与之；而己则自处中间，皆举一而废百也。圣人与天地民物同体，儒、佛、老、庄皆吾之用，是之谓大道。二氏自私其身，是之谓小道。[⑤]

阳明认为真正的儒家之学，原本包含佛家的空和道家的虚，只是发展到后面，渐渐腾出地方给佛、道，所占的地盘变小了。他特别强调佛、道是儒之道体的用，并对那些不懂得用儒之道体来融通佛道之

① （明）王守仁：《王阳明全集》卷38，第1541—1542页。
② （明）王守仁：《王阳明全集》卷26，第1070页。
③ （明）王守仁：《传习录》（下），《王阳明全集》卷3，第108页。
④ （明）王守仁：《传习录》（中）之《启问道通书》，《王阳明全集》卷2，第66页。
⑤ （明）王守仁：《王阳明全集》卷35，第1423页。

用的陋儒进行了批评。

三 歌咏“良知”的讲学诗

此期阳明的讲学诗以“良知”为主题，糅合了儒、禅二家，愈发圆融浑厚。如《咏良知四首示诸生》其一：

个个人心有仲尼，自将闻见苦遮迷。
而今指与真头面，只是良知更莫疑。①

人人心中都有圣人的是非标准，钱锺书认为从《大般涅槃经》的“一切众生系有佛性”说开始，到竺道生的“阐提成佛”论：

> 唐、宋禅宗以此两义相辅为人天眼目；观《六祖法宝坛经·般若》第二及神会《语录》卷一说“本有佛性”“龙女刹那发心便成正觉”诸则可知。流风扇被，儒家者流亦于旧解别出新意。《孟子·告子》论“人皆可以为尧舜”，《荀子·性恶》论“涂之人可以为禹”，均与“一阐提人皆得成佛”，貌之同逾于心之异，为援释入儒者开方便门径。……王守仁《阳明全书》卷二〇《咏良知示诸生》之一：“个个人心有仲尼，自将闻见苦遮迷”，《传习录》卷三：“人胸中各有个圣人，只自信不及，都自埋倒。”此等皆如章水贡水交流、罗山浮山合体，到眼可识。②

钱锺书对人人都有做圣人的潜能这一问题进行了梳理。不同的是，

① （明）王守仁：《王阳明全集》卷20，第870页。
② 钱锺书：《管锥编》，生活·读书·新知三联书店2007年版，第2080—2081页。

有的人做不了圣人，是因为被种种妄见遮蔽住了。关于“遮迷”，元魏菩提流支译《入楞伽经》卷九“总品第十八之一”有偈曰：“三界惟假名，实无事法体；妄觉者分别，取假名为实。观诸法实体，我不遮迷惑；实体不生法，观是得解脱。”[①] 而如今阳明要做的就是除妄消迷的事。

此外，《咏良知四首示诸生》其四在运用禅理咏良知上，也表现得较为典型：

> 无声无臭独知时，此是乾坤万有基。
> 抛却自家无尽藏，沿门持钵效贫儿。[②]

明人陈建曾录阳明此诗，标题为《示门人诗》，评价曰：“阳明此诗说禅甚高妙。首句即说鉴象之悟也，第二句心法起灭天地也，后二句皆《传灯录》语也。阳明于禅学卷舒运用熟矣。朱子尝谓陆子静却成一部禅，愚谓阳明亦成一部禅矣。”[③] 显然，阳明前两句视良知为宇宙万物的根源性存在，后两句全用禅语，讽刺了置内在良知于不顾，却向外探求琐碎学问的朱学士子。类似的意思在禅宗语录中也可以看到，如宋颐藏主集《古尊宿语录》卷四十四“宝峰云庵真净禅师住金陵报宁语录三”云：“无非妙用神通，尽是心心证入。不须向外驰求，抛却自家城邑。”[④] 不管是文字还是内容，阳明此诗与禅师语录几无二致。

至于《咏良知四首示诸生》其他两首诗，一并摘录如下：

> 问君何事日憧憧？烦恼场中错用功。

---

① （元魏）菩提流支：《入楞伽经》卷9，《大正藏》第16册，第567页中。
② （明）王守仁：《王阳明全集》卷20，第870页。
③ （明）陈建：《学蔀通辨》卷9，第122页。
④ （宋）颐藏主集：《古尊宿语录》卷44，《续藏经》第118册，第739页上。

莫道圣门无口诀，良知两字是参同。
人人自有定盘针，万化根源总在心。
却笑从前颠倒见，枝枝叶叶外头寻。①

阳明指出，良知的发见有利于常人摆脱日常烦恼带来的忧苦迷妄，并提醒学子，良知乃人心之主宰，向经传求学问的做法无异于向支离琐屑中求根本，究其实质，终不可得。后秦佛陀耶舍共竺佛念译《长阿含经》卷二十二“第四分世记经三中劫品第十一”下佛告比丘：“云何为‘疾疫劫’？尔时，世人修行正法，正见不颠倒见，具十善行。”② 故只有修行正法，切实体悟本心之良知才是根本，反之，即为“颠倒见”。

在阳明居越的日子里，这样的讲学诗还有很多，谈及读书做学问，《示诸生三首》其一云：

尔身各各自天真，不用求人更问人。
但致良知成德业，谩从故纸费精神。
乾坤是易原非画，心性何形得有尘？
莫道先生学禅语，此言端的为君陈。③

此诗化用了百丈怀海法嗣福州古灵神赞禅师的公案。据载，古灵和尚见其受业师在新糊之窗下看经书，时蝇、蜂类竞相投窗欲觅出路，对此感慨：“世界如许广阔不肯出，钻他故纸驴年去！”紧接着有偈称：“空门不肯出，投窗也大痴。百年钻故纸，何日出头时？”④ 同样，

① （明）王守仁：《王阳明全集》卷 20，第 870 页。
② （后秦）佛陀耶舍共竺佛念译：《长阿含经》卷 22，《大正藏》第 1 册，第 144 页下。
③ （明）王守仁：《王阳明全集》卷 20，第 870 页。
④ （宋）普济著，苏渊雷点校：《五灯会元》卷 4，第 195 页。

对时人苦心钻营程朱理学，向外务求从而遗失本心的做法，阳明提出了异议。

再看《示诸生三首》其二：

人人有路透长安，坦坦平平一直看。
尽道圣贤须有秘，翻嫌易简却求难。
只从孝弟为尧舜，莫把辞章学柳韩。
不信自家原具足，请君随事反身观。①

在阳明看来，读书应以是否有益于致良知、尊德性为前提，这与陆九渊“既不知尊德性，焉有所谓道问学”② 的看法相同，他们都反对在读书穷理上过多耗费功夫。晚年阳明在《答顾东桥书》中云：“记诵之广，适以长其敖也；知识之多，适以行其恶也；闻见之博，适以肆其辨也；辞章之富，适以饰其伪也。”③ 可见，阳明反对抛却良知去追求辞章等知识，哪怕外在的学问做得再好，也是弊大于益的。

陆九渊也表达过类似的观点：“今世人浅之为声色臭味，进之为富贵利达，又进之为文章技艺。又有一般人都不理会，却谈学问。吾总以一言断之曰：‘胜心’。”④ 此外，阳明用“致良知”以涵养德性作为培养圣人的根本途径，故格外强调道德层面的“孝弟”，陆九渊也说：“生于末世，故与学者言费许多气力，盖为他有许多病痛。若在上世，只是与他说：‘入则孝，出则弟’，初无许多事。”⑤ 显然，阳明这一看法与陆九渊极为相似。

胡适曾摘录《咏良知四首示诸生》其一、其三、其四及《示诸生

① （明）王守仁：《王阳明全集》卷 20，第 870—871 页。
② （宋）陆九渊著，钟哲点校：《陆九渊集》卷 34，中华书局 1980 年版，第 400 页。
③ （明）王守仁：《传习录》（中），《王阳明全集》卷 2，第 63 页。
④ （宋）陆九渊著，钟哲点校：《陆九渊集》卷 34，第 406 页。
⑤ （宋）陆九渊著，钟哲点校：《陆九渊集》卷 34，第 399 页。

三首》其二、《答人问道》等作品来证明阳明诗歌语言近乎白话的魅力，他称赞说："明诗正传，不在七子，亦不在复社诸人，乃在唐伯虎、王阳明一派。正如清文正传不在桐城、阳湖，而在吴敬梓、曹雪芹、李伯元、吴趼人诸人也。此惊世骇俗之言，必有闻之而却走者矣。"[①] 暂且不管胡适言论客观与否，他对阳明诗歌的赞誉，主要因其诗歌所蕴含的思想解放意义。

如果用龙场悟道后阳明诗歌动态发展的三个概貌加以对照，不难发现，此期阳明诗歌的主要变化体现在汇通儒释二教的讲学诗上，前述诗作就证明了这一点。阳明的讲学诗在歌咏"良知"的同时，纯熟地化用禅语，这一特点又体现在《答人问良知二首》中：

> 良知即是独知时，此知之外更无知。
> 谁人不有良知在，知得良知却是谁？
> 知得良知却是谁？自家痛痒自家知。
> 若将痛痒从人问，痛痒何须更问为？[②]

这里，阳明把"良知"等同于"独知"，"独"即"慎独"，《大学》《中庸》都有表达，朱熹解释《大学》之"诚意"，曰："致知者，诚意之本也；慎独者，诚意之助也。致知，则意已诚七八分了，只是犹恐隐微独处尚有些子未诚实处，故其要在慎独。"[③] 又曰："此一个心，须每日提撕，令常惺觉。顷刻放宽，便随物流转，无复收拾。如今《大学》一书，岂在看他言语，正欲验之于心如何。"[④] 在儒家经典的基础上，朱熹首次提出了"独知"的概念。

---

① 胡适：《胡适留学日记》下册，安徽教育出版社 1999 年版，第 407 页。

② （明）王守仁：《王阳明全集》卷 20，第 871 页。

③ （宋）黎靖德编，王星贤点校：《朱子语类》卷 16，中华书局 1986 年版，第 333 页。

④ （宋）黎靖德编，王星贤点校：《朱子语类》卷 16，中华书局 1986 年版，第 334—335 页。

在《中庸·第一章》中，朱熹对“独”进行了相对全面的解释：

“戒慎不睹，恐惧不闻”，非谓于睹闻之时不戒惧也。言虽不睹不闻之际，亦致其慎，则睹闻之际，其慎可知。此乃统同说，承上“道不可须臾离”，则是无时不戒惧也。然下文慎独既专就已发上说，则此段正是未发时工夫，只得说“不睹不闻”也。“莫见乎隐，莫显乎微，故君子必慎其独。”上既统同说了，此又就中有一念萌动处，虽至隐微，人所不知而己所独知，尤当慎独。如一片止水，中间忽有一点动处，此最紧要著工夫处！①

“独”不仅指他人所不知的场合，还包括他人所无从发现的自己的内心活动，即指一种内心意念刚刚萌发，众人不知我独知的精神活动。在与学生的谈话中，朱熹再次强调了这一层面的内涵：

问：“‘慎独’，莫只是‘十目所视，十手所指’处，也与那暗室不欺时一般否？”先生是之。又云：“这独也又不是恁地独时，如与众人对坐，自心中发一念，或正或不正，此亦是独处。”②

朱熹把“独”从个人独居，别人无法干预的空间推至到身处人群却缺乏外界约束的空间，这是对“独”理解的深化。

在朱熹的基础上，阳明以“独知”来阐释良知，显示出对儒家理论的吸收和改造。阳明认为，不论是一人独居还是众人相处，“独知”将起着约束审察的作用，“良知”也随即被提升为一种道德判断的原则。因此才有了“自家痛痒自家知”的感慨，这就如禅家之“如人饮

① （宋）黎靖德编，王星贤点校：《朱子语类》卷62，第1505页。
② （宋）黎靖德编，王星贤点校：《朱子语类》卷62，第1504页。

水，冷暖自知”。唐裴休集《黄檗山断际禅师传心法要》载惠明向六祖求法：

> 六祖云：“不思善不思恶，正当与么时，还我明上座父母未生时面目来。”明于言下忽然默契，便礼拜云：“如人饮水，冷暖自知。某甲在五祖会中，枉用三十年工夫，今日方省前非。”六祖云：“如是，到此之时，方知祖师西来，直指人心见性成佛，不在言说。”①

在慧能的开示下，惠明认识到，只有通过亲证、顿悟，才可以把握住心体，认识最高真理，洞察一切。换言之，阳明之“独知”也是如此。在提出“致良知”后，阳明反复强调、不断歌咏。再如《别诸生》一诗：

> 绵绵圣学已千年，两字良知是口传。
> 欲识浑沦无斧凿，须从规矩出方圆。
> 不离日用常行内，直造先天未画前。
> 握手临歧更可语？殷勤莫愧别离筵！②

“先天”是指人生理想的最高境界，是人需要终生追求的目标，但它不能离开“日用常行”。因此，除了重申“良知”的重要性外，阳明还提醒弟子，“良知”虽人人具有，但要成就道德品质，须立足于现实，在具体事务中磨炼修持。只有这样，才能在日常人伦之用中去实现人生的最高理想，寻找到人生的价值和归宿。

① （唐）裴休：《黄檗山断际禅师传心法要》，《大正藏》第48册，第384页上。
② （明）王守仁：《王阳明全集》卷20，第872页。

外在的功业是为了内在人格的完成，处处皆修身之地，阳明以自己的经历为榜样，有力地诠释了“致良知”的内涵。在《传习录》之《答欧阳崇一》中他有云：“盖日用之间，见闻酬酢，虽千头万绪，莫非良知之发用流行，除却见闻酬酢，亦无良知可致矣。故只是一事。”①

不仅如此，阳明诗歌创作践行着“致良知”的心学理念，外达与内化兼备，因其哲学观点的高屋建瓴呈现出深邃的思想境界，显示出“儒者论诗”的气象。这正如日本江户时代，汉文学开创者之一的林罗山（1583—1657，名忠，又名信胜，罗山是其号，出家后，法名道春）之子林鹅峰在《授仲龙》一文中所谈：“儒者论诗与诗家所论，其取舍异趣。诗家所取者，格体句势字法无不着眼。儒者唯取其志气之豪大。其豪也其大也，皆出于性情之正。所谓思无邪也。诗人或费工巧，或劳安排。儒者唯写胸中之蕴，而洒落平淡也。”②

的确，只要把握了“致良知”的要领，不管外物怎样变化更替，都不妨碍人们认识本心，阳明《天泉楼夜坐和萝石韵》有云：

莫厌西楼坐夜深，几人今夕此登临？
白头未是形容老，赤子依然浑沌心。
隔水鸣榔闻过棹，映窗残月见疏林。
看君已得忘言意，不是当年只苦吟。③

嘉靖三年（1524），年近古稀的董沄（1457—1533，字复宗，号萝石）游会稽，闻阳明良知说有所思，夜谈后入其弟子列。对年长于他的董沄，阳明大力鼓励，欣然见其悟得“良知”之旨。

---

① （明）王守仁：《王阳明全集》卷1，第81页。
② 高文汉：《中日古代文学比较研究》，山东教育出版社1999年版，第578页。
③ （明）王守仁：《王阳明全集》卷20，第870页。

四　以禅偈、禅理入诗

阳明还有以禅偈入诗，讲说禅理或表现禅境的作品，这也是需要注意的。如《答人问道》云：

饥来吃饭倦来眠，只此修行玄更玄。
说与世人浑不信，却从身外觅神仙。[①]

“饥来吃饭，困来即眠”是充分显示禅宗思想的名言，宋道原纂《景德传灯录》卷六载越州大珠慧海禅师（怀让禅师第二世马祖法嗣）与他人的对话：

> 有源律师来问：“和尚修道还用功否？”师曰：“用功。”曰：“如何用功？”师曰：“饥来吃饭，困来即眠。”曰：“一切人总如是同师用功否？”师曰：“不同。”曰：“何故不同？”师曰：“他吃饭时不肯吃饭，百种须索；睡时不肯睡，千般计校，所以不同也。”律师杜口。[②]

这段话表现出慧海禅师“大用现前”的禅法：自然任运，不执着于一物，不迷妄于文字言语，在日常生活中即可体悟禅道。《景德传灯录》卷三十“南岳懒瓒和尚歌”也云：“我不乐生天，亦不爱福田。饥来吃饭，困来即眠。愚人笑我，智乃知焉。不是痴钝，本体如然。”[③]禅宗此说，旨在告诉人们，在本地生活外，别无佛法可言。只要以无

① （明）王守仁：《王阳明全集》卷20，第871页。
② （宋）道原：《景德传灯录》卷6，《大正藏》第51册，第247页下。
③ （宋）道原：《景德传灯录》卷30，《大正藏》第51册，第461页中。

着无滞的“平常心”来应付环境与实践，就无往而不自在。

嘉靖五年（1526），阳明写下《寄题玉芝庵》：

> 尘途骏马劳千里，月树鷦鹩足一枝。
> 身既了时心亦了，不须多羡碧霞池。[①]

此诗表现出人到晚年的阳明对尘世物欲的超越和对人生境界的透彻领悟，对此，台湾学者曹淑娟有云：“未致良知，向外求理，事如迷途昏睡，尚且未真正生存过，如何能坦然接纳死亡而无憾，必待致吾良知无不明，真切了知生之喜悦，始能安然处死。”[②] “心”是阳明一生学术思想的精髓，阳明诗歌体现了“达观随遇之心怀、廓然坦易之素心、报国济世之心志、慕隐遁世之心境”[③]。

综观此期阳明表达禅理的诗，内容都与中秋有关，如嘉靖四年（1525）的《后中秋望月歌》：

> 一年两度中秋节，两度中秋一样月。
> 两度当筵望月人，几人犹在几人别？
> 此后望月几中秋？此会中人知在否？
> 当筵莫惜殷勤望，我已衰年半白头。[④]

这一年有闰八月，故有“两度中秋”之说。阳明感慨了时间的流逝、年龄的衰老和人世的聚散，体现出禅家对生命随缘适意的态度。

嘉靖五年（1526），阳明又写下《中秋》一诗：

---

① （明）王守仁：《王阳明全集》卷20，第871页。

② 曹淑娟：《孤光自照：晚明文士的言说与实践》，天津教育出版社2012年版，第11页。

③ 林丽娟：《吾心自有光明月：王阳明诗探究》，复文图书出版社1998年版，第233—241页。

④ （明）王守仁：《王阳明全集》卷20，第872页。

去年中秋阴复晴，今年中秋阴复阴。
百年好景不多遇，况乃白发相侵寻！
吾心自有光明月，千古团圆永无缺。
山河大地拥清辉，赏心何必中秋节！①

很明显，阳明此诗是用“光明月”来象征良知本体，作为自然之物的月亮，当然有阴晴圆缺之时，所以苏轼有“此事古难全”的感叹。然而拥有了良知的境界，犹如心中升起一轮永恒的明月，它不仅使自身获得澄明的心灵，而且还将照亮山河大地。正由于此，中秋之月的有无变得无关紧要，而心中的明月才是具有决定意义的。②

在归越的乡居生活中，除了讲学，阳明还有一些畅游山水，表现禅境、禅悦的诗歌。如《秋夜》：

春园花木始菲菲，又是高秋落叶稀。
天迥楼台含气象，月明星斗避光辉。
闲来心地如空水，静后天机见隐微。
深院寂寥群动息，独怜乌鹊绕枝飞。③

季节的更替，竟是如此匆匆。时间流逝，没有什么是永恒不变的。人到晚年的阳明在静坐中体悟到良知心体的可贵，感慨围绕着树枝乱飞的乌鹊无所凭借。相比之下，找到精神归宿的自己无疑幸运得多。

又如《山中漫兴》：

清晨急雨度林扉，余滴烟梢尚湿衣。

① （明）王守仁：《王阳明全集》卷20，第873页。
② 赵敏俐主编：《中国诗歌史通论》，人民文学出版社2013年版，第265—266页。
③ （明）王守仁：《王阳明全集》卷20，第867页。

雨水霞明桃乱吐，沿溪风暖药初肥。
物情到底能容懒，世事从前顿觉非。
自拟春光还自领，好谁歌咏月中归。①

清晨，漫游于雨后的山间，夜晚，再踏着月色歌咏而归。阳明发现，用豁然开朗的"心"去观照宇宙自然，一切烦恼皆可置之度外。获得良知境界后心灵的满足、精神的充实所带来的禅悦之趣，非深入其间的人不能体会，在救世与自适的矛盾间，阳明暂时寻得了片刻的宁静。

关于"禅悦"，《维摩经·方便品》谓维摩诘"虽服宝饰，而以相好严身；虽复饮食，而以禅悦为味"②。维摩诘是印度著名的大乘居士，深入"不二法门"，主张在家行禅，成为中国士大夫崇尚禅悦的典范。在慧能建立南宗顿教后，禅悦随即在中国风靡开来。禅悦的内容大致包括如下三点：一者从佛法，尤其是从禅理中去寻找精神安慰；二者往来于名山古刹，与禅僧交游；三者参禅说玄，将禅理融汇到诗文和日常生活中去。

再如居越诗《秋声》：

秋来万木发天声，点瑟回琴日夜清。
绝调回随流水远，余音细入晚云轻。
洗心真已空千古，倾耳谁能辨《九成》？
徒使清风传律吕，人间瓦缶正雷鸣。③

"律吕"即音律，"瓦缶"指陶制的打击乐器，"《九成》"指乐声

① （明）王守仁：《王阳明全集》卷20，第869页。
② （后秦）僧肇等：《注维摩诘所说经》卷2，第29页。
③ （明）王守仁：《王阳明全集》卷20，第865—866页。

九变，在此谓乐曲终止。阳明以一种虚静的态度来观物，在这种状态下，自然界的物象皆透露出超然自得的本性。“洗心”一词体现出阳明摆脱“烦恼障”，万事不萦于心的淡泊豁达的人生态度。

晚年的阳明，尤喜在诗中用禅偈或单纯表现禅理、禅境，这与他长期浸淫禅学有关。日本学者忽滑谷快天在谈及阳明的禅学造诣时，就次录其诗《咏良知》《答人问良知》《答人问道》《中秋》《无题》等为明证。[①] 明人陈建批判阳明讲学“通仙佛儒上下而兼包之”[②]“只是尊信达摩慧能，只是欲合三教为一，无他伎俩”[③]。以上材料均从不同层面印证了王阳明融合儒佛的努力。

---

① ［日］忽滑谷快天撰，朱谦之译：《中国禅学思想史》，第760页。

② （明）陈建：《学蔀通辨》卷9，第121页。

③ （明）陈建：《学蔀通辨》卷9，第121页。

第六章　王阳明诗歌的禅宗美学境界

阳明的心学思想与禅有着深厚的渊源及密切的联系，对禅的吸收和利用，促使阳明诗歌形成以心性为主体的新的审美方式。对阳明来说，美的本体即良知，良知呈现即是美；审美是对良知之美的体认，良知之美亦即在体认中澄明，并一切俱落实于人生活动，指归于人生境界，其基本理论旨趣和最高理想追求，即引人进入无入而不自得、与天地浑然为一的至乐境界。[①] 反映在其诗歌的美学意义上，阳明诗歌的精巧思辨和直觉顿悟都与禅家智慧有着异曲同工之妙。郭沫若就曾激情地盛赞过阳明的这种智慧。

禅宗公案、颂古、诗偈呈现出的语言，与中国传统诗歌具有象征性的比兴语言相比，有内在一致的地方，尤其是以偈颂作为表现方式的后两者。禅宗公案所表现的绝对体的自性，是言语道断，心行处灭的，因而不得不借重比兴体诗——用感觉的具体事物，象征那不可感觉的与不可思议的自性。[②] 继司空图（837—908）、严羽（生卒不详）之后倡导神韵理论的清初文学家王士禛（1634—1711）云："严沧浪以禅喻诗，余深契其说，而五言尤为近之。如王、裴《辋川》绝句，

① 潘立勇：《一体万化：阳明心学的美学智慧》自序，北京大学出版社 2010 年版。
② 杜松柏：《禅学与唐宋诗学》，黎明文化事业公司 1976 年版，第 201 页。

字字入禅，妙谛微言，与世尊拈花，迦叶微笑，等无差别。通其解者，可语上乘。”[①] 又云：“舍筏登岸，禅家以为悟境，诗家以为化境，诗禅一致，等无差别。”[②] 的确，禅与诗在直觉、顿悟方面是有共性的，从严羽的“以禅喻诗”到王士禛的“诗禅一致”，其核心都是贯通禅之妙悟和诗之神韵。禅宗诗歌表达了独特的禅悟体验，吴言生认为其审美境界的范式有如下四种：触目菩提的现量境、水月相忘的直觉境、珠光交映的圆融境、饥餐困眠的日用境。[③] 据此，笔者把阳明诗歌的审美境界分为这几类，再结合传统文化及禅宗文化，对阳明诗歌中出现较多的“桃花”“空”“闲”之诗句一并进行分析，具体论述如下。

第一节　现量境和日常境

一　现量境：池边一坐即三日，忽见岩头碧树红

（一）现量境释义

唯识学立有三量，即现量、比量、非量或圣教量，是明心识所具的量度。明代一如等编《大明三藏法数》卷第八对三量就有一个详细的解释：“一现量，现即显现，量即量度，是楷定之义也，谓眼识乃至身识，对于显现五尘之境而能度量楷定，法之自相，不错谬故，是名现量（五尘者，色尘、声尘、香尘、味尘、触尘也）。二比量，比即比类，谓以比类量度，而知有故，如远见烟，知彼有火，是名比量。三圣教量，谓于圣人所说现量、比量之言教，皆不相违，定可信受，

① （清）王士禛著，（清）张宗柟纂集，夏闳校点：《带经堂诗话》卷3，人民文学出版社1963年版，第83页。

② （清）王士禛著，（清）张宗柟纂集，夏闳校点：《带经堂诗话》卷3，人民文学出版社1963年版，第83页。

③ 吴言生：《禅宗诗歌境界》，中华书局2001年版，第295页。

是名圣教量。”[①] 现量是直接之知，如人的手碰到火就知其存在；比量是比度而知，即推理之知，如见远处有烟就知彼处必有火，听到隔壁有说话声就知必有人；圣教量又名圣言量，指因圣人的言教而知；非量则指心、心所缘境时判断错误，如见绳以为是蛇，见月明以为天亮等。

通俗地说，现量即感觉，是感觉器官对于事物的直接反映，指尚未生起概念的思维分别活动。现量是比量（即推理）的基础，现量相当于感性认识，比量相当于理性认识。广义的现量可分为两种，一种是没有被幻相和假相所迷惑且尚未加入概念分别作用的直接经验，名曰真现量；一种是被幻相、错觉所致或已加入概念分别作用的认识，可称之为似现量。一般来说，现量多就真现量而言。

在禅宗公案、偈颂里具有现量境的例子比比皆是，如云居文庆禅师有云：“月白风恬，山青水绿。法法现前，头头具足。”[②] 又如把山水自然视作佛性显现的“青青翠竹，尽是法身。郁郁黄花，无非般若”[③] 等。宋代大诗人黄庭坚曾就佛法的捷径入门问题，多次参谒晦堂禅师。一日岩桂绽放，暗香浮动，晦堂遂以“吾无隐乎尔”开示他，山谷便豁然大悟。禅道就在身边，近在眼前，如果熟视无睹就会错过把握禅法的宝贵机会。此则公案影响极大，后世禅僧石溪月吟诵此公案曰：“渠侬家住白云乡，南北东西路渺茫。几度欲归归未得，忽闻岩桂送幽香。”[④] 雪矶纲禅师云：“水边林下旧生涯，梦里还家未到家。昨夜月明归兴动，西风一阵木樨花。”[⑤] 再如神照本如法师“处

---

① （明）一如等编集：《大明三藏法数》卷8，赵朴初名誉主编《永乐北藏》第181册，线装书局2000年版，第693页下。

② （宋）普济著，苏渊雷点校：《五灯会元》卷15，第1013页。

③ （唐）慧海：《诸方门人参问语录》卷下，《续藏经》第110册，第857页上。

④ （宋）法应集，（元）普会续集：《禅宗颂古联珠通集》卷39，《续藏经》第115册，第495页下。

⑤ （宋）法应集，（元）普会续集：《禅宗颂古联珠通集》卷39，《续藏经》第115册，第495页下。

处逢归路，头头达故乡。本来成现事，何必待思量”① 的偈颂就体现了一切现成、泯然忘我的圆满自足之境。

在诗话里，这种具有现量境的诗句也有很多，如清人王夫之（1619—1692）评贾岛“僧敲月下门”一句时说：“若即景会心，则或推或敲，必居其一，因情因景，自然灵妙，何劳拟议哉？‘长河落日圆’，初无定景。‘隔水问樵夫’，初非想得，则禅家所谓现量也。”② 继严羽妙悟说后，王夫之提出了可与之并肩的现量说。对严羽的妙悟说，王士禛认为：

> 严沧浪以禅喻诗，余深契其说，而五言尤为近之。如王裴辋川绝句，字字入禅。他如“雨中山果落，灯下草虫鸣”，“明月松间照，清泉石上流”，以及太白“却下水精帘，玲珑望秋月”，常建“松际露微月，清光犹为君”，浩然“樵子暗相失，草虫寒不闻”，刘慎虚“时有落花至，远随流水香”，妙谛微言，与世尊拈花，迦叶微笑，等无差别。通其解者，可语上乘。③

不仅深表赞同，王士禛还列举了具有现量境的诗句，证明其所蕴含的禅境。又如谢灵运的“池塘生春草，园柳变鸣禽”一句，因其呈现出与禅宗现量境类似的自然清新之风格，在后代得到了诸多诗论家的高度好评，明人都穆（1458—1525）《南濠诗话》云：“吴思道诗云：‘……学诗浑似学参禅，自古圆成有几联？春草池塘一句子，惊天动地至今传。’”④ 以现成景物入诗，这与禅法有极大的关联，清代庞垲（1657—1725）《诗义固说》：“禅者云：‘佛法事事现成。’唯诗

① （宋）普济著，苏渊雷点校：《五灯会元》卷6，第360页。

② （清）王夫之著，舒芜校点：《姜斋诗话》卷2，《四溟诗话姜斋诗话》，人民文学出版社1961年版，第147页。

③ （清）王士禛著，（清）张宗柟纂集，夏闳校点：《带经堂诗话》卷3，第83页。

④ 丁福保辑：《历代诗话续编》，第1345页。

亦然。作一诗，题前题后，题内题外，原有现成情景在，只要追寻得到，情景自出耳。”①

综上可知，具有现量境的禅诗，即为一切现成，不假推理，呈现出圆满自足的特点。具体说来，是指“不容情尘计较直契本来面目的禅悟观照。所谓情尘计较，即是指人生种种实用利害的心念”②。换言之，诗人把未经逻辑干预的山水景物发之于笔端、把自然朴素的情感诉之于纸墨，或刹那顿现、灵心一悟、窥见本体，具有这样特征的诗歌都在禅诗现量境之范围内。

（二）现量境之呈现

用禅宗诗歌之现量境来反观阳明的诗歌，不难发现，在阳明留下的800首左右的作品中，具有禅宗诗歌现量境的诗句有很多。下面对阳明诗歌之现量境进行具体的分析，以期进一步找出阳明与禅学的关系，发掘其诗歌的美学意义。

归越诗《又四绝句》其三：“池边一坐即三日，忽见岩头碧树红。”③ 苦坐三日，猛然眺望前方，那万绿丛中一抹红色的点缀竟是那么醒目，诗人于当下之际，本心顿显，文字间洋溢着一种悟道后的禅悦之趣。《莲花峰》中“玉钩挂新月，露出青芙蓉”④ 一句即时呈现了月下莲花峰之景，表现出在广漠自然和深邃宇宙的静默无声中与天地浑然一体的圆满自足之境。此外，阳明在《夜雨山翁家偶书》中描绘了一幅“山空秋夜静，月明松桧凉。沿溪步月色，溪影摇空巷”⑤ 的闲居景物图。

在赴谪途中，阳明虽有落寞，却不失乐观平和的心境，其《卧病

① 郭绍虞编选，富寿荪校点：《清诗话续编》，上海古籍出版社1983年版，第739页。

② 吴言生：《禅宗诗歌境界》，第297页。

③ （明）王守仁：《王阳明全集》卷19，第735页。

④ （明）王守仁：《王阳明全集》卷19，第739页。

⑤ （明）王守仁：《王阳明全集》卷19，第736页。

静慈写怀》"雨晴阶下泉声急，夜静松间月色迟"[①] 就描绘了雨夜净慈寺的景色，触耳所听是山泉的潺潺声，触目所及是皎洁月色下松林的婆娑之姿，这一切在诗人看来都是那么自然，不经意就流泻了出来。此外，《夜泊石亭寺用韵呈陈娄诸公因寄储柴墟都宪及乔白岩太常诸友》中"廿年不到石亭寺，惟有西山只旧青"[②]"怅望沙头成久坐，江洲春树何青青"[③] 两句诗也有异曲同工之妙。

到了贬谪地龙场，阳明并没被恶劣的环境打倒，在其诗作中常见描写山水自然，体现圆满自足之境界的句子。如居夷诗《猗猗》："猗猗涧边竹，青青岩畔松。"[④]《无寐二首》其二："但闻清猿啸，时见皓鹤翻。"[⑤]《春晴》："游丝冉冉花枝静，青壁迢迢白鸟过。"[⑥]《春行》："白鸥乱浴清溪上，黄鸟双飞绿树间。"[⑦]《村南》："稚犬吠人依密槿，闲凫照影立晴潭。"[⑧]《春日花间偶集示门生》："阶前细草雨还碧，檐下小桃晴更新。"[⑨]《次韵陆佥宪病起见寄》："篱边竹笋青应满，洞口桃花红自舒。"[⑩]《辰州虎溪龙兴寺闻杨名父将到留韵壁间》："云起峰头沈阁影，林疏地底见江流。"[⑪]《僧斋》："檐前水涨遂无地，江外云晴忽有山。"[⑫]

上述这些诗句都是对山水自然的描绘，皆呈现出景物本身的情趣和美感，并未因主体情感的投射而失其自身之纯粹本色。居夷诗《次

① （明）王守仁：《王阳明全集》卷19，第756页。
② （明）王守仁：《王阳明全集》卷19，第758页。
③ （明）王守仁：《王阳明全集》卷19，第759页。
④ （明）王守仁：《王阳明全集》卷19，第770页。
⑤ （明）王守仁：《王阳明全集》卷19，第773页。
⑥ （明）王守仁：《王阳明全集》卷19，第779页。
⑦ （明）王守仁：《王阳明全集》卷19，第783页。
⑧ （明）王守仁：《王阳明全集》卷19，第783—784页。
⑨ （明）王守仁：《王阳明全集》卷19，第788页。
⑩ （明）王守仁：《王阳明全集》卷19，第788页。
⑪ （明）王守仁：《王阳明全集》卷19，第790页。
⑫ （明）王守仁：《王阳明全集》卷19，第791页。

韵胡少参见过》“长怪岭云迷楚望，忽闻吴语破乡愁”[①] 并非单纯写景，但也体现出当下顿现的禅理。故乡是每个人的精神故里，对漂泊在外的人来说更是如此，对游子而言，百转千回梦萦故里，却苦于云岭相隔，歧路太多。忽然耳闻之际，当下开悟，他乡即故乡，人生何处不安居？这也是禅诗现量境另一个层面的表现。

在龙场的近三年时间，阳明磨炼了心性，人格思想等方面更为成熟。离开贵州赴任庐陵县令途中，其《立春日道中短述》“野塘冰转绿，江寺雪消晴”[②] 和《公馆午饭偶书》“雪散小岩碧，松梢挂月新”[③] 两句呈现出的都是自然之景，诗风清新，用语新警。

在接下来的仕途中，其滁州诗《林间睡起》：“门径不妨春草合，斋居长对晚山妍。”[④] 南都诗《书扇面寄馆宾》：“湖上群山落照晴，湖边万木起秋声。”[⑤]《游牛首山》：“暧暧林芳暮，泠泠石泉语。”[⑥]《游清凉寺三首》其二：“绿树阴层新作盖，紫兰香细尚余蕤。”[⑦] 赣州诗《借山亭》：“疏帘细雨灯前局，碧树凉风月下歌。”[⑧] 江西诗《归兴》：“越水东头寻旧隐，白云茅屋数峰高。”[⑨]《岩头闲坐漫成》：“静听谷鸟迁乔木，闲看林蜂散午衙。”[⑩] 这些抒写自然山水的诗句，都带有自性具足、不假外求的禅意。经历了贬谪的仕宦生涯，再次踏入仕途的阳明并没因公务繁忙而放弃对禅学的喜爱，在这些诗句中，我们见到了一个平静闲适、拈花微笑的诗人形象。

晚年的阳明，终于得以从繁忙的政务、朝臣的谗言中解脱出来，

① （明）王守仁：《王阳明全集》卷19，第789页。
② （明）王守仁：《王阳明全集》卷20，第796页。
③ （明）王守仁：《王阳明全集》卷20，第796页。
④ （明）王守仁：《王阳明全集》卷20，第802页。
⑤ （明）王守仁：《王阳明全集》卷20，第813页。
⑥ （明）王守仁：《王阳明全集》卷20，第814页。
⑦ （明）王守仁：《王阳明全集》卷20，第817页。
⑧ （明）王守仁：《王阳明全集》卷20，第823页。
⑨ （明）王守仁：《王阳明全集》卷20，第832页。
⑩ （明）王守仁：《王阳明全集》卷20，第853页。

回到心系念之的故土。随着祖母岑氏和父亲的相继去世及儿子正忆的到来，阳明在短时间内经历了死的告别和生的迎接，此时的他，各方面都更成熟淡然了。居越诗《夜宿浮峰次谦之韵》：“几家茅屋山村静，夹岸桃花溪水深。”[①]《山中漫兴》：“雨水霞明桃乱吐，沿溪风暖药初肥。”[②]《龙泉石径》：“水花如练落长松，雪际天桥隐白虹。”[③]自然景物在阳明眼中无异于佛性的展现，是其参禅体验及禅悟境界表达的一个出口。这些诗句一如既往地体现出禅宗圆满自足、不假推理的现量境。

二　日常境：山中莫道无供给，明月清风不用钱

（一）日常境释义

众所周知，禅宗是一种摆脱烦恼、追求生命自觉和精神境界，通过心性修持从而获得心性升华的学说。在禅家看来，自然就是众生本性，也即佛性。可见，禅宗就把佛性定义为自足圆满、朴实纯真的生命本然，故贯穿禅宗心性学说的本质内容是自然、内在和超越。那么，如何实现超越呢？禅宗认为修禅成佛，就是见性成佛，即体认自己心性，识得自性便成佛，这就完成了超越。如此一来，禅宗就把彼岸世界转移到现实生活中，把对未来生命的追求转换为向内寻求。故禅宗要求从青山绿水中体察禅味，从人自身的行住坐卧日常生活中体验禅悦，在流动无常的生命中体悟禅境，从而实现生命的超越，精神的自由。[④]在这种日常活动中，没有限制的因素，如对象的认识、时间的考虑、价值的衡量等，禅家如实地接受着日常的经验事实，并从这些

---

① （明）王守仁：《王阳明全集》卷20，第865页。

② （明）王守仁：《王阳明全集》卷20，第869页。

③ （明）王守仁：《王阳明全集：新编本》卷42，第1710页。

④ 方立天：《禅宗概要》，第85页。

事实中获得一种无心的状态。

禅宗抛弃了外在形式的束缚，致力于内在心灵的开拓，故《坛经·坐禅品》云："外离相即禅，内不乱即定。外禅内定，是为禅定。"① 慧能以后，马祖道一提出了"平常心是道"的命题："平常心是道，谓平常心无造作、无是非、无取舍、无断常、无凡无圣。经云：'非凡夫行，非圣贤行，是菩萨行。'只如今行住坐卧，应机接物，尽是道。"② 洪州宗的这个主张，把禅推向了生活化和行为化。后世许多禅师有颂古联句，如讷堂思禅师云："春有百花秋有月，夏有凉风冬有雪。若无闲事在心头，便是人间好时节。"③ 佛性就在日常生活中，既不向外追求，也不刻意向内用功，这样即可体道悟道。大自然的一切，也因此具有了新的实践美学的意义，如息庵观禅师偈颂云："鹤立松梢月，鱼行水底天。风光都占断，不费一文钱。"④ 保持内心不乱，大自然的一切及种种日常行为都是修行。

庞蕴居士有偈云："日用事无别，唯吾自偶谐。头头非取舍，处处勿张乖。朱紫谁为号，丘山绝点埃。神通并妙用，运水及搬柴。"⑤ 运水也好，搬柴也罢，日常生活就是禅修。对世俗男女的婚嫁，在学禅人看来，也是如此：

> 昔庞居士云："有男不婚，有女不嫁。大家团恋头，更说无生话。"有杨杰居士云："男大须婚，女大须嫁。讨甚闲工夫，且说无生话。"后有海月禅师云："我也无有男婚，我也无有女嫁。

---

① （唐）法海录，丁福保笺注：《坛经》，第 37 页。

② （宋）道原：《景德传灯录》卷 28，《大正藏》第 51 册，第 440 页上。

③ （宋）法应集，（元）普会续集：《禅宗颂古联珠通集》卷 5，《续藏经》第 115 册，第 53 页上。

④ （宋）法应集，（元）普会续集：《禅宗颂古联珠通集》卷 19，《续藏经》第 115 册，第 235 页上。

⑤ （宋）蕴闻：《大慧普觉禅师语录》卷 20，《大正藏》第 47 册，第 896 页下。

饥来吃饭困来眠，那管他无生话。”这三个老汉虽然一鼻孔出气，各人作用不同。三个老汉非等闲，手把琵琶月下弹。虽然古调无音韵，赢得风光满世间。[①]

正所谓日用无非道，安心即是禅，“但能绝得见闻觉知，于物境上莫生分别，随时著衣吃饭，平常心是道”[②]，便可体验到随处皆在的禅。在日常生活中开悟后，耳闻目见虽没变，但心性已不再随境流转，对外界诱惑具备了很深的定力。因此，具有日用境的禅诗，体现出随缘任运、存在即超越的特点。

（二）日常境之呈现

阳明早年进入仕途后，因病回余姚老家养病之际，所作诗句就具有禅宗诗歌日常境的特点。如《夜雨山翁家偶书》：“山翁隔水语，酒熟呼我尝。”“醉拂岩石卧，言归遂相忘。”[③] 山翁煮酒，待酒熟后，隔水呼唤诗人共饮，谈笑欢娱之后，阳明忘了归家的路。畅怀之饮是如此难得，即使醉了也不用担心，枕石而卧，天为被，地作床。《化城寺六首》其五：“茶分龙井水，饭带石田砂。”[④] 即使是在化城寺里，吃着斋饭，对诗人来说，也有迥异于世俗的高情远韵。再如《寻春》：“吾侪是处皆行乐，何必兰亭说旧游？”[⑤] 在天气回暖的日子踏春而行，所到之处皆有愉悦自得的心情，何须刻意找寻兰亭，重温旧游呢？这些诗句朴实自然，充满了日常生活的情趣。

贬谪龙场后，禅家随缘任运的思想给了他莫大的支撑和慰藉。在这段精神煎熬外加体弱多病的时期，阳明尽量乐观豁达，不受外在干

① （清）超见说，彻凡、心月等录：《盘山了宗禅师语录》卷3，《嘉兴藏》第40册，第34页中。

② （宋）延寿：《宗镜录》卷98，《大正藏》第48册，第945页中。

③ （明）王守仁：《王阳明全集》卷19，第736页。

④ （明）王守仁：《王阳明全集》卷19，第738页。

⑤ （明）王守仁：《王阳明全集》卷19，第736页。

扰，使心定于一处。外在环境虽然艰苦，但大自然的灵气和秀丽召唤着他，一到龙场，阳明就游山访僧，以恬淡的笔调写下如下的诗句：

倦枕竹下石，醒望松间月。①
朝采石上芝，暮漱松间泉。②
青山清我目，流水静我耳。③
淅米石间溜，炊火岩中庐。④
朝采山上荆，暮采谷中栗。⑤
营炊就岩窦，放榻依石垒。⑥
渴饮松下泉，饥餐石上芝。⑦

阳明用平淡的语言简单地描摹了自己的山居生活，不加任何造作。不管是采药材、种谷黍，枕山石、饮溪泉，还是营炊火、濯手足，在远离政治中心的西南蛮荒，山居生活不仅慰藉了阳明的身心，更是保全了他的力量。这些诗句展现出一个山居文人的日常生活，用语质朴，率真洒脱。

阳明与佛禅的亲近，不仅是在其受到贬谪、遭遇重大挫折之时。回到公务繁杂的仕途后，阳明仍有如此自然率性之语，如京师诗《别方叔贤四首》其四云："道本无为只在人，自行自住岂须邻？"⑧《寄隐

① （明）王守仁：《西园》，《王阳明全集》卷19，第772页。
② （明）王守仁：《答汪抑之三首》其三，《王阳明全集》卷19，第749页。
③ （明）王守仁：《杂诗三首》其二，《王阳明全集》卷19，第759页。
④ （明）王守仁：《游来仙洞早发道中》，《王阳明全集》卷19，第775页。
⑤ （明）王守仁：《采薪二首》其一，《王阳明全集》卷19，第777页。
⑥ （明）王守仁：《始得东洞遂改为阳明小洞天三首》其一，《王阳明全集》卷19，第769页。
⑦ （明）王守仁：《陟湘于迈岳麓是尊仰止先哲因怀友生丽泽兴感伐木寄言二首》其二，《王阳明全集》卷19，第763页。
⑧ （明）王守仁：《王阳明全集》卷20，第797页。

岩》："每逢山水地，便有卜居心。"[①]《香山次韵》："寻山到山寺，得意却忘山。"[②] 滁州诗《梧桐江用韵》："我来竟日坐，清阴洒衣裳。"[③]等等。对山水自然的癖好不独阳明所唯有，这是中国传统文人精神的共同家园。其实，禅宗在发展之初就是一种山林宗教，为了避免官方贵族僧侣的迫害，禅门的高僧大德不得不隐遁于偏僻的山林，养性于其中。对沉溺于佛禅的阳明来说，山居生活不只是使其身心得到休憩的一种方式，识道悟道才是他最终的目的。

值得一提的是，阳明在南都时所写的诗歌，如《山中懒睡四首》：

竹里藤床识懒人，脱巾山麓任吾真。
病夫已久逃方外，不受人间礼数嗔。

扫石焚香任意眠，醒来时有客谈玄。
松风不用蒲葵扇，坐对青崖百丈泉。

古洞幽深绝世人，石床风细不生尘。
日长一觉羲皇睡，又见峰头上月轮。

人间白日醒犹睡，老子山中睡却醒。
醒睡两非还两是，溪云漠漠水泠泠。[④]

在山林中，不问世事，不怀尘虑，无事而眠，这样的山居生活无疑是随性逍遥的。第一首诗表达了诗人挣脱世俗的羁绊，回归山林过

① （明）王守仁：《王阳明全集》卷20，第798页。
② （明）王守仁：《王阳明全集》卷20，第799页。
③ （明）王守仁：《王阳明全集》卷20，第802页。
④ （明）王守仁：《王阳明全集》卷20，第811页。

隐居生活的喜悦之情。第二首和第三首诗则是诗人山居生活习禅静坐的真实写照，诗人的饱睡安眠透露出禅家的自在清净、知足自得。第四首诗通过梦醒间的矛盾对立，把静谧淡泊的山居生活和喧哗热闹的俗世生活作了对比，揭示了纷繁尘世的虚妄本质。

阳明在南都时期所写的诗歌较有禅宗日常境的特色，我们再接着看《题灌山小隐二绝》：

茅山中早晚成，任他风雨任他晴。
男婚女嫁多年毕，不待而今学向平。

一自移家入紫烟，深林住久遂忘年。
山中莫道无供给，明月清风不用钱。①

第一首诗中的向平乃东汉高士向长，字子平。他隐居不仕，待子女婚嫁完毕后漫游五岳名山，最后客死他乡，故后世以向平之愿作为男婚女嫁之典。茅屋是禅宗山居诗的一个典型意象，是禅人生活栖居及精神寄托之地。“任他风雨任他晴”一句脱胎于苏轼的“也无风雨也无晴”，可见诗人超然自得、随缘委任的人生态度，颇有高阔空明的禅家宗风。第二首诗突出了山居生活的清静自适，在与世隔绝的山林屏障中，诗人享受着大自然的馈赠，心情淡泊而平和，满足而愉悦。尤其是最后一句“明月清风不用钱”，颇得禅宗“平常心是道”的真髓，与禅宗偈颂几无二致。

总的来看，阳明在南都时所写的这几首绝句，对山林自然的描写淡化了，代之而起的，是对诗人主体性地位的强调。在大自然中，无须人为作用，自性便能圆满自足。

---

① （明）王守仁：《王阳明全集》卷20，第811页。

在繁忙的军旅生涯中，阳明也不忘寻山访寺，那份远离世俗的隐逸之志是他一直心心念念的。如赣州诗《通天岩》：

青山随地佳，岂必故园好？
但得此身闲，尘寰亦蓬岛。
西林日初暮，明月来何早！
醉卧石床凉，洞云秋未扫。①

再如江西诗《即事漫述四首》其一："从来野兴只山林，翠壁丹梯处处寻。"② 其四："最羡渔翁闲事业，一竿明月一簑烟。"③《江边阻风散步至灵山寺》："随处看山随处乐，莫将踪迹叹萍蓬。"④《无相寺金沙泉次韵》："纵有贪夫过，清风自洒然。"⑤《春日游齐山寺用杜牧之韵二首》其一："羡杀山中麋鹿伴，千金难买芰荷衣。"⑥《游通天岩示邹陈二子》："嗒然坐我亦忘去，人生得休且复休。"⑦ 山林中的明月、石床，清风、麋鹿、芰荷，对阳明而言，具有极大的吸引力，因为它们是没有俗事羁绊的自在安闲的象征。

阳明的归隐愿望终于在晚年得以实现，这时他的心情是愉悦满足的，如居越诗《归兴二首》其二："多情最爱沧州伴，日日相呼理钓舟。"⑧ 在《答人问道》中，阳明以禅宗颂古的类似语言表达了对道的体悟："饥来吃饭倦来眠，只此修行玄更玄。说与世人浑不信，却从

① （明）王守仁：《王阳明全集》卷20，第824页。
② （明）王守仁：《王阳明全集》卷20，第832页。
③ （明）王守仁：《王阳明全集》卷20，第833页。
④ （明）王守仁：《王阳明全集》卷20，第845页。
⑤ （明）王守仁：《王阳明全集》卷20，第850页。
⑥ （明）王守仁：《王阳明全集》卷20，第855页。
⑦ （明）王守仁：《王阳明全集》卷20，第858页。
⑧ （明）王守仁：《王阳明全集》卷20，第864页。

身外觅神仙。”[①] 人若能随缘任运，不执着于一端，便能感受到道的存在。若舍弃日常生活去寻求高处不胜寒的道，那无异于舍本逐末。平思、田乱后，阳明拖着病体，在返家途中写下《题甘泉居》：“渴饮甘泉泉，饥餐菊坡菊。行看罗浮云，此心聊复足。”[②] 诗歌率意吟出，如同白话。在生命的尽头，阳明用他显豁且极具禅意的语言总结了对禅道、对人生的领悟。

第二节　直觉境和圆融境

一　直觉境：闲来心地如空水，静后天机见隐微

（一）直觉境释义

禅宗强调以直觉的方式体悟世界，它以个体在悟道后的生命解脱和永恒归属作为修行的最终目的。这种禅定直觉的关键，就是保持内心的空灵自由，用《金刚经》来说就是“应无所住而生其心”[③]，慧能《坛经》对此有具体的阐述：

> 我此法门，从上已来，顿渐皆立无念为宗，无相为体，无住为本。何名无相？无相者，于相而离相；无念者，于念而不念；无住者，为人本性，念念不住，前念、今念、后念，念念相续，无有断绝；若一念断绝，法身即离色身。念念时中，于一切法上无住，一念若住，念念即住，名系缚；于一切上，念念不住，即无缚也。此是以无住为本。善知识！但离一切相，是无相；但能离相，性体清净。此是以无相为体。于一切境上不染，名为无念；于

① （明）王守仁：《王阳明全集》卷20，第871页。
② （明）王守仁：《王阳明全集》卷20，第879页。
③ （明）朱棣：《金刚般若波罗蜜经集注》，第48页。

> 自念上离境，不于法上生念。若百物不思，念尽除却，一念断即死，别处受生。……是以立无念为宗。即缘迷人于境上有念，念上便起邪见，一切尘劳妄念，从此而生。故此教门，立无念为宗。①

针对世俗中人因一念执着而生起的邪妄之见，慧能提出“无念”。事实上，“无念”并非要求人们断绝念想，只是要求人们做到于一切境上不染，在日常生活的所见所闻中，不生一杂念一妄想。唐代大珠慧海曾参马祖道一，问其“无念”，马祖回答说：“无念者，一切处无心是，无一切境界，无余思求是，对诸境色，永无起动，是即无念。”② 无心，是指于心而无心，自得本来清净心，于一切处无染、无起、无动、无作。

从另一个层面看，禅者的无心，是开悟的前提。通过这种直觉之悟，使人不再执着于表象世界，得以从生死轮回中解脱。关于禅悟过程的三个阶段，青原惟信禅师有一段著名的公案：

> 老僧三十年前未参禅时，见山是山，见水是水。及至后来，亲见知识，有个入处。见山不是山，见水不是水。而今得个休歇处，依前见山只是山，见水只是水。③

未参禅时，是以心物相对的分别心看待山水，执假有作实有，为物境；参禅时，是领悟到山水并非实有的空相，否定了俗见，为忘境；参禅后，是摆脱一切执着，连忘的念头都忘了，是不离空有而又不落空有的化境。④ 具体说来，参禅后的所见，也是近禅的诗人的观物方式，

① （唐）慧能著，郭朋校释：《坛经校释》，第31—32页。

② （唐）慧海：《顿悟入道要门论》卷上，《续藏经》第110册，第849页上。

③ （宋）普济著，苏渊雷点校：《五灯会元》卷17，第1135页。

④ 张锡坤、吴作桥、王树海、张石：《禅与中国文学》，吉林文史出版社1992年版，第98—99页。

"这就是在寂照中对山水'即物即真'的体验，他不以主观的情绪意念去干扰眼前山水的原始状态，但对于他来说，山水并不仅仅是感觉到的客观存在，而是觉认山水本身的原始状态就意味着觉认真理"[①]。

对禅悟和诗悟，明人都穆在《南濠诗话》中谈道：

> 严沧浪谓论诗如论禅："禅道惟在妙悟，诗道亦在妙悟。学者须从最上乘，具正法眼，悟第一义。"此最为的论。……予亦尝效颦云："学诗浑似学参禅，不悟真乘枉百年。切莫呕心并剔肺，须知妙语出天然。"[②]

不唯都穆，明人胡应麟也赞同严羽的观点，他认为："严氏以禅喻诗，旨哉！禅则一悟之后，万法皆空，棒喝怒呵，无非至理。诗则一悟之后，万象冥会，呻吟咳唾，动触天真。然禅必深造而后能悟，诗虽悟后，仍须深造。自昔瑰奇之士，往往有识窥上乘、业阻半途者。"[③] 在悟这点上，诗禅有其一致性。

对参禅与妙悟的关系，钱锺书说过："夫'悟'而曰'妙'，未必一蹴即至也；乃博采而有所通，力索而有所入也。学道学诗，非悟不进。……明心见性之学，有益谈艺，岂浅尠哉。"[④] 禅悟后，万法皆空，即物即真；诗悟后，万象冥然，思与境偕。故禅宗诗歌直觉境的特点，可以总结为物我两忘，空灵自由。

（二）直觉境之呈现

初入仕途，阳明因病归越，乡居的日子，其《山中立秋日偶书》云："袒裼坐溪石，对之心悠悠。"[⑤] 短短的十个字，把秋日的景与情

---

① 周裕锴：《中国禅宗与诗歌》，上海人民出版社 1992 年版，第 116 页。

② 丁福保辑：《历代诗话续编》，第 1345 页。

③ （明）胡应麟：《诗薮》"内编"卷 2，上海古籍出版社 1979 年版，第 25 页。

④ 钱锺书：《谈艺录》，第 235 页。

⑤ （明）王守仁：《王阳明全集》卷 19，第 735 页。

融合在了一起，在诗人的静坐中，天地与人达到了寂静超然之境。

贬谪龙场是阳明一生的转折，虽然在身心上受尽磨难，但也使阳明收获了一份额外之喜，那就是龙场悟道。悟道后的阳明，对生命中的一切遭遇，已学会放下。居夷诗《水滨洞》云："坐久尘虑息，澹然与道谋。"[①] 这首诗道出了人与自然的和谐，诗人的心无物可染、安宁空寂。《无寐二首》其一："起窥庭月光，山空游罔象。"[②] 半夜醒来，庭院中的月光静寂无声，远处山林也是静默无言，时空已凝固在这一刹。

再返仕途，阳明留居京师时写下《夜宿功德寺次宗贤韵二绝》，其二云："坐久遂忘归路夕，溪云正泻暮山青。"[③] 坐久忘归，眼前溪云、暮山的景象实则是诗人的直觉感悟。《香山次韵》：

寻山到山寺，得意却忘山。
岩树坐来静，壁萝春自闲。
楼台星斗上，钟磬翠微间。
顿息尘寰念，清溪踏月还。[④]

岩树和壁萝自生自长，静寂无言；伴随着月光，清溪潺潺流动。在这一动一静中，有限的人生和无限的宇宙融合在了一起。此时的景物象征着超越世俗的清净本体，没有求取功利之贪欲，质朴纯化。又如《别湛甘泉二首》其二："南寺春月夜，风泉闲竹房。"[⑤] 阳明用"春""闲"二字把眼前的景物统合在一起，这种用名词性意象的组合来描绘景物的方式，给读者留下想象空间，充满禅意。如果没有禅家

① （明）王守仁：《王阳明全集》卷19，第772页。
② （明）王守仁：《王阳明全集》卷19，第773页。
③ （明）王守仁：《王阳明全集》卷20，第797页。
④ （明）王守仁：《王阳明全集》卷20，第799页。
⑤ （明）王守仁：《王阳明全集》卷20，第800页。

的空寂之心，是很难刻画出这样空灵隽永的境界的。

正德八年（1513）二月，阳明归越，与徐爱数友游四明山等。其《杖锡道中用张宪使韵》云："悬灯夜宿茅堂静，洞鹤林僧相对清。"[①] 山寺的夜晚，一切静穆悄然，习禅的僧人和仙鹤在灯下相对无言，作为主体的诗人似乎消解于观照对象中。在这种空灵的境界前，一切主观评论的语言都显得多余，只需自然地呈现。

值得一提的是，正德九年（1514），阳明赴滁州督马政，在滁州所写《山中示诸生五首》其一云："鸣鸟游丝俱自得，闲云流水亦何心。"[②] 阳明展现出一幅有形的无滞碍的自然之景，给读者留下大量余白，这种空灵、朦胧的意境，是只可意会不可言传的。此外，这组诗的其他几首也一并摘录如下：

滁流亦沂水，童冠得几人？
莫负咏归兴，溪山正暮春。（其二）

桃源在何许，西峰最深处。
不用问渔人，沿溪踏花去。（其三）

池上偶然到，红花间白花。
小亭闲可坐，不必问谁家。（其四）

溪边坐流水，水流心共闲。
不知山月上，松影落衣斑。（其五）[③]

① （明）王守仁：《王阳明全集》卷 20，第 801 页。
② （明）王守仁：《王阳明全集》卷 20，第 805 页。
③ （明）王守仁：《王阳明全集》卷 20，第 805—806 页。

第二首中的“沂水”是儒家典故，而归去时“溪山正暮春”的景象又颇具禅意，整首诗体现了阳明思想融儒入禅的特点；第三首借“桃源”表达了禅理妙谛存在于自然物象中，无须解说，只需“沿溪踏花去”，自会觉悟；第四首用“小亭”喻道，暗指求道问道不必拘泥于任何形式，在自然生活中直觉顿悟的便是道，故平常熟视无睹的小池、小花也因此具有了活泼灵动、生机盎然的禅趣。第五首展现出悟道后的超越之境，诗人形象隐退到客观景物之后，主体意识融汇于自然景象之中，以此清净心观照万物，又如空潭印月，毫无滞碍。显然，这组诗是阳明在日常生活中悟道时有感而发写下的，这与禅宗亲证自然的方式几无二致。

此外，滁州诗《龙潭夜坐》：“幽人月出每孤往，栖鸟山空时一鸣。”① 阳明以禅家之心直观天地万物，创造出一种不为外物所系的空灵澄澈之境，在意境上神似王维“月出惊山鸟，时鸣春涧中”一句。王维不仅写禅诗，还创作出具有禅意的绘画，其《袁安卧雪图》中有雪中芭蕉景象，用陈允吉先生的话来说，这寓意着王维如“雪山童子”，坚定地修行佛道，“不顾芭蕉之身”，断然舍弃自己的“空虚之身”。② 从王维的这幅画中，我们看到，“禅宗的‘自心’找到了与艺术心灵的契合点”。③ 又如《送蔡希颜三首》其三：“悟后《六经》无一字，静余孤月湛虚明。”④ 诗句描绘了悟道后的虚明境界，在阳明的笔下，物的本性和自我的佛性统一在亘古不变的孤月下。在悟道后，心境又恢复到原本的空明中，这是一种理智的直觉，与禅宗的对境无心无异。

接下来，在江西任职期间，阳明《白鹿洞独对亭》云：“悠悠万

---

① （明）王守仁：《王阳明全集》卷20，第806页。

② 陈允吉：《王维“雪中芭蕉”寓意蠡测》，陈允吉《古典文学佛教溯源十论》，复旦大学出版社2002年版，第74页。

③ 黄河涛：《禅与中国艺术精神的嬗变》，商务印书馆国际有限公司1994年版，第98页。

④ （明）王守仁：《王阳明全集》卷20，第807页。

古心，默契可无辩！”[①] 诗句描写了悟道后的心境，主客俱泯，是一种超越了忧喜的安宁和静谧。《登云峰二三子咏歌以从欣然成谣二首》其二：“深林之鸟何间关？我本无心云自闲。”[②] 无心即空寂之心，在禅宗看来，这是成佛之关键。阳明借禅家之无心，强调了心虽随境起，但事实上，心并没有境，境也没有心。心是空寂的，境应随心而灭，而心也随境而无。

禅家的“无念无相无住”即指不沾不着，不尘不染，心念不起。晚年居越后，阳明心境澄澈，对一切境遇不生忧乐悲喜，这时的诗歌也体现出这样的禅境，如《秋夜》：“闲来心地如空水，静后天机见隐微。”[③] 还有《夜坐》：“高歌度与清风去，幽意自随流水春。”[④] 禅宗的直觉体验是“空且静”，即超越世俗功利干扰的空心澄虑状态。由空心澄虑把人引入物我交融的境界，突破意识的束缚，突破物象与语言的界限，就能产生大跨度跳跃性的非理性思维活动。于是才有了打破一切时空、因果，人与宇宙同样成为永恒的感受。[⑤]

二　圆融境：吾心自有光明月，千古团圆永无缺

（一）圆融境释义

圆指周遍，融指融通、融合，圆融指圆满融通，无所障碍。若就分别妄见而言，则宇宙万有，光怪陆离，千差万别；若就一切法本具的理性来说，则事、理万法融通无碍，无二无别，犹如水与波。简言之，圆融是指无滞碍、不偏执，消融一切矛盾、和谐和解之意，它是

① （明）王守仁：《王阳明全集》卷20，第846页。
② （明）王守仁：《王阳明全集》卷20，第854页。
③ （明）王守仁：《王阳明全集》卷20，第867页。
④ （明）王守仁：《王阳明全集》卷20，第867页。
⑤ 张锡坤、吴作桥、王树海、张石：《禅与中国文学》，吉林文史出版社1992年版，第26—27页。

华严宗、天台宗和禅宗的重要思想。华严、天台二宗有关圆融的名目就很多，如华严立“三种圆融”，天台讲“圆融三谛”等。简言之，烦恼即菩提，生死即涅槃，众生即本觉，娑婆即寂光等，这些都是圆融之理趣。

大乘佛教经典对圆融的描述有很多，如《维摩诘经·不思议品》中海水入毛孔、芥子纳须弥的故事：“若菩萨住是解脱者，以须弥之高广内芥子中，无所增减，须弥山王本相如故。而四天王忉利诸天，不觉不知己之所入，唯应度者乃见须弥入芥子中，是名不可思议解脱法门。又以四大海水入一毛孔，不娆鱼鳖鼋鼍水性之属，而彼大海本相如故，诸龙鬼神阿修罗等，不觉不知己之所入，于此众生亦无所娆。”① 这两个故事体现了禅宗体证到的空间圆融。在对待空间的大小问题上，佛家有着独特的看法，正所谓：“小无定性，终自遍于十方；大非定形，历劫皎于一世。则知小时正大，芥子纳于须弥；大时正小，海水纳于毛孔。”②

对此，唐代有一则公案曰：

> 江州刺史李渤问：“教中所言：须弥纳芥子，渤即不疑。芥子纳须弥，莫是妄谭否？”师曰：“人传使君读万卷书籍，还是否？”曰：“然。”师曰：“摩顶至踵如椰子大，万卷书向何处着？”李俯首而已。③

李渤不解佛家空间上的圆融，遂向庐山归宗寺智常禅师请教。智常禅师用头脑装万卷书的道理开示李渤，让他明了禅理并不局限于事，还贯通在理中。宋延寿《宗镜录》载：“事理圆融者，即种种事称理

---

① （后秦）僧肇等注：《注维摩诘所说经》卷6，第118—119页。
② （唐）法藏：《华严策林》，《大正藏》第45册，第597页下。
③ （宋）普济著，苏渊雷点校：《五灯会元》卷3，第145页。

而遍，以真如理为洪炉，融万事为大冶，铁汁洋溢，无异相也。”[①] 真如比喻洪炉，洪炉可以融汇万物，这样就到达了事理圆融。尽管其间的物体千差万别，但因同一体性、唯是一心，互相依持而缘起，故本质上是融通不二的。

《华严经·世主妙严品》用摩尼宝王变现之网、摩尼珠光之互相映照，说明了理事无碍的圆融之理：“摩尼宝王而为其网，如来自在神通之力，所有境界皆从中出；一切众生居处屋宅，皆于此中现其影像。又以诸佛神力所加，一念之间，悉包法界。……摩尼光云，互相照耀；十方诸佛，化现珠玉；一切菩萨，髻中妙宝，悉放光明而来莹烛。”[②] 空间的大小、时间的一念与长劫、个别与整体、隐与显、主与伴等差别，本来皆融通无碍，可以互相转换。一即一切，一切即一，万有的实相，如一大因陀罗网，互含互摄，相入相即，每一珠中映现一切珠，一切珠摄入于每一珠，这是华严宗理事无碍，事事无碍法界所论述的深理。禅宗也吸取了华严宗圆融之理趣，如临济宗黄龙悟新禅师（1043—1115）所云：

> 你诸人要参禅么，须是放下着！放下个甚么？放下个四大五蕴，放下无量劫来许多业识，向自己脚根下推穷，看是甚么道理？推来推去，忽然心华发明，照十方刹，可谓得之于心，应之于手，便能变大地作黄金，搅长河为酥酪，岂不畅快？平生莫只管册子上念言念语，讨禅讨道，禅道不在册子上。纵然念得一大藏教，诸子百家，也只是闲言语。[③]

在参究话头的过程中，切忌翻看禅书，妨害正参。彻悟后，则如

① （宋）延寿：《宗镜录》卷99，《大正藏》第48册，第950页上。
② （唐）实叉难陀译：《大方广佛华严经》卷1，上海古籍出版社1991年版，第1页。
③ （宋）正受：《嘉泰普灯录》卷25，《续藏经》第137册，第348页下。

摩尼珠光，光光互摄。无限时空，无边法界，无不映现，一时俱了。这种圆融的境界，如“傅大士颂云：‘空手把锄头，步行骑水牛。人从桥上过，桥流水不流。’又云：‘石人机似汝，也解唱巴歌。汝若似石人，雪曲应须和’”[①]。上述偈颂用互相矛盾的现象作悖论式的排列，给人强烈的冲击，如一记棒喝，揭示出万物是无分别的，没有不同的性相。

更进一步说，理事、性相、智境、真妄、染净，佛与众生、明与无明、烦恼与菩提、生死与涅槃、世间与出世间等，皆是可以融合的。人们正是不理解其圆融不二的特性，才触处皆碍，生发出许多矛盾、冲突。综此，诗歌的圆融境即表现为消解对立、彰显无尽及澄明和谐的特点。

（二）圆融境之呈现

正德元年（1506），阳明妹婿牧相与给事中戴铣等上疏弹劾刘瑾，阳明因疏救戴铣受牵连，下诏狱。在狱中，阳明写下《屋罅月》：“但见屋罅月，清光自亏满。”[②] 虽身陷囹圄，不得自由，但月光是公平的，给阳明以展望未来的勇气和信心。这两句诗用普照大地的月光，营造出博大无尽的禅境。诗的空间被无限拓展，化小空间为大宇宙。

随后，在奔赴龙场的途中，阳明《泛海》一诗云：“夜静海涛三万里，月明飞锡下天风。”[③] 同样勾勒了一个无比开阔的妙境，静静的夜晚，海面无穷无尽，月光倾泻，星光幽远，波涛随风曼舞。这一切交织成一张巨大的因陀罗网，圆月皎洁似网中之球，星星闪烁如宝石，二者相映生辉。万物之习性本自清净，只是不自知罢了。在这样一个

① （宋）重显颂古，克勤评唱：《佛果圆悟禅师碧岩录》卷 10，《大正藏》第 48 册，第 219 页中。

② （明）王守仁：《王阳明全集》卷 19，第 748 页。

③ （明）王守仁：《王阳明全集》卷 19，第 757 页。

佛性遍在的夜晚，一切皆圆融无碍，浑然自得。《广信元夕蒋太守舟中夜话》：“何处忽谈尘世外？百年惟此月明中。”① 诗歌借月喻禅，月的澄澈空寂、明净透亮让阳明体会到自性清净、一尘不染的禅悟之境。阳明得佛家圆融无滞之趣，在禅思的启悟中，把人生苦难、生活悲喜归于一种平静和旷达。

在赴黔途中，阳明曾在湖南芷江沅水驿停留，有同名诗《沅水驿》：“耶溪有信从谁问，楚水无情只自流。”② 与家乡风俗不同，阳明来到汉族与苗族的聚居地。耶溪，即若耶溪，位于浙江绍兴城南。面对异乡的河流、废旧的驿站，阳明不禁感慨，带着故乡亲友温暖问候的信件在哪里呢？眼前只有楚水绵延向前，不舍昼夜地流淌着。耶溪有情，楚水无情，不管有情无情，二者都统一在大千世界中，诗句呈现出佛家事理圆融之境。

到达龙场后，阳明秋夜冥思，其《秋夜》云：“树暝栖翼喧，萤飞夜堂静。遥穹出晴月，低檐入峰影。”③ 深夜，秋虫在树木上鸣叫，萤火虫在空寂的夜堂飞过。苍穹下，明月升起，争光倾撒，低檐下的峰影缓缓移动，这一动一静，全统一在虚静的山林中。《龙冈漫兴五首》其二：“绝壁千寻凌杳霭，深崖六月宿冰霜。”④ 炎热的六月，行走在绝壁深崖中，顿生寒意。这一热一冷的差异性体验及矛盾性的存在，在曹山本寂（840—901）的偈颂中也有体现：“焰里寒冰结，杨花九月飞。”⑤ 在禅宗看来，日常生活中悖论的事物皆为假名，禅师多以这种违反常俗的方式，来表达大道真如不可理喻的神通和顿悟的神奇体验。其意图正是要一反常理，破除“知解宗徒”对一般常规逻辑的执着。如执着于常理，就不可能证得佛性真如。

---

① （明）王守仁：《王阳明全集》卷19，第758页。
② （明）王守仁：《王阳明全集》卷19，第767页。
③ （明）王守仁：《王阳明全集》卷19，第776页。
④ （明）王守仁：《王阳明全集》卷19，第777页。
⑤ （宋）普济著，苏渊雷点校：《五灯会元》卷13，第787页。

在黔的生活，阳明逐渐适应并安定了下来，其《元夕雪用苏韵二首》云："玉盏春光传柏叶，夜堂银烛乱檐花。"① 白日里玉盏交错，友情借着春光传递到柏树的枝头；夜晚蜡烛受风所袭，屋檐上烛花乱颤。柏叶和烛花，一者有情，一者无情，皆统一在宇宙实相这一本质中。又如《次韵陆佥宪元日喜晴》："城里夕阳城外雪，相将十里异阴晴。"② 城市不同区域瞬间暑寒交替，这种具有差异性的自然现象通过诗句表达出来，内里自有一种圆融通达的张力，让人感受到万物圆融、浑然一体之理趣。

再如《武陵潮音阁怀元明》："江天云鸟自来去，楚泽风烟无古今。"③ 江水上空，白云飘飘，鸟儿飞过。一来一去中，时间转瞬即逝，但楚地的风烟却亘古不变。在短暂和永恒间，佛家圆融互摄的理论得到了体现。《夜泊江思湖忆元明》云："梦回客枕人千里，月上春堤夜四更。"④ 在庐陵任知县的阳明，梦境里穿越地理空间，回到京城与旧友湛若水探讨圣学，千里变咫尺；醒来后月光普照堤岸，白日却还未到来。诗句取佛家圆融浑成之意，试图融合梦境与现实之差别。

滁州诗《赠熊彰归》："千年绝学蒙尘土，何处澄江无月明?"⑤ 夜晚皎洁的月光洒在海面上，波光粼粼，如无数月亮在水中荡漾，可谓千江有水千江月，万里无云万里天。在这种重重无尽的诗境里，诗人主体也上升到空寂、清净之人格境界中。阳明感慨，圣学流弊虽支离芜杂，但如能领悟心学真谛，也是一种突围。《琅琊山中三首》其一："冰雪能回草木死，春风不化山石顽。"⑥ 冬季草木凋零，待到春风吹拂，雪下的生命又焕发出新的光彩。草木的有情和山石的无情，统一

① （明）王守仁：《王阳明全集》卷19，第781页。
② （明）王守仁：《王阳明全集》卷19，第782页。
③ （明）王守仁：《王阳明全集》卷19，第791页。
④ （明）王守仁：《王阳明全集》卷19，第792页。
⑤ （明）王守仁：《王阳明全集》卷20，第802页。
⑥ （明）王守仁：《王阳明全集》卷20，第804页。

于自然宇宙中，阳明以佛家圆融无碍的思维方法入诗，充分体现出世间万物的圆融和谐，也表达出对自己与弟子讲学论道的自信。

进入仕途后，阳明的故土情结越发浓厚，他不止一次地表示出对故乡的思念，如《送德观归省二首》其二云："琅琊雪是故园雪，故园春亦琅琊春。"① 辗转于各地，车马劳顿、疲累奔波，对阳明而言，琅琊即是故乡，故乡即是琅琊。其间就包含着佛家的圆融思想，小到某个住所，大到整个宇宙，都是一个互相融摄的整体。又《栖云楼坐雪二首》其二云："玉树有花虽结果，天机无线可通针。"② 天机和玉树，在常人看来，是无甚关联的，阳明却用对比的方式，把它们统合在一起。阳明视天机为普通事物，无须穿引之线，便可把万事万物联系在一起，解决其间的困惑烦恼。这样的美学境界，其实也是明心见性的证道境界。

阳明南都诗《寄张东所次前韵》有云："江船一话千年阔，尘梦今惊四十非！"③ 回顾十年前与陈白沙弟子张诩在京城的相聚，阳明感慨万千，江船阔别只是一刹，但感觉已逾千年；四十年的尘世生活，转瞬却如一梦。禅宗灯录中在谈及梦境和现实时，有云："视生如在梦，梦里实是闹。忽觉万事休，还同睡时悟。智者会悟梦，迷人信梦闹。会梦如两般，一悟无别悟。富贵与贫贱，更亦无别路。"④ 简言之，一念即永恒，一尘映世界。阳明从深层观念上泯灭了时间长短的分别，营造出开张恢宏、圆融无碍之境。

正德八年（1513），阳明暂归余姚，携弟子从绍兴东部的上虞游览钓台山，有《登妙高观石笋峰》其二："双笋参差出自然，何曾穿破碧苔钱？好操劲节盟三友，懒秉虚心待七贤。纵使狂风难落箨，任

---

① （明）王守仁：《王阳明全集》卷20，第806页。
② （明）王守仁：《王阳明全集》卷20，第810页。
③ （明）王守仁：《王阳明全集》卷20，第818页。
④ （宋）道原：《景德传灯录》卷5，《大正藏》第51册，第243页下。

教骤雨不生鞭。时人若问荣枯事，同与乾坤无变迁。”① 双笋石参天并峙，高数百尺，其顶有异花，开时绚烂如霞锦。阳明赋予双笋石生命，盛赞其高洁坚韧的品性。佛家崇尚自然现象与真如本体的同一、万物与自我的同一，最后两句“时人若问荣枯事，同与乾坤无变迁”更是体现出宇宙间的圆融和谐。

正德十四年（1519），刚平定宸濠叛乱的阳明遭宦官谗言，受武宗猜忌与宸濠勾结欲图谋乱，于是阳明将宸濠交付给理解其苦心的朝臣张永后，称病暂居于西湖净慈寺。此期，阳明到镇江访友人杨一清的待隐园，有诗唱酬，《杨邃庵待隐园次韵五首》其四云：“市里烟霞静，壶中结构奇。”② 待隐园地处镇江一隅，是大学士杨一清（1454—1530）在罢官期间所造，时阳明造访，二人畅谈。和偌大的城市相比，此园犹如小壶，但结构精巧，包容万千。诗句体现出大乘佛教“芥子纳须弥”的空间观，给人圆融之感。

正德十五年（1520）春，阳明赴召次芜湖，受张忠等人阻挠，遂在弟子柯乔、江学曾等人的陪同下游九华。此期，有《江上望九华山二首》其一：“霁色晓开千嶂雪，涛声夜渡九江风。”③ 在宇宙实相的统摄下，白天、黑夜交替，霁色、涛声更迭，构成了生命的轮回不息，展现出佛教圆融的时空观。可以说，佛教对宏观空间乃至宇宙的想象，对微观时间乃至生命的探索，让凝练的诗歌文字充满了艺术的张力。

早在弘治年间，阳明就游览过九华山，此次又与九华山结缘，阳明索性抛下一切，寄情山水、拜访名僧，在东岩静坐修心，希望借此慰藉身陷政治旋涡的自己。又如《睡起偶成》：

---

① （明）王守仁：《王阳明全集：新编本》卷42，第1713页。

② （明）王守仁：《王阳明全集》卷20，第836页。

③ （明）王守仁：《王阳明全集》卷20，第842页。

四十余年睡梦中，而今醒眼始朦胧。不知日已过亭午，起向高楼撞晓钟。

起向高楼撞晓钟，尚多昏睡正懵懵。纵令日暮醒犹得，不信人间耳尽聋。[①]

在佛教看来，一切事物徒有幻相，皆因缘而生，现实生活也是虚幻不实的，如同梦境。阳明用睡梦比喻现实，用悟道比喻梦醒，描述了自己的悟道体验，也借此磨砺自己并警醒众生，个体存在的价值须挣脱世俗的羁绊，从向外务求转至向内探索，领悟到生命的智慧，才有可能实现精神的自由富足和心灵的圆融和谐。对阳明来说，不管周遭人事如何变化，勇于接受世间种种的考验与挑战，避免落入到狭窄的知见格局中，才能泯除人与物之间的界限，跳脱身心矛盾的状态。

晚年的阳明，心学思想越发浑融老成，在其诗歌中，月的意象较为常见。如居越诗《后中秋望月歌》："一年两度中秋节，两度中秋一样月。"[②] 月指代真如佛性，诗歌表现了悟道后的从容自得。从禅宗的宇宙观来看，佛性无处不在，无所不包。宇宙万物即是真如佛性的体现，心生则法生，心没则法灭，心即是物，物即是心。又如《中秋》：

去年中秋阴复晴，今年中秋阴复阴。
百年好景不多遇，况乃白发相侵寻！
吾心自有光明月，千古团圆永无缺。
山河大地拥清辉，赏心何必中秋节！[③]

① （明）王守仁：《王阳明全集》卷20，第859页。
② （明）王守仁：《王阳明全集》卷20，第872页。
③ （明）王守仁：《王阳明全集》卷20，第873页。

阳明借月谈道，认为道可随时随地进行体认，不必拘泥于外在形式。一旦彻悟宇宙之实性，时空的差别就被泯灭了，对人生也更加了解透彻，从而进入一种圆融无碍的化境。

第三节 “桃花”“空”“闲”之境

一 “桃花”之禅意与境界

在传统文化中，桃花因绽放于春季，花色秾丽，被文人认为气格不高。东晋陶渊明《桃花源诗》一出，桃花逐渐成为道家仙境或隐逸文人的常用意象。唐代中期，禅宗大兴，桃花成了文人笔下寺院佛境之常景，与佛经中象征吉祥和灵瑞的莲花、优钵罗花相比，桃花并未见重于佛教。直至唐末，南岳临济宗灵云志勤禅师在沩山观桃悟道后，桃花意象遂成为禅学之人明心见性的象征。《五灯会元》卷四载，灵云志勤禅师参禅二十多年，未能开悟，一日禅定时抬头看到窗外盛开的桃花，有偈曰：“三十年来寻剑客，几回落叶又抽枝。自从一见桃华后，直至如今更不疑。”① “寻剑客”暗指求道者，典出晋人张华《博物志》载干将、莫邪事。此偈前两句指求道时间长，过程很艰辛。桃花的盛开，使他顿悟。当下见到繁盛娇艳的桃花，是诸事因缘和合而成的结果。桃花象征色相界，色界即本体，至勤禅师悟道后即见本体。桃花盛开衰败的轮回还象征着万物的自然更迭、生生不息。宋代黄龙派弟子觉海法因有一首偈：“岩上桃华开，华从何处来？灵云才一见，回首舞三台。”② 可见，禅宗常借桃花喻悟道。修行的最高境界是要破除人的分别心，进而破除我执的自私心。盛开的桃花，蕴含着

① （宋）普济著，苏渊雷点校：《五灯会元》卷4，第1205页。
② （宋）普济著，苏渊雷点校：《五灯会元》卷4，第1205页。

自由解放的境界，因桃花悟道，当下直入真如佛性。在禅宗看来，桃花是佛性的载体，是禅心的体现。据笔者初步统计，《王阳明全集》《王阳明全集：新编本》《王阳明佚文辑考编年》三书所载的阳明诗歌中，除掉存伪诗，“桃花”（含“桃”字）略见25例，占比虽然不大，其蕴含的禅学内涵和禅宗美学境界值得研究。

（一）用“桃花”写自然色相之活泼及禅居环境之清幽

弘治十四年（1501）秋到十五年（1502）春，在京师任职的阳明奉命审决重囚，于是负疾南行。在此过程中，他游览了九华山。事竣北归时，他再次游九华，离开前一天，他登览芙蓉阁，其同名诗《芙蓉阁二首》其二云：“岩下云万重，洞口桃千树。终岁无人来，惟许山僧住。”[①] 芙蓉阁又名芙蓉庵，位于九华街化城寺山门左侧，南宋嘉定年间（1208—1224）建。阳明借桃花写禅居环境之幽静，千树万树的桃花灿然盛开，桃花无言，却暗示着自然界活泼灵动的生意，与静谧的寺庙相映衬，充满禅意。

正德二年（1507），阳明因得罪宦官刘瑾，贬谪贵州龙场驿。到达贵州后，于正德四年（1509）九月赴省城贵阳，主教文明书院，时与巡按御史徐文华同游南庵寺，有诗唱和，其《徐都宪同游南庵次韵》云：

> 岩寺藏春长不夏，江花映日艳于桃。山阴入户川光暮，林影浮空暑气高。树老岂能知岁月，溪清真可鉴秋毫。但逢佳景须行乐，莫遣风霜著鬓毛。[②]

南庵寺，即今贵阳翠微园，与甲秀楼毗邻，是集寺庙建筑与园林

① （明）王守仁：《王阳明全集》，第740页。
② （明）王守仁：《王阳明全集》，第786页。

庭院为一体的古建筑。始建于明宣德年间（1426—1435），后多次更名，道光年间改名后沿用至今。南庵寺前临南明河，后枕小山，夏无酷暑，风光旖旎。诗中“桃”与“江花”对举，两种花卉都与佛教有关，表达同样的内涵。江花当为莲花，是佛教圣物，象征清净。桃花自唐末灵云禅师悟道后，便成为禅宗文化中明心见性的象征。诗歌前部分描述了夏日南庵寺的清幽秀美，后部分感慨岁月不待，自己初心不改，溪水可以明鉴。面对困厄，需参破表象，觉知本体。回归自然，享受当下，这便是阳明当时豁达通透的心境。

嘉靖二年（1523）春，邹谦之来越问学，居月余，阳明送至萧山，游牛头山，其《夜宿浮峰次谦之韵》有言：

> 日日春山不厌寻，野情原自懒朝簪。几家茅屋山村静，夹岸桃花溪水深。石路草香随鹿去，洞门萝月听猿吟。禅堂坐久发清磬，却笑山僧亦有心。①

浮峰山原名牛头山，石入水则浮，又名浮石，后王阳明改山名为浮峰。正德八年（1513），阳明曾在此结浮峰诗社。显然，浮峰山是其潜心研习学问的场所，在自己喜爱又熟悉的地方，诗人心情恬静悠远，触目所及，桃花灿烂鲜活，一切现成。审美的特征在于超越外在的物质功利，超越内心的欲念，从欣赏中得到美感体验，从而达到心理愉悦。诗中“桃花”是自然色相生机勃勃的象征，蕴含着无尽的禅意。对禅宗来说，桃花是现象，一切现象是假象，本质皆空。佛性如太虚，本无处可寻，但桃花盛开的刹那，揭示出自然生生不息的奥秘。

（二）借“桃花”表达禅理，开悟学人

灵云志勤禅师观桃悟道，因缘到了，一触即发，顿悟玄妙。这种

① （明）王守仁：《王阳明全集》，第865页。

融进理性的直觉体验，展现出禅宗寻求感悟的自由自在的心性境界，这是桃花的宗教审美意义。在王阳明的诗歌中也有借桃花表达悟道体验，或借桃花开悟学人的例子。在接纳活泼生命、涵容自由生机这点上，禅宗真如涅槃的境界和诗歌空灵隽永的意境，是非常相似的。

正德七年（1512）十二月，阳明升南京太仆寺少卿。太仆寺是明代设立的马政管理机构，寺署设置在滁州，主要负责军马驯养。时隔一年，阳明回余姚省亲后才至滁州。据门人钱德洪载："滁山水佳胜，先生督马政，地僻官闲，日与门人遨游琅琊、瀼泉间。月夕则环龙潭而坐者数百人，歌声振山谷。诸生随地请正，踊跃歌舞。旧学之士皆日来臻。于是从游之众自滁始。"[①] 正德九年（1514）三月，阳明与诸生春游滁山，有诗感怀，其《山中示诸生五首》其三云：

桃源在何许？西峰最深处。不用问渔人，沿溪踏花去。[②]

"桃源"并非指仙境，也非陶渊明笔下"避秦人"之隐居地，应指悟道的体验。诗人指出对道的追求，需个人去体悟，悟道后的心情愉悦自得。阳明用"桃源"揭明心见性之旨，悟后的桃花，是心与物象的统一和改造。在禅宗这里，心物关系转化为心色关系，桃花是悟的道场，无之则无从得悟。此诗自问自答，诗风秀逸俊朗，情、景、理俱佳。

正德十五年（1520）春，宸濠叛乱结束不久，为避权奸的陷害和监视，阳明与弟子同上九华，其《春日游齐山寺用杜牧之韵二首》云：

即看花发又花飞，空向花前叹式微。自笑半生行脚过，何人

---

① （明）王守仁：《王阳明全集》，第1363页。
② （明）王守仁：《王阳明全集》，第805页。

未老乞身归？江头鼓角翻春浪，云外旌旗闪落晖。羡杀山中麋鹿伴，千金难买芰荷衣。①

倦鸟投枝已乱飞，林间暝色渐霏微。春山日暮成孤坐，游子天涯正忆归。古洞湿云含宿雨，碧溪明月弄清晖。桃花不管人间事，只笑山人未拂衣。②

唐代诗人杜牧曾于池州（今安徽贵池县）任刺史，作《九日齐山登高》一诗，阳明诗题中“齐山寺”即后世为纪念杜枚而建。第一首诗，阳明借桃花表达了花欲常荣但日月相摧，人欲长生但岁月不待的禅理，表达了欲挣脱世俗烦扰，实现归隐目的，获得精神自由的愿望。第二首诗，诗人用自然界鲜活盎然的景象暗示佛法是只可意会的活泼自由的境界，桃花暗喻本心，此心清净无染，可见彻悟的愉悦。

正德十六年（1521）八月，阳明归越省亲。嘉靖元年（1522）二月，父王华卒，阳明丁忧期间于龙泉山开设讲堂，每月四次定期讲学。此后，四方来游者日进，其《山中漫兴》即写于归越期：

清晨急雨度林扉，余滴烟梢尚湿衣。雨水霞明桃乱吐，沿溪风暖药初肥。物情到底能容懒，世事从前顿觉非。自拟春光还自领，好谁歌咏月中归。③

前四句写春日雨后的景象，后四句即物究理，既称赞春光可爱，又表达内心彻悟后的自在无碍。可见，阳明的桃花诗旨在咏其寻道过程和开悟体验，桃花是佛性呈现的形象载体，蕴含着精神世界的自由解放。

---

① （明）王守仁：《王阳明全集》，第854—855页。

② （明）王守仁：《王阳明全集》，第855页。

③ （明）王守仁：《王阳明全集》，第869页。

二　“空”之禅意与境界

佛教禅宗的空，并非虚无，是对万事万物本质及变化规律的把握。“空”，梵文名词写作Sūnyatā，形容词为Sūnya。在佛经里，意指法空，“因缘所生之法，究竟而无实体曰空。又谓理体之空寂。《维摩经·弟子品》曰：‘诸法究竟无所有，是空义’”①。一切事物徒有幻相，皆因缘而生，如“色空”“四大皆空”“般若性空”等。禅宗的空观使禅宗成为一种生命美学，禅宗典籍中如《坛经》《金刚经》《维摩诘经》视人生如梦、尘世虚无的主题较为常见。对佛教徒来说，“悟”是识得真如佛性的基本方法，悟得“无我”，进而悟得“空”，故“悟空”对禅僧来说，是极其重要的。禅宗把“空”的否定性思维发展到“离相”“离念”的极致，对外相的否定趋向对内心的探寻，对心识活动的超越转向对自心的认同。在注重心性上，禅宗和文学是极其相似的。“空”的思想，渗入诗歌创作后，诗与禅便有了紧密的联系。禅学诗人重空境，认为万事万物皆虚幻，在心灵体验中去追求瞬间即永恒的真实。与禅僧不同的是，彻悟后，“禅可不著言说，诗必托诸文字；然其为悟境，初无不同”②。禅宗“空”的境界引入文艺创作中后，影响了美学思想的发展，形成以“空灵”意境为特征的禅宗美学思想。

据笔者初步统计，“空”字略见75例，平均每9首诗中即有1例。“空”字出现频率颇高，进一步说明了禅宗对阳明的影响。从句子成分上看，大体上，“空”字有四种排列情况，一者“空”在前，修饰后面的名词，组成名词性短语，如按使用频率来排序，有“空山”

① 丁福保：《佛学大辞典》，中国书店2011年版，第1269页。
② 钱锺书：《谈艺录》，第249页。

“空林”“空谷”“空音”“空水”“空影”“空岩”“空院”“空庭”“空城”“空梁”“空宅”“空千古”“空云山”等；二者“空”在后，与前面的名词搭配，构成主谓短语，如“山空”“碧空”“石桥空”“坛空”“江空”“苦空”等；三者“空”和动词搭配，如“空有”“成空”“空遗”“空闲”“凌空”“空在”“空自警”“浮空”“空余”“溅空”等；四者“空”与副词搭配，表达徒然意，如“空自”“空向”“空屡屡”等。其中，阳明多次使用的是“空山”“空谷”和“空林”三词。

（一）超越现象，营造空灵静默之境

阳明笔下，直接展现佛理的文字，一般不难把握。相较之下，以感性形式为载体的诗歌所承载的佛理禅境则极难剖析。自然山水诗是诗人心灵证悟的体现，这种禅悟体验是具体的、活泼的。阳明以自然美的形式感性地呈现抽象的禅理，诗中的禅境是其不经意的流露。可以说，在诗歌创作中，阳明对禅境的营造是其心路历程的体现。用“空”的禅学思想去审视山水自然，其自然山水诗呈现出空灵隽永的禅境。

弘治十五年（1502），阳明以刑部主事告病归越，后移疾钱塘西湖，此期，其《夜雨山翁家偶书》云：

> 山空秋夜静，月明松桧凉。沿溪步月色，溪影摇空苍。山翁隔水语，酒熟呼我尝。褰衣涉溪去，笑引开竹房。谦言值暮夜，盘餐百无将。露华明橘柚，摘献冰盘香。洗盏对酬酢，浩歌入苍茫。醉拂岩石卧，言归遂相忘①。

“山空”表现的并非“空”，诗人是借此传达“有”，在寥廓空寂

① （明）王守仁：《王阳明全集》，第736页。

的自然环境中有人的活动，一动一静中形成有无虚实的对立和统一。阳明从自然的色相中领悟到微妙的禅境，这是生命情调和艺术意境的融汇，全诗充满了活泼的生命力，极具禅意。

正德七年（1512），阳明升任南京太仆寺（设在滁州）少卿，便道归省。正德八年（1513）十月，于滁州到任，督马政，地僻官闲，日与门人游历山水，其《龙潭夜坐》云：

> 何处花香入夜清？石林茅屋隔溪声。幽人月出每孤往，栖鸟山空时一鸣。草露不辞芒履湿，松风偏与葛衣轻。临流欲写猗兰意，江北江南无限情。①

龙潭即滁州西南面之柏子潭，潭边建有祭祀龙王的庙宇。时值皓月之夜，诗人静坐潭边，周围有淡雅花香、清幽鸟鸣、石林茅屋、潺潺溪流。“猗兰”据传是孔子所作的古琴曲名，宋郭茂倩《乐府诗集》卷五十八《琴曲歌辞·猗兰操》载：“孔子历聘诸侯，诸侯莫能任。自卫反鲁，隐谷之中，见香兰独茂，喟然叹曰：‘兰当为王者香，今乃独茂，与众草为伍。’乃止车，援琴鼓之，自伤不逢时，托辞于香兰云。”② 孔子表达了生不逢时、才不获展的落寞郁闷。反观阳明，虽然也有得罪权奸刘瑾贬谪龙场的遭遇，但引用此典，却少有失落愤懑之情，在静谧的自然环境中，心境也格外安宁。最后一句，诗人对远近而来的师友表现出真挚的怀念。诗歌虽然写景，却蕴含着积极豁达的人生哲理。正因为情景俱佳，“其俊爽之气往往涌出于行墨之间”③，此诗被钱谦益选入《列朝诗集》丙集中，也被朱彝尊选入《明诗综》，康熙四十四年（1705），六峰阁刊本，列入卷第二十七下。

① （明）王守仁：《王阳明全集》，第806页。
② （宋）郭茂倩：《乐府诗集》，上海古籍出版社2016年版，第731页。
③ （清）钱谦益：《列朝诗集》，第2930页。

（二）用禅宗空观开解自己，求得精神解脱和自由

《坛经·定慧第四》云：“若前念今念后念，念念相续不断，名为系缚。于诸法上念念不住，即无缚也。此是以无住为本。”① 禅宗空观使人视个体生命如浮云，借禅学的忘机驱散尘世的束缚和烦忧，在困厄的境遇下获得精神的自由和解脱。多年宦海经历使阳明深感仕途险恶，对此有更深刻的体会，如正德三年（1508）赴黔途中，过湖南辰溪，宿沅水驿，有《沅水驿》：

> 辰阳南望接沅州，碧树林中古驿楼。远客日怜风土异，空山惟见瘴云浮。耶溪有信从谁问，楚水无情只自流。却幸此身如野鹤，人间随地可淹留。②

在赴龙场驿的途中，阳明来到汉族与苗族聚居之地。眼前的楚水，与绍兴城南的若耶溪，地理位置不同，沿岸风俗有异。独在异乡，面对着空旷的山林和密布的瘴烟，诗人不禁发问，在这废旧的驿站里，带着故乡亲友温暖的信件在哪里呢？眼前只有异乡的河流绵延向前，不舍昼夜流淌。最后一联，诗人认识到他乡即故乡，楚水即耶溪，都统一在宇宙实相中。领悟了这一禅理后，阳明表达出随缘任运的旷达之情。

正德九年（1514）三月，阳明在安徽滁州督马政，这是一个闲职，阳明内心对此有些许失望。友人冀元亨归武陵，阳明有《送惟乾二首》其二：

> 簦笈连年愧远求，本来无物若为酬。春城驿路聊相送，夜雪空山且复留。江浦云开庐岳曙，洞庭湖阔九疑浮。悬知再鼓潇湘

① （元）宗宝：《六祖大师法宝坛经》，《大正藏》第48册，第353页上。

② （明）王守仁：《王阳明全集》卷19，第767页。

柁，应是芙蓉湘水秋。[①]

“本来无物”是禅语，出自六祖慧能的法偈，明代陈建摘引“本来无物若为酬”一句，指出：“朱子尝谓试取《大慧语录》一观，则象山之来历可见。愚谓今学者试取《传灯录》一观，则阳明之来历不容掩矣。”[②] 陈建道出阳明援禅入诗之特点。第二联的“夜雪”“空山”“洞庭湖”等景物，不仅是自然界的表象，更是宇宙间有无、荣枯及色空的象征。此诗不仅送别友人，更表达出诗人在羁旅生活中对待谗言、困境的态度。阳明用禅语劝慰友人，也开导自己，不管身陷何种处境，以禅宗的平常心待之，可寻得内心的宁静和超脱。

正德十四年（1519），平定了宸濠叛乱的阳明遭朝奸构陷，受武宗猜忌图谋叛乱。将宸濠交付太监张永等人后，阳明称病暂居西湖净慈寺。正德十五年（1520）正月，阳明赴召次芜湖，受江彬、张忠阻挠，不得进，遁入九华。其间，武宗遣锦衣卫侦伺阳明，见其无反状，再召赴南都，受张忠等人再阻，不得见武宗，遂返江西。归经安徽繁昌县，遇风游灵山寺，有诗《江边阻风散步至灵山寺》：

归船不遇打头风，行脚何缘到此中？幽谷余寒春雪在，虚檐斜日暮江空。林间古塔无僧住，花外仙源有路通。随处看山随处乐，莫将踪迹叹萍蓬。[③]

受佛禅影响，即使是在仕途多舛的羁旅行役中，阳明也能以超然的心境直面，也因此有了“虚檐斜日暮江空”的开阔景象。受禅宗心学般若空观的影响，阳明了悟禅理，将般若空观转化成生活智慧，才有了

① （明）王守仁：《王阳明全集》卷20，第805页。

② （明）陈建：《学蔀通辨》卷9，第122页。

③ （明）王守仁：《王阳明全集》，第845页。

尾联随缘应运的自在洒脱，全诗营造出宠辱不惊、淡泊宁静的禅境。

三 “闲”之禅意与境界

“闲”是身无束缚，心无牵挂，精神自在清净、悠然空旷。带着这种心境去观物，随之呈现的是任运自在的风貌。这种远离尘世，没人打扰，悠游自在、闲适无争的境界，是禅宗基本的生活状态。南宗禅反对坐禅，认为人人皆有佛性，如同宝藏，不须外在求索。世事无常，如能顿悟心性清净，不攀缘、不沾着，就能达到“菩提妙华遍庄严，随所住处常安乐”[①] 的境界。

禅宗这种不惧无常、平常心是道的人生态度影响了阳明，成其仕海生涯中进行文学创作的重要指导思想。据笔者初步统计，“闲”字略见65例，平均每10首诗中即有1例。在遣词用语上，按出现频率高低排序，阳明喜用“心”“身”“云”“僧”“人”“官”“鸥”“画”“梦”“春”“竹房”“卷牍”“风月”“吏事”“事业”等名词与“闲”组合，构成主谓短语或名词性短语。此外，“闲”与“观”“看”“居”“坐”“行”“过”“望”“忙”“来”等动词搭配，表达阳明渴望回归本心自然的心境。

（一）身处自然，讴歌自在闲静的山居生活，体悟人与自然的和谐共生

对禅宗来说，外物的存在是自心的反照，这就促成了诗歌主观感兴的表达。静寂的山林不仅是禅僧修行静心之地，也是阳明静悟本心之最佳场所，在经历仕海沉浮后，阳明在游历山水中，将审美情趣转向自然，借以滋养心灵，抚平烦忧。这种状态下的创作，不仅有宜于缓解内在压力，还有助于诗人触发诗兴，用审美的心态来观照万物。

---

① （唐）义净：《佛说无常经》，《大正藏》第17册，第746页中。

如在黔写于正德三年（1508）的《栖霞山》：

宛宛南明水，回旋抱此山。解鞍夷曲磴，策杖列禅关。薄雾侵衣湿，孤云入座闲。少留心已寂，不信在乌蛮。[①]

阳明此时因得罪朝廷奸宦刘瑾，谪龙场驿丞。在黔期间，阳明亲自农耕，聚众讲学之余，探访黔地山水也是其所好。栖霞山又名东山，位于贵阳市东门外。阳明游览东山，于栖霞寺短暂逗留，在清幽明净的景色里体会到宁静自足，诗歌表现出人与外物的和谐圆满。

又如正德六年（1511）的《香山次韵》：

寻山到山寺，得意却忘山。岩树坐来静，壁萝春自闲。楼台星斗上，钟磬翠微间。顿息尘寰念，清溪踏月还。[②]

正德五年（1510），阳明从龙场驿赴江西庐陵任知县，年末，调任南京刑部主事。尚未赴南京就职，正月阳明又调任北京任吏部主事。诗歌以动写静，用古寺夜晚清幽的钟磬声衬托出自然的空旷虚静。在这样一处有如世外桃源的地方，一切烦劳杂念都消失殆尽，表现出自得其乐的闲适心境。可见，诗人心无杂念，一任本然，诗与境偕。

正德七年（1512），阳明升任南京太仆寺少卿，便道归省，有《山中示诸生五首》其五云："溪边坐流水，水流心共闲。不知山月上，松影落衣斑。"[③] 在短暂的休憩中，阳明挣脱仕海的纷争烦扰，放下心中各种妄念，与自然山水融为一体，在精神上得到解脱、超越。这类诗歌浑然天成，诗境与禅境契合无间，心境与山水合为一体。

---

① （明）王守仁：《王阳明全集：新编本》，第1712—1713页。

② （明）王守仁：《王阳明全集》，第799页。

③ （明）王守仁：《王阳明全集》，第806页。

正德十四年（1519），刚平定宸濠叛乱的阳明因遭宦官谗言，受武宗猜忌其与宸濠勾结，称病暂居于西湖净慈寺。第二年春，阳明赴召次芜湖，受张忠等人阻挠，遂在弟子柯乔、江学曾等人的陪同下游九华，其《登云峰二三子咏歌以从欣然成谣二首》其二有云：

> 深林之鸟何间关？我本无心云自闲。大舜亦与木石处，醉翁惟在山林间。晴窗展卷有会意，绝壁题诗无厚颜。顾谓从行二三子，随游麋鹿俱忘还。①

阳明寄情山水、拜访名僧，在东岩静坐修心，希望借此慰藉身陷政治旋涡的自己。不管是因病退居，得罪权奸而贬谪异乡，还是平定叛军，功高遭忌，阳明一生忙碌，其诗中的闲，与主观身体、客观环境的闲适静谧相比，更多是个体心灵对世俗事务的超越，是诗人人格精神的体现。可以说，阳明的“闲”在于心。这种乐天任运，闲静淡泊的心态，在作品里呈现出来，是诗禅相通的效果，阳明闲逸超脱的品性与清幽明净的景色风神合一，透露出浓厚的禅意。

（二）渴望回归故里，对心无挂碍、随缘自适的平淡生活的向往

阳明一生，不恋荣名，积极用世的同时也有对避世隐居的渴望。检阅其诗作，从阳明青年时代到晚年，对回归故里过闲适生活的愿望是较为明显的。如弘治十六年（1503）前后，初入仕途不久的阳明告病归越，移疾钱塘期间，多次往游于萧山，似乎早有卜居萧山之意。其《题曹林庵》云：“好山兼在水云间，如此湖须如此山。素有卜居阳羡兴，此身争是未能闲。”② 阳明慨叹自己此身“未能闲”，对挂冠归去，身无束缚，回归本心自然的宁静生活，心向往之。弘治十八年

① （明）王守仁：《王阳明全集》，第854页。

② （明）王守仁：《王阳明全集：新编本》，第1712页。

(1505)，34 岁的阳明改除兵部主事，同时门人始进，远在京师的阳明表达了对故乡鉴湖的怀念，其《故山》云：

鉴水终年碧，云山尽日闲。故山不可到，幽梦每相关。雾豹言长隐，云龙欲共攀。缘知丹壑意，未胜紫宸班。[①]

虽远离故乡，但总能在梦中与终年碧绿的鉴湖相会。鉴湖上空笼罩着山林的云雾，这一切在梦中都幻化成了虎豹蟠龙。对阳明来说，故乡的山水石洞虽然平凡，却胜过京师万千的宫殿楼阁。“未胜”一词后，是诗人隐藏的心迹，绵绵的思乡之情娓娓道来。

不仅是初入仕途，在贬谪龙场驿的岁月里，阳明也多次表达了对故乡山水的怀念，如正德三年（1508），《龙冈漫兴五首》其三云：“路僻官卑病益闲，空林惟听鸟间关。地无医药凭书卷，身处蛮夷亦故山。”[②] 远在蛮夷，官职卑微，身体抱恙，闲适之余也愈加思念故土。在黔生活适应后，阳明挣脱外物荣利，得以闲心观物，如《睡起写怀》：

江日熙熙春睡醒，江云飞尽楚山青。闲观物态皆生意，静悟天机入窅冥。道在险夷随地乐，心忘鱼鸟自流形。未须更觅羲唐事，一曲沧浪击壤听。[③]

最后两句中的“击壤”是中国一种古老的投掷游戏，“壤”类似于杵，两头小，中间大。相传在帝尧时期，天下太平，百姓无事，有老者击壤于道。旁观者认为是伏羲、帝尧的盛世才让老者有如此闲情，

① （明）王守仁：《王阳明全集》，第 745 页。
② （明）王守仁：《王阳明全集》，第 777 页。
③ （明）王守仁：《王阳明全集》，第 793 页。

老者反驳说游戏跟吃饭睡觉一样平常。此诗写于离开龙场，前往赴任的途中，此时的阳明，已不再拘泥于外在环境的束缚，向内寻求的自省体悟让其保持了本心。阳明借“击壤”的典故表达随处自得、不妄不迷的心境。可见，透过纷繁复杂的色相，加以自身的悟道修习，才能达到闲适平静、自在无我的审美境界。

正德六年（1511），阳明调任吏部验封清吏司主事，北上入京，途经镇江焦山，有《游焦山次邃庵韵三首》其三云：

扁舟乘雨渡青山，坐见晴沙涨几湾。高宇堕江撑独柱，长流入海振重关。北来宫阙参差见，东望蓬瀛缥缈间。奔逐终年何所就，端居翻觉愧僧闲。①

邃庵即明代名臣杨一清（1454—1530），时致仕家居于镇江。焦山是镇江除金山外的一座名山，相比金山的小巧玲珑，焦山高大雄伟，多禅寺、精舍、亭台楼阁。诗歌前六句写景，后两句是诗人对从龙场驿升任庐陵知县以来，奔走于庐陵、南都、京师之间的劳碌生涯的概括，表达了对禅僧闲适生活的渴望。

正德十一年（1516），在兵部尚书王琼的推荐下，阳明接受了南赣汀漳巡抚的任命，其时，各地农民起义不断。正德十三年（1518），在平息赣南乱后，阳明深感疲惫，加上祖母岑氏病危，思归退隐心切。三月，阳明以病疏乞致仕，不允，祖母岑氏病逝于十月。正德十四年（1519），朝廷因其平赣有功加封晋爵，正逢福建兵变，王琼派阳明前往戡乱，《即事漫述四首》其四有云：

茅茨松菊别多年，底事寒江尚客船？强所不能儒作将，付之

① 束景南：《王阳明佚文辑考编年（增订版）》，上海古籍出版社2015年版，第339页。

无奈数由天。徒闻诸葛能兴汉，未必田单解误燕。最羡渔翁闲事业，一竿明月一蓑烟。[①]

阳明志在悟道成圣，为了报效朝廷，不得已出征奋战。诗歌最后两句，表达了对闲适生活的向往，颇具禅意。此次征战途中，又被知县告知宁王朱宸濠谋反，中途闻变，阳明只能仓促迎战。平定宸濠叛乱后，阳明功高遭忌，朝中树敌。在出征广西，平思、田二州之乱前，阳明在故乡过了一段身心俱闲的日子，写下如“百战归来白发新，青山从此作闲人”[②] 的诗句。

综上所述，阳明诗歌多次出现“桃花”“空”“闲”三词，既是基于明代禅籍流行，文人受其影响，借鉴其语言和表现技巧的文化创作心理，也是阳明禅学修养及人生志向在文学中的表现。纵观阳明诗歌，“桃花”一词既描写自然色相之活泼及禅居环境之清幽，又喻示禅理，开悟学人。“空”不仅营造出超越现象、空灵静默的艺术境界，还开解作者身心，求得精神解脱和自由。“闲”是人与自然和谐共生，自在闲静的山居生活的写照，更是诗人终其一生，对回归故里过心无挂碍、随缘自适的平淡生活的最大向往。这些独特的诗歌语言现象，是阳明禅学素养在文学创作中的体现，对研究明代佛教禅宗与诗歌文体的互动交叉关系，有可借鉴之处，值得学界进一步探讨。

禅宗美学强调理性与直觉的融合，也不反对“渐修”与“参禅”的理性思维，认为这是“顿悟”的基础与前提。这种思维方式形成了崇尚直觉理性的审美境界，即禅境。禅境的理论体系是以“心”为中心展开的，阳明也是以“心”为关键，融汇儒释二教，从而构建起自己的哲学思想。不管是贬谪龙场，还是重返仕途，抑或是晚年归越、

① （明）王守仁：《王阳明全集》，第832页。
② （明）王守仁：《王阳明全集》，第863页。

再次出征，阳明的心学思想逐渐完善，直至晚年达到集大成的境界。纵观阳明的一生，在生存态度上，他力争完成对个体生命的超越，这种心性修养的过程正是审美人生的生成过程。

在诗歌创作上，阳明不仅引用佛学语汇、禅宗公案，还化用佛禅义理，更集儒、禅于一体，融摄心学与禅学。从禅宗审美境界上看，其诗表达了对山林生活的喜爱，呈现出一切现成、不假推理的现量境的特点，也表达了日用即是禅修的精神，体现出随缘任运、存在即超越的日常境的特点。阳明诗歌还表达了和自然冥合的悟道体验，呈现出物我两忘的直觉境的特点，此外，消解对立、彰显理事无碍的圆融境的诗句，在阳明笔下也有很多。这些诗句，是阳明将文字艺术化、哲理化后的显现，承载着意蕴更丰富的悟道精神。直观体悟取代了理性解释，契合了禅宗无言之美的言说方式，诗的外在形式与禅的内在意趣结合，使阳明诗歌达到了较高的审美境界，具有极高的禅宗美学价值。

结　论

长期以来，学界对阳明的关注，主要集中在以其心学为特征的哲学思想上，对其文学创作关注较少。与宋明理学一样，阳明心学对佛禅也有所借鉴和吸收，甚至，在利用佛禅上比宋儒走得更远。阳明自己也承认，曾有过一段漫长的参禅经历，故阳明心学被当时的学者称之为“阳明禅”，比如陈建就在《学蔀通辨》里猛烈批评阳明心学与禅学的内在联系。本选题置王阳明思想与诗歌于儒佛文化视阈中展开论述，在详细的论证后，形成了以下几点认识：

（1）从阳明习染佛禅之经历来看，江浙作为明初禅宗发展之重镇，从外在环境上来说，对阳明的间接影响是不容忽视的。关于阳明的个人佛禅素养，秦家懿先生认为，阳明在其语录与文集中，引用了大乘的多种经文，如《法华经》《楞严经》《金刚经》《楞伽经》《涅槃经》《圆觉经》《坛经》《传灯录》及黄檗希运的《传心法要》等佛教经籍。但秦先生没有展开具体论述，本选题在此基础上展开论述，尝试做了一些补充工作。至于阳明与禅林交往情况的考察，除了此前学界提过的玉芝法聚、了庵桂悟外，还有浙江籍僧人雪江明秀，九华山之实庵和尚、地藏洞僧、周金和尚等人。

（2）众所周知，阳明心学与佛教关系紧密，但此前学界的相关研究多停留在对二者语言层面的简单比较上。本选题看到了二者语词上的相似性、一致性，从内容上分析了阳明对佛禅义理的改造和利用。另外，在深层的思辨方法及逻辑结构上，二者也是一致的，希望经过这样的论述，能推动阳明与佛禅关系的深化研究。

（3）通过对阳明诗歌之历时性分析，我们发现，阳明对佛禅的感情，并未随着龙场悟道之悔悟而有所削减，相反，变得更为隐蔽和低调。在阳明贬谪龙场、平定宸濠叛乱、晚年居越这三个不同的人生阶段，其涉佛诗歌也随之呈现出不同的变化。简言之，即“以禅入诗、儒禅交融、讲学诗与佛禅结合”这三大特点，事实上，阳明涉佛诗歌的变化，是其个人与儒佛二教互动来往关系之体现。这也证明，阳明与佛禅的关系，未曾有过疏远。晚年的阳明，心学思想的成熟达到了顶峰，与此相应的是，阳明儒佛交融诗作的愈益老成。

（4）阳明诗歌不足千首，却具有较大的研究价值，是担负阳明儒佛及心学思想的载体。再从禅宗艺术审美的角度看，这些诗句也是表达现量境、日常境、直觉境和圆融境的载体。对其诗歌佛禅境界的分析，希望能展示明代儒佛二教与文人诗歌创作互动交涉的一面。

不可避免的是，本书还存在相当大的不足，在剥离阳明心学之佛禅因素时，浅尝辄止，论述未能得以深化；在分析阳明诗歌之佛学意蕴时，还不够深入，研究的重点也仅停留在思想内容层面；在讨论阳明诗歌的宗教美学境界上，未能广泛展开；在选择材料上，受学力所限，缺乏鉴别力；在材料的运用上，也受缚于各种因素。此外，阳明后学群体，是研究阳明不能错过的部分。在原定计划中，阳明后学是作为影响层面的研究置于最后一章的，因本人天资愚钝，学力不逮，只能忍痛割弃。希望在以后的工作中，有待进一步解决这一问题，弥补这一遗憾。

最后，本文能得以完成，是建立在前贤诸多研究工作的基础上，对此，本人向王阳明研究领域及明代史学、哲学、文学、宗教学的相关专家、学者表达最真挚崇高的感谢。

参考文献

一 古籍文献（按作者朝代排序）

（后秦）僧肇等注：《注维摩诘所说经》，上海古籍出版社 2011 年版。

（梁）释慧皎撰：《高僧传》，中华书局 1992 年版。

（梁）真谛译，高振农校释：《大乘起信论校释》，中华书局 1992 年版。

（唐）般刺密帝译，天如惟则会解：《大佛顶首楞严经会解》，上海古籍出版社 1991 年版。

（唐）法藏著，方立天校释：《华严金师子章校释》，中华书局 1983 年版。

（唐）法海录，丁福保笺注：《坛经》，上海古籍出版社 2011 年版。

（唐）慧能述，郭朋校释：《坛经校释》，中华书局 1983 年版。

（唐）神会述，杨曾文编校：《神会和尚禅语录》，中华书局 1996 年版。

（唐）实叉难陀译：《华严经》，上海古籍出版社 1991 年版。

（唐）释道世撰，周叔迦、苏晋仁校注：《法苑珠林校注》，中华书局 2003 年版。

（唐）释道宣撰：《续高僧传》，《大正藏》第 50 册。

（唐）玄奘著，韩廷杰校释：《成唯识论校释》，中华书局 1998 年版。

（唐）宗密述：《禅源诸诠集都序》，《大正藏》第 48 册。

（南唐）静、筠二禅师编：《祖堂集》，上海古籍出版社 2011 年版。

（宋）程颢、程颐著，王孝鱼点校：《二程集》，中华书局 2004 年版。

（宋）道原撰：《景德传灯录》，《大正藏》第 51 册。

（宋）惠洪撰：《冷斋夜话》，《文渊阁四库全书》子部第 863 册。

（宋）惠洪撰：《石门文字禅》，四部丛刊本。

（宋）陆九渊著，钟哲点校：《陆九渊集》，中华书局 2008 年版。

（宋）普济著，苏渊雷校：《五灯会元》，中华书局 1984 年版。

（宋）释赞宁撰：《宋高僧传》，中华书局 1987 年版。

（宋）释正受集注：《楞伽经集注》，上海古籍出版社 2011 年版。

（宋）严羽撰，郭绍虞校释：《沧浪诗话校释》，中华书局 1983 年版。

（宋）叶梦得撰：《石林燕语》，中华书局 1984 年版。

（宋）赜藏主编集：《古尊宿语录》，中华书局 1994 年版。

（宋）张载：《张载集》，中华书局 1985 年版。

（宋）周敦颐著，陈克明点校：《周敦颐集》，中华书局 2009 年版。

（宋）朱熹著，陈俊民校编：《朱子文集》，（台北）德富文教基金会 2000 年版。

（宋）朱熹著，黎靖德编：《朱子语类》，中华书局 1999 年版。

（宋）朱熹撰：《四书章句集注》，中华书局 1983 年版。

（明）王守仁撰，陈荣捷集：《王阳明传习录详注集评》，（台北）台湾学生书局 1983 年版。

（明）王守仁撰，邓艾民注：《传习录注疏》，上海古籍出版社 2012 年版。

（明）王守仁撰，束景南辑：《阳明佚文辑考编年》，上海古籍出版社 2012 年版。

（明）王守仁撰，吴光、钱明、董平、姚延福编校：《王阳明全集：新编本》，浙江古籍出版社 2011 年版。

（明）王守仁撰，吴光、钱明、董平、姚延福编校：《王阳明全集》，上海古籍出版社 2011 年版。

（明）朱棣集注：《金刚般若波罗蜜经集注》，上海古籍出版社 2011 年版。
（清）陈田：《明诗纪事》，上海古籍出版社 1993 年版。
（清）谷应泰撰：《明史纪事本末》，中华书局 1977 年版。
（清）郭庆藩辑：《庄子集释》，中华书局 1961 年版。
（清）何文焕辑：《历代诗话》，中华书局 1981 年版。
（清）黄宗羲：《明儒学案》，中华书局 1985 年版。
（清）黄宗羲、全祖望：《宋元学案》，中华书局 1986 年版。
（清）计六奇：《明季北略》，中华书局 1984 年版。
（清）计六奇：《明季南略》，中华书局 1984 年版。
（清）焦循著，诸子集成本：《孟子正义》，上海书店 1986 年版。
（清）刘宝楠著，诸子集成本：《论语正义》，上海书店 1986 年版。
（清）钱谦益：《列朝诗集小传》，上海古籍出版社 1983 年版。
（清）钱谦益撰，许逸民、林淑敏点校：《列朝诗集》，中华书局 2007 年版。
（清）阮元主持校刻：《十三经注疏》，中华书局 1980 年版。
（清）万斯同：《明史》，上海古籍出版社 2008 年版。
（清）王文诰辑注，孔凡礼点校：《苏轼诗集》，中华书局 1982 年版。
（清）王先谦撰：《庄子集解》，中华书局 1987 年版。
（清）王应奎：《柳南随笔续笔》，中华书局 1983 年版。
（清）张廷玉等撰：《明史》，中华书局 1974 年版。
（清）朱彝尊：《静志居诗话》，人民文学出版社 1988 年版。
（清）朱彝尊：《明诗综》，中华书局 2007 年版。
大藏经刊行会编：《大正新修大藏经》，（台北）新文丰出版股份有限公司 1994—1996 年版。
丁福保辑：《历代诗话续编》，中华书局 1983 年版。
方广锠编纂：《般若心经译注集成》，上海古籍出版社 1994 年版。
径山藏版：《嘉兴大藏经》，（台北）新文丰出版股份有限公司 1987

年版。
赖永海主编，赖永海、杨维中译注：《楞严经》，中华书局 2010 年版。
《明实录》，江苏省立国学图书馆传钞本影印 1940 年版。
吴文治主编：《明诗话全编》，江苏古籍出版社 1997 年版。
赵尔巽主编：《清史稿》，中华书局 1977 年版。
赵朴初名誉主编：《永乐北藏》，线装书局 2000 年版。
藏经书院编：《新编卍续藏经》，（台北）新文丰出版股份有限公司 1994 年版。
《中华大藏经》编辑局编：《中华大藏经》（汉文部分），中华书局 1984 年版。

二　现、当代著作（按出版年份排序）

钱穆：《王守仁》，商务印书馆 1930 年版。
谢无量：《阳明学派》，中华书局 1930 年版。
贾丰臻：《阳明学》，商务印书馆 1930 年版。
胡哲敷：《陆王哲学辨微》，中华书局 1930 年版。
宋佩韦：《王阳明与理学》，商务印书馆 1931 年版。
冯友兰：《中国哲学史》，商务印书馆 1934 年版。
蒋维乔、杨大膺：《宋明理学纲要》，中华书局 1936 年版。
容肇祖：《明代思想史》，开明书店 1941 年版。
嵇文甫：《晚明思想史论》，商务印书馆 1944 年版。
嵇文甫：《左派王学》，商务印书馆 1944 年版。
陈垣：《明季滇黔佛教考》，科学出版社 1959 年版。
陈垣：《中国佛教史籍概论》，中华书局 1962 年版。
陈垣：《清初僧诤记》，中华书局 1962 年版。
巴壶天：《艺海微澜》（又名《禅与诗》），（台北）广文书局 1971 年版。

钱穆:《中国近三百年学术史》,(台北)台湾商务印书馆 1972 年版。
蔡仁厚:《王阳明哲学》,(台北)三民书局 1974 年版。
张圣严:《明末中国佛教の研究》,(东京)山喜房佛书林 1975 年版。
钱穆:《宋明理学概述》,(台北)台湾学生书局 1977 年版。
杜松柏:《禅学与唐宋诗学》,(台北)黎明文化事业股份有限公司 1978 年版。
吕澂:《中国佛学源流略讲》,中华书局 1979 年版。
吕澂:《印度佛学源流略讲》,上海人民出版社 1979 年版。
张曼涛主编:《明清佛教史篇》(《现代佛教学术丛刊》),(台北)大乘文化出版社 1980 年版。
谢国桢:《明末清初的学风》,人民出版社 1982 年版。
钱锺书:《宋诗选注》,人民出版社 1982 年版。
赵仲邑:《文心雕龙译注》,漓江出版社 1982 年版。
郭朋:《明清佛教》,福建人民出版社 1982 年版。
汤用彤:《隋唐佛教史稿》,中华书局 1982 年版。
陈荣捷:《王阳明与禅》,(台北)台湾学生书局 1984 年版。
钱锺书:《谈艺录》(补订本),中华书局 1984 年版。
张立文:《宋明理学研究》,中国人民大学出版社 1984 年版。
张中行:《佛教与中国文学》,安徽教育出版社 1984 年版。
梁启超:《梁启超论清学史二种:清代学术概论》,复旦大学出版社 1985 年版。
钱锺书:《七缀集》,上海古籍出版社 1985 年版。
任继愈主编:《中国佛教史》(三卷本),中国社会科学出版社 1985—1988 年版。
葛兆光:《禅宗与中国文化》,上海人民出版社 1986 年版。
侯外庐、邱汉生、张岂之主编:《宋明理学史》,人民出版社 1987 年版。
秦家懿:《王阳明》,(台北)东大图书股份有限公司 1987 年版。

释圣严：《明末中国佛教之研究》，关世谦译，（台北）台湾学生书局 1988 年版。
方立天：《中国佛教与传统文化》，上海人民出版社 1988 年版。
张文达等编：《禅宗历史与文化》，黑龙江教育出版社 1988 年版。
巴壶天：《禅骨诗心集》，（台北）东大图书股份有限公司 1988 年版。
梁启超：《佛学研究十八篇》，中华书局 1989 年版。
傅伟勋：《从西方哲学到禅佛教》，生活 · 读书 · 新知三联书店 1989 年版。
方尔加：《王阳明心学研究》，湖南教育出版社 1989 年版。
赖永海：《佛道诗禅》，中国青年出版社 1990 年版。
周叔迦：《周叔迦佛学论著集》，中华书局 1991 年版。
项楚：《王梵志诗校注》，上海古籍出版社 1991 年版。
陈来：《有无之境——王阳明哲学的精神》，人民出版社 1991 年版。
赵士林：《心学与美学》，中国社会科学出版社 1992 年版。
释印顺：《中国禅宗史》，上海书店 1992 年版。
张伯伟：《禅与诗学》，浙江人民出版社 1992 年版。
姚卫群：《印度哲学》，北京大学出版社 1992 年版。
周裕锴：《中国禅宗与诗歌》，上海人民出版社 1992 年版。
潘桂明：《中国禅宗思想历程》，今日中国出版社 1992 年版。
洪修平：《禅宗思想的形成与发展》，江苏古籍出版社 1992 年版。
杜继文、魏道儒：《中国禅宗通史》，江苏古籍出版社 1993 年版。
金丹元：《禅意与化境》，上海文艺出版社 1993 年版。
谢思炜：《禅宗与中国文学》，中国社会科学出版社 1993 年版。
葛兆光：《中国禅思想史》，北京大学出版社 1995 年版。
郭朋：《中国佛教思想史》下卷《宋元明清佛教思想》，福建人民出版社 1995 年版。
江灿腾：《明清民国佛教思想史论》，社会科学文献出版社 1996 年版。

姚卫群:《佛教般若思想发展源流》，北京大学出版社 1996 年版。
汤用彤:《汉魏两晋南北朝佛教史》，北京大学出版社 1997 年版。
方立天:《佛教哲学》，中国人民大学出版社 1997 年版。
孙昌武:《禅思与诗情》，中华书局 1997 年版。
麻天祥:《中国禅宗思想发展史》，湖南教育出版社 1997 年版。
黄卓越:《佛教与晚明文学思潮》，东方出版社 1997 年版。
周明初:《晚明士人心态及文学个案》，东方出版社 1997 年版。
韩经太:《理学文化与文学思潮》，中华书局 1997 年版。
萧丽华:《唐代诗歌与禅学》，(台北) 东大图书公司 1997 年版。
魏道儒:《中国华严宗通史》，江苏古籍出版社 1998 年版。
季羡林:《禅和文化与文学》，商务印书馆 1998 年版。
陈庆元、齐裕焜主编:《诗词研究论集》，巴蜀书社 1998 年版。
周裕锴:《文字禅与宋代诗学》，高等教育出版社 1998 年版。
吴立民主编:《禅宗宗派源流》，中国社会科学出版社 1998 年版。
林丽娟:《吾心自有光明月——王阳明诗探究》，复文图书出版社 1998 年版。
周裕锴:《禅宗语言》，浙江人民出版社 1999 年版。
杨曾文:《唐五代禅宗史》，中国社会科学出版社 1999 年版。
孙立:《明末清初诗论研究》，广东高等教育出版社 1999 年版。
葛兆光:《中国思想史》，复旦大学出版社 2000 年版。
项楚:《寒山诗注》，中华书局 2000 年版。
潘桂明:《中国居士佛教史》，中国社会科学出版社 2000 年版。
吴光:《阳明学研究》，上海古籍出版社 2000 年版。
左东岭:《王学与中晚明士人心态》，人民文学出版社 2000 年版。
张海沙:《初盛唐佛教禅学与诗歌研究》，中国社会科学出版社 2001 年版。
葛兆光:《中国思想史》，复旦大学出版社 2001 年版。

邓绍基、史铁良：《明代文学研究》，北京出版社 2001 年版。
陈少峰：《宋明理学与道家哲学》，上海文化出版社 2001 年版。
李壮鹰：《禅与诗》，北京师范大学出版社 2001 年版。
吴言生：《禅宗思想渊源》，中华书局 2001 年版。
吴言生：《禅宗哲学象征》，中华书局 2001 年版。
吴言生：《禅宗诗歌境界》，中华书局 2001 年版。
方立天：《中国佛教哲学要义》，中国人民大学出版社 2002 年版。
陈允吉：《中国古典文学佛教溯源十论》，复旦大学出版社 2002 年版。
钱明：《阳明学的形成与发展》，江苏古籍出版社 2002 年版。
左东岭：《明代心学与诗学》，学苑出版社 2002 年版。
陈运宁：《中国佛教与宋明理学》，湖南人民出版社 2002 年版。
李富华、何梅：《汉文佛教大藏经研究》，宗教文化出版社 2003 年版。
吴震：《阳明后学研究》，上海人民出版社 2003 年版。
陈庆元：《文学：地域的观照》，上海远东出版社 2003 年版。
易闻晓：《公安派的文化阐释》，齐鲁书社 2003 年版。
李小荣：《敦煌密教文献论稿》，人民文学出版社 2003 年版。
陈允吉主编：《佛经文学研究论集》，复旦大学出版社 2004 年版。
鲍世斌：《明代王学研究》，巴蜀书社 2004 年版。
周齐：《明代佛教与政治文化》，人民出版社 2005 年版。
黄卓越：《明中后期文学思想研究》，北京大学出版社 2005 年版。
李小荣：《〈弘明集〉〈广弘明集〉述论稿》，巴蜀书社 2005 年版。
易闻晓：《中国古代诗法纲要》，齐鲁书社 2005 年版。
易闻晓：《中国诗句法论》，齐鲁书社 2005 年版。
孙昌武：《中国文学中的维摩与观音》，天津教育出版社 2005 年版。
汤用彤：《印度哲学史略》，上海世纪出版集团 2006 年版。
蔡仁厚：《王学流衍》，人民出版社 2006 年版。
江灿腾：《晚明佛教改革史》，广西师范大学出版社 2006 年版。

孙昌武：《佛教与中国文学》，上海人民出版社 2007 年版。
陈永革：《晚明佛教思想研究》，宗教文化出版社 2007 年版。
释见晔：《明末佛教发展之研究——以晚明四大师为中心》，（台北）法鼓文化事业股份有限公司 2007 年版。
赵伟：《晚明狂禅思潮与文学思想研究》，巴蜀书社 2007 年版。
廖肇亨：《中边·诗禅·梦戏：明末清初佛教文化论述的呈现与开展》，（台北）允晨文化公司 2008 年版。
华建新：《王阳明诗歌研究》，安徽人民出版社 2008 年版。
陈寅恪：《陈寅恪集》，生活·读书·新知三联书店 2009 年版。
任宜敏：《中国佛教史·明代》，人民出版社 2009 年版。
钱明：《王阳明及其学派论考》，人民出版社 2009 年版。
陈永革：《阳明学派与晚明佛教》，中国人民大学出版社 2009 年版。
陈允吉：《佛教与中国文学论稿》，上海古籍出版社 2010 年版。
左东岭：《李贽与晚明文学思想》，人民文学出版社 2010 年版。
李小荣：《汉译佛典文体及其影响研究》，上海古籍出版社 2010 年版。
廖凤琳：《王阳明诗与其思想》，（台北）花木兰文化出版社 2010 年版。
马奔腾：《禅境与诗境》，中华书局 2010 年版。
张晶：《禅与唐宋诗学》，新星出版社 2010 年版。
俞樟华：《王学编年》，吉林大学出版社 2010 年版。
王红蕾：《憨山德清与晚明士林》，中国社会科学出版社 2010 年版。
陈玉女：《明代的佛教与社会》，北京大学出版社 2011 年版。
李小荣：《佛教与中国文学散论》，凤凰出版社 2012 年版。
李小荣：《宗教与中国文学散论》，凤凰出版社 2013 年版。
罗宗强：《明代文学思想史》，中华书局 2013 年版。

三 论文（按发表时间排序）

荒木见悟：《阳明学与明代佛学》，如实译，载《佛光学报》1979 年第 4 期。

敏泽：《论魏晋至唐关于艺术形象的认识——兼论佛学输入对于艺术形象理论的影响》，《文学评论》1980 年第 1 期。

袁行霈：《王维诗歌的禅意与画意》，《社会科学战线》1980 年第 2 期。

郁沅：《严羽诗禅说析辨》，《学术月刊》1980 年第 3 期。

陈允吉：《略论杜甫的禅学信仰——读〈李白与杜甫〉的一点质疑》，《唐代文学》1982 年 2 月。

柯兆利：《论王阳明的禅学思想》，《中国哲学》1982 年第 8 辑。

程裕祯：《唐代的诗僧和僧诗》，《南京大学学报》1984 年第 1 期。

周义敢：《北宋的禅宗与文学》，《文学遗产》1986 年第 3 期。

李泽厚：《禅意盎然》，《求索》1986 年第 6 期。

孙昌武：《略论禅与诗》，《社会科学战线》1988 年第 4 期。

张晶：《宋诗的“活法”与禅宗的思维方式》，《文学遗产》1989 年第 6 期。

郑淑慧：《钱钟书的“禅境说”》，《文艺研究》1991 年第 1 期。

魏道儒：《宋代禅宗的“文字禅”》，《世界宗教研究》1991 年第 1 期。

孙昌武：《论柳宗元的禅思想》，《文学遗产》1991 年第 2 期。

张锡坤：《心地妙用：中国禅阐释》，《社会科学战线》1992 年第 4 期。

马美宏：《诗禅合一论》，《中国文学研究》1994 年第 3 期。

蒙培元：《儒、佛、道的境界说及其异同》，《世界宗教研究》1996 年第 2 期。

林惠胜：《王阳明与禅佛教之关系研究》，博士学位论文，台湾师范大学，1996 年。

张晶：《禅与唐宋诗人心态》，《文学评论》1997 年第 3 期。

肖鹰：《王阳明美学研究》，博士学位论文，北京大学，1998 年。

诸焕灿：《王阳明弟子杂考》，《浙江学刊》1999 年第 5 期。

赵旗：《心学与禅学》，博士学位论文，西北大学，1999 年。

周裕锴：《绕路说禅：从禅的诠释到诗的表达》，《文艺研究》2000 年第 3 期。

吴震：《阳明后学综述》，《国学研究》第九卷，北京大学出版社 2002 年版。

潘立勇：《本体功夫论与阳明心学美学》，博士学位论文，复旦大学，2003 年。

梁银林：《苏轼与佛学》，博士学位论文，四川大学，2005 年。

李小荣：《贾岛佛教诗研究二题》，《湖南科技学院学报》2011 年第 9 期。

李小荣：《禅宗语录中的李白形象》，《安徽大学学报》2012 年第 2 期。

四 工具书

沈起炜编著：《中国历史大事年表》（古代史卷），上海辞书出版社 1983 年版。

张慧剑：《明清江苏文人年表》，上海古籍出版社 1986 年版。

慈怡主编：《佛光大辞典》，书目文献出版社据台湾佛光山出版社 1989 年影印版。

丁福保编：《佛学大辞典》，上海书店 1991 年版。

吴汝钧编：《佛教大辞典》，商务印书馆国际有限公司 1992 年台湾第 1 版，北京 1994 年第 2 次印刷。

任继愈主编：《佛教大辞典》，江苏古籍出版社 2002 年版。

五 中译外文著作（按出版年份排序）

［日］岛田虔次：《朱子学与阳明学》，蒋国保译，陕西师范大学出版社1986年版。

［日］平野显照：《唐代的文学与佛教》，张桐生译，（台北）台湾业强出版社1987年版。

［日］铃木大拙：《禅学入门》，谢思炜译，生活·读书·新知三联书店1988年版。

［日］阿部正雄：《禅与西方思想》，王雷泉、张汝伦译，上海译文出版社1989年版。

［日］铃木大拙：《通向禅学之路》，葛兆光译，上海古籍出版社1989年版。

［日］池田大作：《我的佛教观》，潘桂明、业露华译，四川人民出版社1990年版。

［日］忽滑谷快天：《中国禅学思想史》，朱谦之译，上海古籍出版社1994年版。

［德］马克斯·韦伯：《儒教与道教》，王容芬译，商务印书馆1995年版。

［荷兰］许理和：《佛教征服中国》，李四龙、裴勇等译，江苏人民出版社1998年版。

［日］冈田武彦：《王阳明与明末儒学》，吴光、钱明、屠承先译，上海古籍出版社2000年版。

［日］荒木见悟：《佛教与儒教》，杜勤等译，中州古籍出版社2005年版。

［日］山口益：《般若思想史》，肖平、杨金萍译，上海古籍出版社2006年版。

［德］马克斯·韦伯：《印度的宗教：印度教与佛教》，康乐、简惠美译，广西师范大学出版社 2010 年版。

［日］荒木见悟：《明末清初的思想与佛教》，廖肇亨译，上海古籍出版社 2010 年版。